《高等财经教育研究》
2023年中国高等财经教育论坛

中国高等财经教育高质量跨界发展：
学科融合、数智融合、产教融合

High Quality Transboundary Development of China's Higher Education in Finance and Economics:
Interdisciplinary Integration, Digital Integration and Industrial Integration

中国高等教育学会高等财经教育分会
西南财经大学高等财经教育研究中心　　编

西南财经大学出版社
Southwestern University of Finance & Economics Press
中国·成都

图书在版编目（CIP）数据

中国高等财经教育高质量跨界发展:学科融合、数智
融合、产教融合/中国高等教育学会高等财经教育分会，
西南财经大学高等财经教育研究中心编.--成都：
西南财经大学出版社,2025.2.--ISBN 978-7-5504-6491-9
Ⅰ.F8-4
中国国家版本馆 CIP 数据核字第 202406YG76 号

中国高等财经教育高质量跨界发展：学科融合、数智融合、产教融合

ZHONGGUO GAODENG CAIJING JIAOYU GAOZHILIANG KUAJIE FAZHAN:
XUEKE RONGHE、SHUZHI RONGHE、CHANJIAO RONGHE

中国高等教育学会高等财经教育分会
西南财经大学高等财经教育研究中心 　编

责任编辑:向小英
责任校对:杜显钰
装帧设计:张姗姗
责任印制:朱曼丽

出版发行	西南财经大学出版社（四川省成都市光华村街 55 号）
网　　址	http://cbs.swufe.edu.cn
电子邮件	bookcj@swufe.edu.cn
邮政编码	610074
电　　话	028-87353785
照　　排	四川胜翔数码印务设计有限公司
印　　刷	四川五洲彩印有限责任公司
成品尺寸	170 mm×230 mm
印　　张	14.75
彩　　插	8 页
字　　数	275 千字
版　　次	2025 年 2 月第 1 版
印　　次	2025 年 2 月第 1 次印刷
书　　号	ISBN 978-7-5504-6491-9
定　　价	88.00 元

2023年中国高等财经教育论坛编委会名单

2023年中国高等财经教育论坛组委会名单

主 任:

施建军

委员单位:（按拼音排序）

安徽财经大学	北京财贸职业学院	北京工商大学
北京物资学院	重庆工商大学	东北财经大学
高等教育出版社有限公司	对外经济贸易大学	广东金融学院
广东财经大学	广州华商学院	广东外语外贸大学
广西财经学院	贵州财经大学	哈尔滨金融学院
哈尔滨商业大学	河北金融学院	河北经贸大学
河南财经政法大学	湖北经济学院	湖南财政经济学院
湖南工商大学	吉林财经大学	吉林工商学院
集美大学工商管理学院	江西财经大学	江苏财经职业技术学院
经济科学出版社	兰州财经大学	南京财经大学
南京审计大学	内蒙古财经大学	山东财经大学
山东工商学院	山西财经大学	山西省财政税务专科学校
四川财经职业学院	上海财经大学	上海对外经贸大学
上海立信会计金融学院	河北地质大学	首都经济贸易大学
天津财经大学	天津商业大学	西安财经大学
西南财经大学	新疆财经大学	云南财经大学
浙江财经大学	浙江金融职业学院	浙江工商大学
中国财政经济出版社	中南财经政法大学	中央财经大学

合 影

修德立信 博学求真

德才兼备 尚志财经

刘仲藜

二〇二一年岁末

目　录

高校融媒体中心参与重大主题报道的实践与思考

——以成都高校对成都大运会的融媒体报道为例

明海峰　　王春燕

摘　要：推进教育媒体融合发展、做大做强教育主流舆论是新时代教育新闻舆论工作的重要任务。当前，高校融媒体中心已经从基础建设阶段过渡到快速发展阶段。在这一时代命题下，做深做透做强重大主题、重大题材的宣传报道，是高校融媒体中心记录高等教育发展脉搏、引领社会舆论、传播主流声音的一项重要任务。本文以成都高校融媒体中心为研究对象，分析其在参与成都大运会这一重大主题报道时所呈现的特点与规律，探寻高校融媒体中心做好重大主题报道的优化路径。

关键词：媒体融合；高校融媒体；成都大运会；重大主题报道

党的十八大以来，以习近平同志为核心的党中央作出推动传统媒体和新兴媒体融合发展的战略部署。2014 年 8 月，中央全面深化改革委员会第四次会议审议通过了《关于推动传统媒体和新兴媒体融合发展的指导意见》，由此媒体融合上升为国家战略。2016 年 2 月，习近平总书记在党的新闻舆论工作座谈会上强调，尊重新闻传播规律，创新方法手段，切实提高党的新闻舆论传播力、引导力、影响力、公信力。2019 年 12 月，教育部就教育媒体融合发展召开工作推进会，提

【基金项目】本文为四川省高等学校校报研究会、四川学术成果分析与应用研究中心联合资助项目"高校媒体舆论引导力研究——基于若干所高校的实地调研"（项目编号：GXXB-2022017）的阶段性成果。

【作者简介】明海峰，西南财经大学党委副书记、副研究员；王春燕，西南财经大学宣传部，编辑。

出加快探索新时代"全程、全息、全员、全效"教育融媒体发展路径，推动教育融媒体中心建设。党的二十大报告提出："加强全媒体传播体系建设，塑造主流舆论新格局。健全网络综合治理体系，推动形成良好网络生态。"当前，我国高校融媒体中心建设已进入全面系统性创新的阶段，通过重构新闻生产传播流程、整合媒介资源、优化传播效能等方式促进了校园媒体的融合发展，并逐步构建起现代教育融媒体传播机制。随着媒体融合向纵深发展，校园媒体的内容生产、传播载体和传播模式都发生了深刻变化，加快建设融媒体中心已成为众多高校的共识。

2023 年夏天，第三十一届世界大学生夏季运动会（以下简称"成都大运会"）在成都成功举办。成都大运会期间，国内外主流媒体纷纷聚焦成都，热烈地传递着中国自信和中国精神，展示着气象万千的成都城市形象。与此同时，面对以大学生为主体的世界盛会，成都各高校融媒体中心也聚焦成都大运会的融合传播，以大学生喜闻乐见的形式记录当代青年学子与世界体育盛会的动人故事。

基于此，本文以成都高校融媒体中心在成都大运会举办期间的融合传播表现为例，运用内容分析法、个案分析法、框架分析法等，对高校融媒体中心在重大事件中的报道实践进行分析，进而探究内容建设的优化策略，总结凝练高校融媒体在重大主题报道中的创新路径与经验启示。

一、研究思路

本文选择成都 16 所公办本科高校的融媒体中心在成都大运会举办前后的新闻报道作为研究主题。在研究方法上，利用内容分析法，总结各校关于成都大运会的报道整体概括，并归纳报道特点；基于内容分析和框架分析，凝练高校融媒体中心在成都大运会报道中的表现特征。

本文以教育部确定的普通高校名单为依据，对办学所在地为成都市的公办本科高校进行筛选，最终确定四川大学、西南交通大学、电子科技大学、西南石油大学、成都理工大学、成都信息工程大学、西华大学、成都中医药大学、四川师范大学、西南财经大学、成都体育学院、四川音乐学院、西南民族大学、成都大学、成都工业学院、四川旅游学院共 16 所高校的融媒体中心作为研究对象，主要考察其微信公众号在成都大运会举办前后（2023 年 7 月 27 日—2023 年 8 月 9 日）发布的内容作为具体研究样本。同时，对上述样本进行类目构建，通过报道数量、报道议题、报道体裁、信息来源等维度，对高校融媒体中心的大运会报道文本进行深入剖析。

二、研究发现

（一）报道数量：聚焦主题集中发力，营造热烈的盛会氛围

报道数量是新闻媒体对新闻事件关注程度的直接体现。成都大运会期间，成都各高校融媒体中心以微信公众号为主要阵地，聚焦成都大运会议题，以文字、图片、视频、动画等形式全方位、多角度展示成都大运会举办盛况，营造出热烈的盛会氛围。其间，各高校官方微信公众号平台累计发布成都大运会相关稿件155篇，累计阅读量114万。在为期14天的样本观测期间，开幕式和闭幕式两个时间节点为信息推送的高峰期，相关新闻报道数量约占总信息量的1/4，相关推文阅读量占总阅读量的36%。由此可见，各高校在重大事件的报道实践中，具备高度的敏感性和专业性，有效地把握了新闻宣传的节奏和重点，在营造盛会氛围方面起到积极的舆论引导作用。

（二）报道议题：展现青年风采，彰显办学特色

报道议题是新闻的核心组成部分，贯穿新闻报道的全过程。在重大事件的报道中，媒体提前设置热点议题有助于把握舆论热点，进而掌握舆论走向，可以起到更好的传播效果。因此，对新闻报道主题进行提炼归纳，有助于考察媒体的整体报道思路，了解新闻事件的媒体议题设置能力。成都大运会期间，成都各高校融媒体中心的报道议题主要集中在赛事动态、服务保障、人物风采、文化交流、志愿服务等方面。新闻报道紧密围绕成都大运会核心议题，通过青年群体的独特视角，充分展示了成都大运会的非凡魅力。与此同时，各高校融媒体中心以成都大运会为载体，对各高校办学特色和专业优势进行了较好展示，达到了良好的传播效果。

成都大运会是世界青年展示体育才华和文化交流的盛会。作为全球青年文化交流的平台，成都大运会为世界各地的年轻人提供了对话、沟通的机会。《56个民族青少年代表同唱一首歌，拉开了成都大运会序幕》《石大"小青椒"的大运会志愿日志》等新闻报道，以大学生的独特视角，记录成都大运会的精彩瞬间，充分展现青春的朝气与活力。

成都大运会期间，成都各高校积极发挥学科、人力、技术等优势，以热情、细致、周到的服务为成都大运顺利举办贡献高等教育力量。对此，成都各高校融媒体中心及时跟进报道，推出一系列有深度、有温度、有特色的原创作品。例如，《点赞！电子科大太赫兹通信技术团队助力成都大运会赛事转播！》《为中国

勇夺柔道首金的贾春迪背后的成中医附院人》《四川旅游学院师生助力大运会餐厅服务保障工作圆满完成》等报道，充分展示各高校立足自身办学特色助力成都大运会顺利举行。

整体而言，各高校融媒体中心在成都大运会的报道实践中，展现出较为成熟的议程设置能力，对展示青年风采、宣传办学特色、营造盛会氛围等起到了较好的舆论引导作用。

（三）报道体裁：以消息和人物专访为主，展现立体报道视角

在成都大运会报道中，成都各高校融媒体中心充分发挥消息和人物专访的体裁优势，为读者展现了全面、深入、立体的报道视角，共同书写了多样化成都大运会盛况。

在本文研究的 115 篇样本中，成都各高校融媒体中心在报道体裁上以消息为主，共计 59 篇，占总数的 51%。在融媒体传播背景下，消息依然是高校新闻宣传工作常见的新闻体裁。结合成都大运会特色和融媒体传播生态，成都各高校融媒体中心在成都大运会期间的消息报道除了展示传统新闻常见的真实性、重要性、显著性之外，亦侧重对新闻事实的趣味性、接近性、新鲜性等新闻价值的挖掘，并以生动的图片和鲜活的标题为辅助，达到传播效果的最大化。如成都体育学院关于"大运首金"议题的消息报道《首金，成体人！》，标题言简意赅，内容鲜活丰富，快速传递中国选手、成都体育学院学生曹茂园在武术套路男子南拳决赛中夺得成都大运会首金的最新消息，其微信公众号阅读量超过 10 万次，并引发主流媒体的广泛关注。

人物专访也是各高校融媒体中心常见的新闻体裁。本次样本共收录人物专访 32 篇，占总数的 28%。人物专访选题主要围绕学生志愿者、运动员、裁判员等群体展开，以人物故事为切入点，展示各高校保障成都大运会圆满开展的幕后故事，体现各高校齐心协力办大运的热情和贡献。例如，《11 位交大人执裁大运会》《西南财大的他，点燃大运会主火炬塔》《从全国冠军到大运会志愿者，他的故事让人点赞》等报道，讲述成都高校师生以不同身份参与大运、支持大运、服务大运的动人故事，以人物报道小切口传播大运盛况及高等教育风采，在网络社交平台上引起较大反响。

（四）信息来源：整合校内外资源，凝聚报道合力

在成都大运会报道中，成都各高校融媒体中心积极整合各自的校内外信息资源，汇聚报道力量，凝聚报道合力。一方面，成都各高校充分利用自身的新闻采

编力量，深入挖掘成都大运会的新闻线索，推出系列具有鲜明高校特色的原创报道。这类报道主要集中在人物故事和服务保障上，新闻体裁以专访和通讯为主，如《大运会志愿者十二时辰，带你了解川大志愿者的一天》等。另一方面，成都各高校也积极与校外媒体、成都大运会组委会等机构合作，获取丰富广泛的新闻信息，让融媒体内容信息得到了极大的丰富和充实。此类报道主要集中在赛事动态上，新闻体裁涵盖消息、通讯、特写等多种形式，如成都大学关于成都大运会闭幕式的报道《刚刚，成都交旗！2025，相约莱茵-鲁尔！》，成都理工大学关于志愿者的报道《央视关注！大运会首金背后的成理"小青椒"们》等，对校外主流媒体的报道内容进行有机整合，彰显了新闻的权威性和时效性。

对校内校外资源的有机整合，不仅丰富了成都各高校对成都大运会议题的内容呈现，也提升了新闻报道的质量和水平。成都各高校融媒体关于成都大运会的报道稿件来源的原创性和整合性相辅相成，共同描述着国际盛会中的中国高等教育生动画面。

三、报道策略分析

综上可见，成都各高校融媒体中心在成都大运会的报道中，通过聚焦主题集中发力、精心设置报道议题、呈现立体报道视角、整合校内外资源等方式，在氛围营造、舆论引导、传播文化、展示形象等方面取得了良好的传播效果。进一步梳理分析发现，成都各高校融媒体中心在成都大运会重大主题报道实践中呈现出以下共性特征：

（一）微观视角与宏大叙事相结合

党的十八大以来，习近平总书记多次强调党的新闻舆论工作要"坚持以人民为中心的工作导向""深入生活、扎根人民"。因此，大型主题报道要坚持党性和人民性相统一，深入人民群众的生活中去，报道人民群众的思想感情，讲述人民群众的动人故事。围绕大运盛会这一重大主题，成都各高校融媒体中心将大主题与小角度有机结合，从人物故事、服务保障、赛会盛况等方面着手，将宏大叙事进行立体化、多角度、多样化的创新呈现，充分彰显高校官方媒体在舆论引导中的主阵地、主渠道、主力军地位。在本次成都大运会的报道中，成都体育学院共采访了25名运动员，其中18名为本届成都大运会金牌得主。通过展现大学生运动员们赛场内外的故事，拉近读者与媒体的距离，有效提升了用户黏性。西南石油大学微信公众号结合大学生喜闻乐见的报道内容，将报道视角下移，推出

"大运会志愿日志"专栏，从开幕式到闭幕式期间每天更新，以大学生志愿者的第一视角展现成都大运会背后的高校力量，书写青年大学生青春热情，推动大主题入脑入心。

（二）传统报道与新媒体报道相结合

随着大数据、云计算、人工智能等技术在新闻传播领域的飞速发展，媒体融合成为传统媒体转型发展的必然选择。传统媒体和新媒体只有实现优势互融，才能真正做到扬长避短，最大限度地满足受众对于新时代新闻传播的需求。在成都大运会的新闻传播实践中，成都各高校融媒体中心通过多种媒介平台融合宣传的传播矩阵，既注重内容建设，推出系列思想深刻、见解独到的专业优质内容，又融合利用新技术，精心推出短视频、动画、主题海报、H5 等系列新媒体产品，有效提升了成都大运会主题报道的感染力和吸引力。例如，西南石油大学的人物通讯报道《总书记夸赞的女孩，从三河村走出，唱响大运会》，透过成都大运会上的温情故事，展现该校多年来在四川省凉山彝族自治州昭觉县三河村的脱贫攻坚与乡村振兴行动。该报道聚焦主旋律、大主题，集合传统媒体的报道手法和新媒体的传播载体，在各平台上广受读者好评，彰显高校融媒体的舆论引导力。西南财经大学在开幕式当天推出的主题短视频《上场》，将成都大运会所倡导的"青春、活力、梦想、友谊"精神与该校学子的精神面貌有机融合，生动地展现了成都大学生拥抱成都大运会的积极向上的青春。四川大学发布了社交媒体表情包，将四川大学的文化底蕴与成都大运会的运动元素融为一体，营造了欢乐热闹的大运氛围。传统报道与新媒体报道的深度融合，让受众深切体会到成都大运会的青春活力和祖国的繁荣昌盛，进一步凸显了高校融媒体在重大事件报道中的传播力量。

（三）中国故事与国际视野相结合

体育是传播国家形象的重要载体，合理发挥体育的国际交往功能，将体育作为加强国家之间沟通和交流的工具有着重要的现实意义。成都大运会是全球大学生体育竞技的大舞台，也是世界文化交流的大平台。成都大运会期间，成都各高校创新国际传播范式，结合传统文化、高等教育、城市风采等议题，打造年轻、时尚、多元的传播内容，积极展现中国形象、推进国际传播、促进文化交流。西华大学、四川音乐学院等高校充分挖掘世界各国青年人喜闻乐见的歌舞青春元素，《火爆全网的国风啦啦操表演者》《川音学子唱响主题推广歌曲〈爱是一样的〉》《我的老师是大运推广曲作词人》等系列报道在海内外社交媒体引发各国青年共鸣。西南财经大学、成都大学等高校推出"大运会中的留学生"主题报道，以外籍留学生的视角记录成都大运会的台前幕后故事，被新华社日本、意大利、法国等海外频道跟踪报道，进一步提升了中国高校在国际舞台上的声音传播效果，展现了中国高等教育的魅力和实力。

四、总结

综上所述，成都各高校融媒体中心在成都大运会的融合传播实践中展现出了高度的专业性和创新性，通过聚焦主题、创新传播方式、整合校内外资源等途径，为受众呈现了一场精彩纷呈的体育盛宴。这些实践经验和创新路径不仅对其他高校融媒体中心在重大主题报道中的发展具有重要的借鉴意义，也为高校开展新闻传播学科的教学与实践贡献了典型案例。

然而，高校融媒体中心在报道实践中也存在一些需要改进的地方。一是高校融媒体中心之间在议程设置和线上互动等关键环节上的联动不足，这限制了同城高校融媒体矩阵的整体传播效果。缺乏深度的联动和协同，未能形成有效的议程引导。二是新闻报道在原创性和独家性方面仍有待提高，反映出高校融媒体中心在内容生产上的不足。当前的报道多是对已有信息的再加工和整合，缺乏对新闻现场的深入挖掘和生动展现。原创性和独家性是提升报道吸引力和影响力的关键因素，高校融媒体中心应致力于原创内容的创作，通过深入一线，挖掘独特的新闻视角和故事，提供具有深度和广度的报道，以增强报道的权威性和吸引力。三是新媒体新技术的应用不足，限制了融媒体传播的多样化、个性化、即时性等优势的展现。在数字化时代，受众对信息的需求趋向于实时性、互动性和个性化。不同媒介在传递信息的丰富性上存在差异，高校融媒体中心应充分利用新媒体技术，如数据新闻、增强现实（AR）、虚拟现实（VR）等，以创新的形式和手段，提升报道的互动性和沉浸感，满足受众的多样化需求。

在今后的新闻报道实践中，高校融媒体中心可进一步增强内容生产能力，优化传播策略。充分借鉴议程设定理论和螺旋沉默效应等新闻传播学理论，更加有效地引导公众舆论，提升传播的实效性，在重大主题报道中发挥更大的作用，为高校新闻舆论工作注入新的活力和动力。

参考文献

［1］倪松涛，杨涛.高校融媒体中心建设的现状、困境和发展方向［J］.传媒，2022（23）.

［2］王春燕."媒体+体育+文化"如何产生"化学反应"［J］.中国记者，2023（9）.

［3］习近平.论党的宣传思想工作［M］.北京：中央文献出版社，2020：183.

［4］于萍，徐士媛.展现魅力、传递价值、深化交流：体育国际传播的路径探析［J］.国际传播，2023（6）：78-86.

何以让"新文科"成为大学战略
——美国希拉姆学院改革理念、实践及思考

陈　涛　袁　梦

摘　要：随着新时代高等教育的不断改革，大学作为高等教育领域的重要组织机构，着手进行全面性、战略性变革。美国希拉姆学院首先提出新文科改革，从组织文化创新和组织再造理论出发，探究在文科教育式微的背景下，精英型文理学院如何寻求学校组织改革，并从大学战略层面提出学院改革理念、改革方案、人才培养变革等具体改革方向，复兴文科教育。

关键词：希拉姆学院；新文科；组织文化视角；大学战略

面对现代社会的高速发展，市场对于人才的需求呈现多样性、复杂性的特征，高校的人才培养方案需要与时俱进，以适应市场需要的变化。美国希拉姆学院进行新文科改革受到多重因素的影响：一是21世纪以来复杂多变的经济形势与市场需求。自2008年美国次贷危机发生以后，美国经济政策不确定性显著增加，汇率、贸易等方面受到冲击，高校政府补贴和社会捐赠都受到影响，经济紧缩，竞争加剧，学生就业压力不断增加。二是美国高等教育持续改革，高校竞争加剧。数据表明，美国俄亥俄州社区学院入学率在2010年后连续数年呈现下滑趋势，美国高校对生源的竞争趋于白热化。三是美国文科教育式微的困境。贝洛伊特学院名誉校长费拉尔在其所著的《濒临灭绝的文科》(*Liberal Arts at the Brink*) 中提出，不断增长的职业教育对文理学院是巨大的压力，文科学院正在面临一系列威胁和挑战。

【基金项目】2021年西南财经大学中央高校基本科研业务费专项资金高等财经教育研究项目。

【作者简介】陈涛，西南财经大学教育政策与管理研究所所长、副教授；袁梦，西南财经大学工商管理学院，科研助理。

厦门大学高等教育发展研究中心别敦荣教授曾在指导大学发展战略与规划中提出，大学在战略规划中不能没有理论指导，并在同文中提出指导大学制定战略规划的五大理论基础：目标导向理论、资源匹配理论、人力增值理论、组织再造理论、文化创新理论。其中，文化创新理论十分契合美国希拉姆学院的新文科改革。文化创新理论涵盖大学中的两种文化：学科文化和组织文化。学科文化以各类学科知识体系为载体主要包含在大学的知识传授功能中，体现大学发展的具体方式方法；组织文化是大学在办学过程中逐步积累和沉浸下来的，是大学办学的精神和传统，包含了师生学习工作的物质环境和价值追求。结合组织再造理论，美国希拉姆学院对大学组织进行优化升级。

自建校以来，美国希拉姆学院一度立志培养学生良好的阅读习惯以及卓越的阅读能力，以促进学生全面发展，但考虑到当前大量文科学院的服务重点——文科学习能力的培养，与受教育群体——更有抱负并且需要服务社会的学生群体，二者定位存在一定的差异性，上述培养目标仅仅是最为基本的目标，绝不是最终目的；并且，部分院校专业或相关行业在近年出现发展停滞的现象，以美国希拉姆学院为例的文科院校发展陷入低谷，而在这种情况下开始任何变革都是有利的。故美国希拉姆学院提出新的变革计划——从2018年开始的美国希拉姆新文科学习计划。该计划建立在回顾其历史标志性变革的基础上，设立更加宏大的改革目标，进行更加全面的整体变革，其正在成为新文科院校改革模范。

此外，美国希拉姆学院在战略计划执行摘要中特别提出四项新兴学术计划：希拉姆连接（Hiram connect）、完整的希拉姆（Hiram complete）、希拉姆健康（Hiram health）和科技与旅行（tech and trek）。希拉姆连接项目旨在开展增强学生体验感的学习活动，让学生在实习等课堂以外的地方体会或挑战课堂理论，得出自我认知；完整的希拉姆项目旨在无缝衔接社区学院学生的希拉姆课程；希拉姆健康项目旨在通过课内外课程关注学生的身心健康，特别是在医学方面，既要培养学生学习相关的医学专业知识，也要培养学生的医者仁心；科技与旅行项目旨在结合智能技术与长途跋涉旅行，教导学生创造性、批判性地使用其移动设备，在游学等旅行项目中，科学运用智能设备，帮助自身学习。

一、美国希拉姆学院新文科战略的核心理念

（一）尊重学校文化传统

作为美国私立精英型文理学院，美国希拉姆学院创校已有170多年历史，其文化底蕴深厚，办学历史悠久。美国希拉姆学院自建校以来，始终坚持变化

（change）、弹性（flexibility）和敏捷（nimbleness）的创校理念，强调办学的整体性，聚焦改变和扩大学院的影响力，不断进行历史性变革。回顾希拉姆学院变革的历史，不难发现，其重大变革基本围绕以下三方面进行改革：一是生源定位变化。美国希拉姆学院建校之初，美国女权斗争运动高涨、种族歧视问题尖锐，学校做出招收女性和非裔学生的重大决议，实现学生种族和性别多样化，后续在美国中西部首批创建周末学院，吸引大量在职成年人注册学习。二是教学时空变化。美国希拉姆学院推出"完整的希拉姆"项目，引入社区学院，通过衔接教学、派遣教授等方式帮助学生完成希拉姆课程的学习。三是教学模式变化。重新划分学期结构，由集中统一学习到分批次、分层次教学，增减融合学科专业，开展跨学院、跨专业的联合课程培养等。在具有显著优势的文科基础上，美国希拉姆学院不断创新基础课程、专业课程及其教学模式，最大限度地为学生提供多样化、个性化的学习体验。

（二）连接外部重大变化

为适应市场需求的变化，培养更具有综合思维的文科人才，美国希拉姆学院立足学校整体性变革，制订了 2017—2020 战略计划。该计划围绕四大领域展开，形成了新文科的战略性、整体性变革模式。一是财政策略。学校针对传统融资模式和学费等财政收支进行全新变革，通过对地区扩展性的广告投放，塑造学校品牌，扩大学院地域的影响力；运用校企合作等方式，建立商业伙伴关系，扩大学校资金来源。二是基础设施。针对校园环境及设备翻新，不仅对学院教学设施，如教学楼、多媒体设备等进行更新换代，也重视学院环境的维护修缮。三是课程和课外活动。设立文科与理工科、医科、农科的跨学科学习课程，开设新专业，增强专业的关联度，为学生提供更具个性化的学习模式。四是教师责任。要求教师专业知识与学院发展具有一致性，通过精减教师数量、提升教职员工质量的方式，推进以学生为主、有责任感的学校新文科文化建设。

（三）数据驱动战略管理

美国希拉姆学院重视研究其学术项目的教育优势和财务可行性，在新任校长的带领下，选择使用特拉华成本研究作为基础模型，通过大数据技术，对教师教学工作量、直接教学成本等学术活动进行比较分析，以此构建学院自己的学术成本和各部门生产力分析项目，其中重要举措是在新文科改革中成立了特设战略学术团队，通过两大步骤帮助校长制定和执行课程优先顺序的流程。具体包括：一是要求各院系及学术项目组根据 Dickeson 模型完成自评报告，分析所在院系或研究项目对于学院文科核心发展的贡献；二是要求所有教职员工提交关于教学新举措的创新提案，为学院文科建设提供灵感。美国希拉姆学院通过上述两个流程，结合数据模型，定期在教师门户网站中张贴相关议题，全体教职员工共同研究美国希拉姆学院新文科未来发展方向。

（四）构建战略变革模式

21世纪初期，美国希拉姆学院就意识到想要成为学术变革的先锋，不仅是要设立新的目标，更重要的是要设计一个学院可以长期依赖的变革模型。该模型必须能够从扩大生源，提供差异化学习体验、高影响力学习等方面组成一个彻底的、战略性的、能被学生和家长共同接受的变革模式，长期为文科院校改革提供思路和方向。经过多次校园访谈、研讨会议，美国希拉姆学院在2017年开始对培养方案进行全面修订，提出了一个整体性的文科学院变革模式——新文科变革。该变革框架由以下四个要素构成：一是保证大一新生拥有较强的学习体验（freshman intensive learning experience），能够参与多样化的研讨集群；二是实现高度综合性专业学习（highly comprehensive professional learning），五大学科间的专业课或辅修课程具有一定的交叉度；三是设计连贯的核心课程（coherent core curriculum），将课程与学生的探索方向紧密结合，以集群课程的方式培养学生未来所需要的各类学科素养；四是开展高影响力的体验活动（high impact experience activities），要求学生参加与专业或核心课程相关的实习、留学等研究或服务型学习项目，感受沉浸式的学习体验。

二、美国希拉姆学院新文科战略的总体方案

组织再造理论强调组织的整体性变革，是对组织内部的革新，要秉持全面性、战略性、整体性的原则，从多方面、多角度推进组织创新。总体来看，美国希拉姆学院的新文科改革遵从组织再造原理，从行政组织、资金模式到校园设施和师资力量，从主观和客观两大角度出发，促进新文科战略性改革。

（一）自上而下的组织改革

美国希拉姆学院的新文科改革是自上而下的改革模式，为此学校专门成立了特设战略学术团队（SAT）。SAT团队主要起咨政建言的作用，其任务是作为校长的决策智囊团，对于学校改革顺序、变更流程、改革方式等向校长提供建议。在SAT团队的协作下，美国希拉姆学院新文科战略计划包含师资改革、课程变更等。新文科改革至此以SAT为主，专门帮助学院解决各类改革问题，联合三个服务于学院改革的委员会机构经过数据审查、会议讨论等，分别向校长提供有关专业课程更改、校内资源分配等方面的建议。

（二）开源节流的资金模式

办学经费是学校改革的基础，美国希拉姆学院自提出新文科改革后，积极推进学校资金模式的整体改革，从学生学费、学校融资两大领域进行开源节流的资金改革。

第一，学生学费模式改革。作为一所私立精英型文理学院，美国希拉姆学院以往的主要资金源于学生的学费，但自 2019 年新文科改革后，校长洛莉·瓦洛塔（Lori Varlotta）宣布新文科计划的下一阶段改革方向——传统文科学院的学费模式，并提出新的学费模式——"多学、多得、少花"，即是让学生学到更多、获得更多、花得更少。为此，学院通过一系列措施为学生减少学费并提供赚钱的机会：减少学费等强制性费用，降低学生的学费；向学生提供两个免费的暑期小课程，为学生提供更多的学习课程；为学生提供带薪实习或研究项目等机会，等等。

第二，制订新型财务计划。由于新的学费模式减少了学院大量资金来源，以高额学费作为学校主要经济来源的方式显然已经不适用，在此情况下，学院推出新型财务计划。一方面，拓宽融资渠道，与希拉姆酒店等相关地方型企业达成合作计划，形成商业合作伙伴关系，通过举办主题性区域小型活动，寻找有针对性的投资和捐赠；另一方面，提高学校知名度，打造学校品牌效应。美国希拉姆学院实施战略性和扩展性的广告投放，希冀扩大学院在区域、国家以及国际上的足迹，开展一场持续性品牌重塑运动。

第三，寻求更多的社会捐赠。在面向社会的捐赠中，重点在于小型精品活动的举办。在 2019 年年末，美国希拉姆学院发起了"愿景 2020 活动"，关注技术、校园环境改善、品牌与营销、学术新设计、学院资金五个关键领域，通过改革措施，能够提升学生学习体验感。直到 2020 年年末，已有超过 500 名捐赠者参与这项活动，总计捐款 4 000 多万美元，该活动资金使美国希拉姆学院得以继续实施新的学术计划。近 4 年来，美国希拉姆学院筹措的资金屡创纪录。学院于 2019 年成立了"1850 协会"，用于表扬近年来的大额捐赠者。同年，在校友举办的杰出捐赠者活动上，表彰了 47 名创始成员，他们的集体捐赠超过了 1.02 亿美元。其中，2018 年美国希拉姆学院收到一位匿名捐赠者约 200 万美元的无限制捐款，这为新文科改革计划提供了庞大的资金支持。

（三）高体验式的设施翻新

作为一所乡村校园，美国希拉姆学院坐落在美国西部保护区，学院里众多历史建筑和现代设施相融合，涵盖于新文科改革中的校园环境改革旨在能够让学生在充满怀旧感的学院中学习新知识，这要求希拉姆学院必须保护或翻新多数建筑。

21世纪新技术广泛运用于课堂教学和实践活动，其最突出的运用在于新文科战略计划所提出的科技与旅行项目，该计划面向所有全日制学生以及教职员工，为其提供最新一代学习工具，确保学生可以使用移动技术及其配套设备访问多种学术资源。并在此基础上专门设立单独板块，鼓励学生捕捉来自宿舍、课堂、留学旅行、实习等方面的图像，以图文结合的方式分享自己的故事与想法，与全校师生共同探讨自我学习与学院建设。

（四）追求品质的师资建设

师资力量作为一个学校的软实力，起着至关重要的作用。美国希拉姆学院遵循宁缺毋滥的原则，从数量和质量两方面入手，对教职员工的结构进行改革。

第一，减少教师数量。由于学院正在进行新文科的全面改革，部分专业或项目面临撤销或合并，因此不少课程、项目被暂停甚至淘汰，部分教职员工面临分流。学院通过裁员的方式，在减少开支的同时，也留下了最优秀的教职员工，为学院的发展奠定了基础。

第二，提高教师质量。学院战略规划中明确提出，为了培养学生规划多样化的职业道路，要求管理者、教职员工确保联合课程和专业既能培养古老的文科技能，如出色的交流能力、口头和书面表达能力、团队合作能力等，也能培养21世纪的新文科技能，如批判性思维、技术技能和计算技能。在教师质量的整体提升过程中，美国希拉姆学院通过优化教职员工的招聘要求，使新进入学校的教师都具有新文科改革所要求的特质。不仅要求教职员工的专业知识与学院面临改革的课程事项相一致，即与学院新文科计划优先改革的专业、课程或项目具有高度匹配性，增强教职员工对于学院改革的参与感与责任感，增强学院改革的凝聚力；而且要求教师必须以学生为中心，教师所拥有的不仅需要卓越的自我能力，更需要有爱心、有耐心，充分考虑学生的学习体验感。

三、美国希拉姆学院新文科战略的育人路径

大学作为社会组织，核心是对标市场需求进行人才培养。美国希拉姆学院的新文科改革计划是一个面向学院整体的综合性变革，其在学院组织、资金来源、基础设施、师资力量等方面的改革，都是新文科总体改革的基础，核心都指向本科人才培养方案的改革。对于人才培养方案的改革，美国希拉姆学院不仅重视改革核心——专业课程的建设与高影响力学习模式的建设，也重视学制等总体学习模式的改革。

（一）学制变更

美国希拉姆学院在新文科改革中重视学校学制的变更，包括学期制度、学年学习方式、入学毕业制度的变革。这不同于美国大部分高校的春秋两学期制，美国希拉姆学院采用学期模块组合的方式，对于完整的一学期进行学习模块的分化组合，形成为期12周的常规课程学期和为期3周的强化课程学期。在常规课程学期，学生仅需完成3~4门课程；在强化课程学期，学生每周上4次课，进行同一门课程的学习，学习模式以体验式学习为主，保证学生选择的几门课程，都可以在为期1周的学习中掌握实际技能。

在学年学习方式的更新中，美国希拉姆学院提出了一项专门针对第一学年的学习计划——"大一学生体验"计划。该计划主要由以下四个部分组成：一是参加初始周活动。秋季学期伊始学校就会举行为期4天的互动活动，学校通过组织校园参观、集体舞会等活动，帮助新生尽快融入大学生活。二是参与公共阅读计划。该计划要求学生尽早阅读加载到学校平板电脑上的书籍，为第一学期的课堂讨论和小组作业做好准备。三是参加持久问题研讨会。新生15人为一组，在教授的指导下探讨自身的学习经验和未来发展，在了解自我的过程中，培养自身口语能力和写作能力。四是参与公共问题研讨会。学生要参与不同的集体讨论，讨论主题涵盖学院规范、社会期望以及各种道德问题。

学习方式的另一个变化则是由学院辛斯代尔学术资源中心每学期为学生提供免费的课后辅导。第一种辅导方式是集体式辅导，面向成绩在B级以上的学生，在辛斯代尔大厅提供周一至周四的课后辅导，学生以自由提问的方式，获得专业课程和学习技能方面的帮助；第二种辅导是一对一的辅导，面向无法参加在辛斯代尔学术资源中心学习的同学，学校每周为这些学生提供时长1小时的一对一课业辅导。

在学校入学毕业制度的变化中，希拉姆学院提出的完整的希拉姆项目为学生提供了新的入学方式。该项目为社区学院的学生提供衔接课程，学生可以同步学习社区学院课程与希拉姆学院课程，在学生拿到副学士学位后进入希拉姆学院继续学习，短时间即可获得学士学位，达成社区学院与希拉姆学院学分互通、学历互认的目标，为社区学生提供了更多的学习机会。

（二）专业融合

美国希拉姆学院是为数不多的拥有完整的学术结构的文理学院，并为学生提供了5个学院、29个主修专业和38个副修专业。自实施新文科改革以来，学校对专业进行跨学科专业整合，并新设以下专业：市场营销专业，体育管理专业、犯罪、法律和司法专业，国际研究专业，表演艺术专业，艺术与设计专业。其具有以下四个特点：

第一，注重道德品质教育。保证学生在取得专业成绩的同时，培养其职业道德素养，严守道德底线。其中，表现最突出的是美国希拉姆学院的健康与医学学院，在推出的希拉姆健康项目中，特别开设了人文社科课程，用以培养学生更富有同情心、更具有共情能力。另外，新开设的体育管理专业也更加重视对学生体育道德的培养，对于竞技精神、奥林匹克精神等优秀体育精神有更好地诠释。

第二，突出跨学科跨领域。如体育管理专业，将体育、休闲、娱乐与商业结合起来，教授学生体育知识与管理知识。又如国际研究专业，旨在从跨学科的学术角度探讨诸如全球生态、社会文化变迁等全球性问题，并对此提出思考与建议。再如法学专业，在研究法律的基础上，提出了研究民主、权力、公共卫生等一系列社会性问题。

第三，注重师生、学生间的交流合作。美国希拉姆学院为学生和教师的互动提供了多样化的活动与场所。学校的主要场馆包括两大类：一类是以马汉之家为例的综合讨论中心，开设了医学、社会学、人文、法学等不同学科讨论的教室；另一类是以科里塔斯基大厅为例的艺体类交流中心，除为学生提供会议室与图书室外，也会定期举办音乐剧评论或歌剧研讨会等小型集会，邀请大师级别的音乐家与学生交流，为学生创作提供指导与帮助。

第四，与校内外机构合作，为学生提供多元的实践平台。对于学术类研究平台，设立以著名的情报学家加菲尔德命名的加菲尔德研究所，由公共领导中心与美国总统研究中心组成，学生通过学习宣传、外交、国防等发展问题，同政治人士一起，更有效地探索公共服务。对于艺体类表演平台，与盖尔布克美术馆合作，为学生提供充分的展览机会；与美国顶尖音乐学院、歌剧院克利夫兰歌剧演出团合作，在大师的带领下前往不同地方进行演出。

在所有专业课学习方向之外，美国希拉姆学院还精心设计了一个核心课程，以确保核心课程与学生的专业课程具有一致性，通过关注时代的紧迫挑战和机遇，回答有关全球变暖、人工智能、21世纪的市场经济、水资源、食品安全等全球性问题，教导学生为思考和解决现实问题做好准备。

（三）高影响力活动

美国希拉姆学院新文科改革的主要构成元素之一是高影响力的体验活动，即高影响力项目，包括实习、出国留学或重大研究项目。学生必须选择并完成至少一个高影响力项目。美国希拉姆学院在战略计划执行摘要中提及的新兴学术计划中，希拉姆连接项目、科技与旅行项目和高影响力项目的相关性极大。

第一，希拉姆连接项目是将课堂学习与课外学习联系起来，让学生在课堂之外体会课内理论，增强学生学习体验感。具体包括四个步骤：一是持久性问题研讨会。该步骤与"大一学生体验"计划相结合，以学生在第一学期参加的"持久性问题研讨会"作为大学生活和学习的入门课程，通过交流讨论的方式，思考并回答对于自身未来的期望与规划。二是宣告主修课程。学生入二之前会与导师进行深入交流进一步确认具体职业规划和与之对应的大学课程规划，选择主修及辅修专业。三是体验式学习。学校鼓励学生参加校外实习和各种研究项目，通过对校内外学习的思考实践，建立课堂知识与课外实践的联系。在留学项目中，多领域的团队授课、对当地文化的沉浸式体验等都能帮助学生对于文化认同、商业经济、气候变暖等全球性问题的研讨；在实习项目中，学生需完成 120 小时以上的实习记录。四是毕业项目。在第三步的基础上，学生将选择与自己研究领域相关的主题，并对该主题所包含的各类问题进行深入分析，通过讲座等形式向观众展示自身的研究成果及最终反思，为自身的经验积累和未来发展做好充足准备。

第二，科技与旅行项目是一个综合性移动技术，旨在帮助学生打造适合于自身的学习道路。学生通过学习如何创造性、批判性地使用技术，以此来提高他们在校园内外的学习效率与质量。

一是在学校对基础设施的改革中重视对于教学设施的改善，对科技与旅行项目的学习工具进行了革新，为学生提供了最新一代学习工具和交流平台；二是面对技术的大量使用导致学生久坐不动与现实世界脱节这一问题，科技与旅行项目提出大胆的挑战，在使用工具的同时，教导学生有效地使用科技为自身的体验式学习服务，重视对实地旅行的规划；三是对于该项目，美国希拉姆学院建成了科技与旅行项目的官方播客，专门用于记录每年该项目的实施情况，并多次召开科技与旅行会议，讨论探索移动技术如何更好地作用于高影响力的学生体验和教学创新。

四、美国希拉姆学院新文科战略的主要特点

美国希拉姆学院作为美国著名的文理学院，是新文科改革的先驱，其改革在文科高等教育改革中起示范性作用，在振兴文科、发展文科方面具有重大意义。其改革具有以下特征：

（一）整体的战略性

改革立足整体，是上升至学校层面的战略性变革。从改革内容来说，美国希拉姆学院摒弃历史的单一改革方案，改变从单方面入手的改革方式。本次改革从

硬件设施、师资力量、人才培养、专业课程等多方面入手，多角度、多层次共同发力，在整体规划下，对学院进行改革，并在改革过程中不断对学院现有资源进行整合与重建，形成以院校为主体，从整体到局部的改革方向；从改革流程来说，美国希拉姆学院的改革是自上而下、有计划、有条理的改革，是学校管理层面对当今市场新状况做出的学校发展方向的重大调整，改革引领者站在学院总体发展的制高点上，根据对学校现状的深刻理解，对文理学院新发展方向的独特见解，发起的以整个学院为主体的新文科改革。

（二）理念的历史性

改革根植学校历史，深度融入学校发展文化。从改革理念来看，新文科改革遵从学校历史，统筹美国希拉姆学院自建校 100 多年的改革历史性成就，借鉴由古至今的历代改革理念，其以思想理念的变革为起点，从学院机构重组到人才培养方案重构，在新文科改革中，形成院校级别的全方位改革。在改革初期，美国希拉姆学院率先认识到，在高等教育中，要改变文科式微的格局，必须对文科类学院进行整体性变革；在改革过程中，美国希拉姆学院重视对新文科思维的培养，从通识教育课程到专业课程，思维模式的培养贯穿其中，充分培养学生的逻辑思维、合作思维等新文科所需要的文理合作思维模式，学院通过学生对核心课程的选择，在培养学生围绕核心课程所需要的技能的同时，积极推动学生文理综合思维的融合，促使学生在学习专业知识的同时，也能够提高自身的学习能力。纵观整个改革过程，美国希拉姆学院不断巩固新文科思维模式的培养，推动学院更好地进行文科振兴。

（三）过程的统筹性

改革过程民主与集中共存。一方面，改革由校长主导，改革的领导核心在于学校校长和其组建的专门服务于学校改革的机构，由围绕校长的智囊团率先提出改革建议，再交由学校审核；另一方面，全校教师共同参与改革过程。学校谨遵教师手册的规定，改革流程公开透明，通过平台建设和意见搜集，组织全体教职员工参与改革，筛选出切实可行的改革措施。

（四）思想的人本性

改革强调学生获得感。一方面，从学生技能获得来看，学校不仅教导学生课本知识，更致力于培养学生将理论与实践相结合，培养实践型人才。学校通过推行个性化的学制，在特殊的短而精的小学期，集中培养学生两三门专业技能。另一方面，从学生情感获得来看，美国希拉姆学院新文科改革方案结合当今改革热点，推出高影响力的学习方案，从学生实习、科研、境外交流学习等实践活动入手，培养生—生、师—生合作关系，紧密联系教学课程与课外实践，让学生在高影响力的活动中收获满满。

（五）学科的交叉性

改革强调跨学科和交叉学科。美国希拉姆学院新建立了多个跨学科专业。并且，为推进高质量的跨学科人才培养，学校通过通识课程的增加、专业核心课程的交叉、辅修课程的多样化，培养学生多方面的技能，在学生获得不同专业技能的同时，打破学科思维壁垒，促进学生形成学科交叉融合的学科思维，培养新型跨专业人才。

五、我国的新文科改革

党的十九大以来，党中央对高校人才培养提出了更高的要求，培养高层次、高质量的人才不仅在于满足国家重大战略的需要，更是社会的必然需求。在此背景下，教育部牵头举办"复旦共识""天大行动""北京指南"一系列重要会议，首先开始推进新工科建设，在此之后又相继提出新文科、新医科、新农科，并于2018 年的《全国普通高校本科教育教学质量报告（2018 年度）》中，正式提出"四新"（新工科、新医科、新农科和新文科）建设这一概念。自此，我国的新文科建设正式拉开序幕。

（一）我国的新文科改革现状

我国的新文科指的是基于现有传统文科的基础进行学科中各专业课程重组，把现代信息技术融入哲学、文学、语言等课程中，形成文理交叉的课程，为学生提供综合性的跨学科学习，达到知识扩展和创新思维的培养目标。一方面，这是基于美国希拉姆学院新文科改革的基础上提出的；另一方面，这是基于我国国情，在"四新"建设的背景下提出的。

不难发现，我国的"四新"既有共通之处也各有"新"处。与新文科联系最紧密的是新工科，二者都提出了文理兼容的跨学科教育模式，但二者的跨学科建设又有不同之处，新文科的跨学科重点在于文理交叉，融合传统文科与理工科专业，旨在为理工科注入文科思维，在培养学生实用技能的同时，也能够培养学生的人文情怀，在传统文科教学的方式上，融合现代信息技术，使文科学习更具有实践性；而新工科中的学科融合在于高精尖理科学科间的强强联合，更重视产学协同，培养学生的实践能力和创新能力。二者对于学生学习思维及实践能力的培养具有一致性，但在学科融合的方向上各有特色。

关于我国的新文科建设的相关论文有 900 余篇，囊括了法学、哲学、文学、经济学等人文社会科学，提出了建立跨学科专业、开设跨学科课程等一系列发展措施，各高校不断落实"拔尖计划"① 和"卓越计划"②，积极探索新文科在当今时代背景下的发展前景。

（二）我国新文科改革面临的主要问题

第一，从文科学科内部来看，一方面，存在传统文科与新文科的矛盾。传统文科在文科思维和人文情怀培养方面大有优势，而新文科意在培养学生更全面地发展，其在拓展文科教育的同时势必压缩传统文科教育空间。如何使传统文科与新文科教育达到平衡，使人才培养既继承传统文科教育的优势又兼顾新文科发展，是文科教育下一步急需回答的问题。另一方面，新文科课程设计存在疑问。在新文科改革后，教育模式以市场为导向，形成追求技术的教育方式，使学术界不断向业界靠拢。那么，新文科课程是归属于价值教育还是归属于技术教育？原本文科中重要的思政教育该何去何从？

第二，从文科与理科的学科融合来看，一方面，存在对于文理科学科融合的程序问题。由于文科更多的是培养人文素质的学科，故在文理融合的过程中，新文科教育更偏向以文科为基础，辅助理科的发展。调查研究发现，面向 2029 年最悲观的前景看法，图书馆学、情报学、档案学三个专业均出现相对频繁的预测是"消亡、被合并、被替代、改名、被边缘化"。所以，在文理科学科交互发展的过程中，文科是否会完全融于理科，或是导致部分文科专业逐渐消失。另一方面，存在文理科思维模式与知识体系的差别。在传统的文理科分开学习中，学生能够构建较为完整的单一知识体系，培养适用于文科或者理科的同一学科思维模式。相较而言，文理科交叉学习可能会使知识过于碎片化，不利于学生相应的学科知识体系的构建或是形成相应的学科思维。并且，文科和理科的交叉融合必然不仅仅在于两类课程的叠加重复，所以新文科教育中提倡的跨学科跨专业教育，学科交融到什么程度才算是培养了复合型人才，是我们进一步需要考虑的问题。

第三，从师资力量来看，文科教师普遍存在学科背景相对单一的特点。如何培养跨学科专业人才，如何培养复合型人才，首要条件是培养复合型教师。在当前技术主导发展的背景下，新兴技术高速更新换代，虽然目前高校文科教师已经在努力认同、适应、接受新的科技手段，逐渐步入现代型研究行列，但在研究转

---

① 拔尖计划即基础学科拔尖学生培养试验计划，旨在培养中国自己的学术大师。该计划由教育部联合中组部、财政部于 2009 年启动。2021 年 2 月 5 日，第二批基础学科拔尖学生培养计划 2.0 基地名单公布；2021 年 11 月 29 日，第三批基础学科拔尖学生培养计划 2.0 基地名单公布。

② 卓越工程师教育培养计划是教育部贯彻落实《国家中长期教育改革和发展规划纲要（2010—2020年）》和《国家中长期人才发展规划纲要（2010—2020 年）》的重大改革项目。

向方面，文科性质和学术习惯决定了文科教师为学术而学术的研究思想仍广泛存在，教师在学科融合的转型方面做得还不够，新文科交叉融合发展任重道远。

（三）对我国新文科改革的展望

在新时代的文科改革中，我国高校需要结合中国国情，立足整体，批判借鉴国外新文科改革方式。主要有以下三点建议：

第一，从文科学科内部来看，文科改革需要从根本理念出发，改变文科式微、文科无用的教育观念。推进新文科建设，必须坚守教育的初心使命，摒弃错误的或不适应新时代高校高质量发展的办学理念，确立和强化守正创新、兼容开放的办学理念，为党育人、为国育才，以人才培养质量为第一要务，提质增量、长短结合，全面实现新文科人才培养目标。新文科建设需要从实际出发，结合高校办学特色，从培养目标、培养体系、实践载体、教学平台、育人环境和保障体系等方面推进文科教育"一体化"建设。新文科建设需要从教学方式出发，注重研究导向型教学、启发互动型教学和实践发展型教学，使学生在文科学习中学会思考、训练思维、创造知识，推动旧的知识灌输型课堂向知识创造型新课堂转变。在新文科学科内部的建设过程中，调节新旧矛盾，形成兼顾知识性、学理性、学术性、价值性和思想性的文科教育。

第二，从文科学科外部，即文科与理工农医类学科的联系来看，跨学科教育在近年来越来越受到重视。在新文科建设中，高校需要打破学科壁垒和专业固化，结合其他学科知识，将理工科的研究方式、学科能力融入文科教育，形成专业化、理论化的学术体系。建立突出基础性、交叉性、高端性、前沿性和实践性的课程体系，培养学生良好的理论素养。文科教育的融合也应该更加重视基础学科，优化数学、英语、计算机语言等基础通识课程及学科基础课程的设置，打造"强基工程"，为高阶学习和研究夯实基础。在学科交叉的方法论上，传统的人文社科方法，应转向运用现代科技、信息技术和人工智能，特别是要运用算法，将文科的定性方法与定量方法相统一，将理工科思维应用于文科学习研究，彰显新文科的科学性，在学科融合中形成科教、产教、理论与实践应全面融合的办学新范式。

第三，从师资力量来看，新文科改革中不可或缺的是教师队伍的改革。一方面，我们需要重视师资队伍的质量。新文科师资队伍建设强调既要传承传统又要融合创新，高校应从顶层设计的角度保障新文科教师团队质量，建立具有竞争力的人才制度。并且通过校内教师跨学院授课等制度，打破制度壁垒，鼓励并支持教师以项目和团队合作等形式在各二级单位、学术平台之间开展跨学科的交流与合作，培养适用于新文科教学的复合型教师。另一方面，我们需要重视教师的教学方式。在新文科教学中，教师不应秉持原有文科教学中的传统观念，而应该积极探索在学科融合背景下，理工科思维、技术等对文科教育的支持作用。

参考文献

[1] 严佳佳，曾紫怡，张晨燕. 应对美国经济政策不确定性的对策研究［J］. 财政科学，2022（4）：129-143.

[2] 别敦荣. 大学战略规划的若干基本问题［J］. 河北师范大学学报（教育科学版），2020，22（1）：1-11.

[3] 别敦荣. 大学组织文化的内涵与建设路径［J］. 现代教育管理，2020（1）：1-7.

[4] 周毅. 新文科背景下图情档学科"微专业"建设实践探讨［J］. 情报资料工作，2021，42（6）：5-12.

[5] 曹利华，胥刚. 新文科建设：地方高校教师队伍的现实困境及应对策略［J］. 黑龙江高教研究，2021，39（11）：23-27.

[6] YOST L. Why Ohio College Enrollment Is Declining，How Higher Education Is Responding［EB/OL］.（2018-03-08）［2024-04-07］. www. kentwired. com/ latest_updates/article_2a629548-5303-11e8-8f7c-73b88e5d3847. html.

[7] SEIFERT T A. Liberal arts at the brink［M］. Boston：Harvard University Press，2011.

新财经视域下高等教育
高质量发展评价机制创新研究

杜　蕾

摘　要： 本文按照"发展需求识别→指标体系构建→评价机制创新"的路径致力于探究新财经视域下高等教育高质量发展评价机制。笔者在梳理国内外研究成果及核心概念内涵的基础上，采用文本分析和深度访谈厘清高等教育"新财经"和"高质量发展"的现实需求，并进一步对关键需求进行重点分析。同时，笔者利用模糊层次分析和案例分析方法构建高等教育评价的指标体系及评价模型。此外，构建多元多维、可持续反馈的新财经视域下高等教育高质量发展评价机制。

关键词： 新财经；高等教育；高质量发展；评价机制

一、引言

新时代高等教育以高质量和新财经统领教育评价改革。按照马丁·特罗的高等教育发展阶段理论，我国高等教育已经从大众化阶段步入普及化阶段。新阶段赋予高等教育新的时代意蕴，亟须提质增效，启动高质量发展新引擎。2019 年，《中国教育现代化 2035》提出"教育高质量发展"；2020 年，党的十九届五中全会提出"建设高质量教育体系"的明确要求。作为我国高等教育新的发展方式与发展理念，"高质量发展"肩负着建设高等教育强国的重任，其显著特征是从以往谋求"量"的增长转向注重"质"的提升，实现内涵式发展。与此同时，高质量发展必将重塑高等教育的内涵与外延，催生新财经。新财经是科学技术创

【作者简介】杜蕾，西南财经大学公共管理学院，讲师。

新驱动的财经学科范式变革，强调学科交叉、产教融合（卓志，2021），是实现高等教育大国向高等教育强国转变的一次全新尝试。那么，新财经视域下高等教育高质量发展该如何实现？又该采用哪些指标来测度衡量呢？这就要求构建一套科学合理的评价机制予以体现。

教育评价作为教育发展的"指挥棒"，是保障高等教育高质量发展和实现新财经建设的有效手段，即"以评价促进发展"。长期以来，我国高校倾向于采用可量化的客观指标对评价对象进行一次性评价，多以论文、项目、奖项、职称、帽子（以下简称"五唯"）等为主要评价指标。这种简单的量化评价方式强化了高等教育评价过程中的外部问责、量化指标和目标达成，在某种程度上契合了高等教育大众化发展的需要。然而，工具理性主导下产生的偏差扭曲使得高等教育评价在实践发展中倾向于形式化，很大程度上忽视了立德树人、教书育人、科研创新等本质功能定位，已严重偏离教育评价的本质，也明显不适应新时代教育高质量发展的现实需要。因此，教育评价改革势在必行。2020 年，中共中央、国务院印发《深化新时代教育评价改革总体方案》，明确要求切实破除"五唯"顽疾，扭转不科学的教育评价导向，改进结果评价、强化过程评价、探索增值评价、健全综合评价，构建契合当代教育发展需求的评价机制。因此，探究新财经视域下高等教育高质量发展评价机制具有重要的理论和实际应用价值。具体地，高等教育评价机制应按照"高质量发展"和新财经建设的总体要求进行改革，在准确理解和把握高等教育高质量发展内涵的基础上，聚焦新财经建设的任务和目标，构建多维度、全方位、多层次的教育评价机制，以期为教育现代化提供借鉴和参考。

二、文献综述

党的十九大报告中首次提出"高质量发展""高质量教育体系"的概念。随着政策话语的生成，学术界也逐渐展开对教育高质量发展问题的学理探讨，主要聚焦在以下三个方面：一是结合时代背景，集中探讨高等教育高质量发展的内涵。基于教育的目标导向视角，崔新有（2018）认为，高等教育实现高质量发展，要以"四个服务"为指向，以"立德树人"为本，以全面提高人才培养质量为核心。基于教育的发展观视角，田秋生（2018）认为，高等教育高质量发展本质上是将高质量发展这一理念渗透到教学、科研及服务等各类活动之中，获得较为平衡且充分的发展，该定义更强调微观层面的高等教育学科发展。与之相对，基于教育的质量观视角，陈宝生（2017）从宏观层面指出，高等教育高质量发展是高等教育系统内外部各种要素和机制的优化与协调，力争实现高等教育从大规模高速度扩张向高质量内涵式发展的转变。二是探讨高等教育高质量发展的动力机制。相关研究以教育诸要素变革为起点，切入教育发展的问题和矛盾点，指出以抓两头带中间方式，启动教育高质量发展的动力机制（钟晓敏，2020）。二是讨论高等教育高质量发展的实现路径。赵继和谢寅波（2019）认为，高等教育高质量发展应注重创新发展、协调发展、绿色发展、开放发展、共享发展。周海涛（2019）聚焦民办高校高质量发展，认为民办高校实现高质量发展需在夯实要素和优化结构的基础上，在师资队伍、模式、制度、服务面向、专业设置、育人方式、资本结构、内部治理等方面实现内涵提升。

与此同时，各类教育改革促进了教育评价的发展，受到学术界的广泛关注。一是在概念表征上，评价指向的概念有教育发展水平、教育现代化、教育强国、教育竞争力、教育发展指数、教育效率、质量评价等。高等教育评价维度有内外之分，内部维度有高职教育、本科教育和研究生教育，外部维度有高等教育与国家经济、区域经济等的协调发展。二是在评价价值观上，主要表现出评价理念的发展性、评价主体的多元性、评价范围的扩展性、评价过程的形成性、评价实施的校本性等趋势（杜瑛，2010）。肖远军和邢晓玲（2007）认为，当前我国教育评价理念发展的趋势是进一步确立发展性的评价观，发挥评价的改进与激励功能，注重评价内容的全面性，提高评价对象的主体地位。三是在评价困境上，研究者尝试从不同视角分析当前我国高等教育评价存在的问题，如涂端午（2020）研究发现，我国教育评价改革中存在一些关键环节"硬约束"不强，教育政策工具使用不平衡、不充分，主张教育评价改革要回归教育本体。四是在评价指标上，现有研究中的评价指标丰富多样，既有大学排行榜、学科评估结果、科学技术奖、教学成果奖等数据，也有统计年鉴数据（如师生员工数、高校机构数、投入经费、高校资产、专利研发等）。除上述易量化指标外，国外学者 Astin（2016）认为，接受高等教育的机会和高等教育环境等因素也是评价高等教育发展水平的重要指标。五是在评价方法上，既有关于指标构建的定性研究（赵庆年和李玉枝，2021），也有发展水平的定量评价（张远增，2017）。高等教育水平评价的一般路径是先指标加权求和再打分计算，过程涉及指标权重的技术处理，处理方法有平均赋权和差异赋权。此外，新时代高等教育评价要求"定量评价与定性评价相结合"。如何通过科学手段构建全面有效的评价机制成为国内外学者研究的热点，一些新的评价手段被提出来，如数据包络分析方法、模糊综合评价法、人工神经网络方法等。

综上所述，高等教育高质量发展评价问题得到了学术界的广泛关注，为本研究奠定了良好基础，但仍存在以下不足：一是缺乏基于高质量发展的高等教育评价机制创新研究。现有高等教育高质量发展多聚焦概念思辨、理论嵌套，对于如何衡量与评判高等教育是否高质量发展的标准，基于怎样的实践框架去保障高等教育高质量发展评价等问题的研究尚显不足。目前，我国高等教育内外部环境面临巨大变革，急需从高质量发展的内涵出发，充分结合新财经的特征，创新高等教育高质量发展评价机制。二是缺乏科学的高等教育高质量发展评价指标体系研究。现有教育评价研究中量化评估占据主导地位，属于支配范式。具体表现为"指标+量化"，强调评价体系的可测量性和结果的客观性，特别是高等教育评价的价值标准表现单一，往往停留于显性指标，而隐性、不易量化的指标则被忽略。此外，以具体量化指标为评判标准，忽略了学科领域的差异性和教师个体的差异性。虽有研究者已指出量化评价存在的种种问题并尝试发展，但新的教育评价体系尚未形成。三是缺乏系统的高等教育高质量发展评价方法工具研究。现有教育评价研究，尤其是高等教育评价，关注的重点大多是评价政策、制度和体系的总结与描述，缺乏对高等教育评价技术、方法及其有效性的关注。尤其使用何种方法评价高等教育高质量发展水平及如何确定不同指标的权重等内容尚未涉及。

三、新财经视域下高等教育高质量发展评价体系构建

（一）高等教育高质量发展评价指标体系确定

在量化评估模式下，现有研究对非数量化高等教育行为的评价笼统且模糊，缺乏显性表征手段。构建反映立德树人、师德师风、文化传承等不可精确计量指标的高等教育评价体系势在必行。因此，本研究通过"新财经""高等教育高质量发展""教育评价"等相关文献资料、政策文件的文本分析及深度访谈准确把握新时代高等教育发展需求。在此基础上，确定评价目标和评价重点，并根据评价对象的不同，从师德师风、教育教学、科学研究三个方面遴选教学奖项、科研成果等明确可测评的显性指标以及教学能力、学科建设贡献等难以测量的隐性指标，尝试构建涵盖显性与隐性指标的高等教育高质量发展评价指标体系（如表1所示），以期更加科学全面地评估高等教育的发展水平。

表1 新财经视域下高等教育高质量发展评价指标体系

一级指标	二级指标
A₁ 师德师风	B₁ 团队协作
	B₂ 工作态度
	B₃ 政治表现
A₂ 教育教学	B₄ 教学课时
	B₅ 教学成果
	B₆ 学科建设
A₂ 科学研究	B₇ 论文著作
	B₈ 科研项目
	B₉ 成果获奖

（二）高等教育高质量发展评价方法与数据来源

1. 模糊层次分析法

高等教育高质量发展评价是一项多因素且包含模糊现象的评价工作，模糊层次分析能够将定性分析和定量分析相结合以更好地实现这一研究目标。具体地，本文采用模糊层次分析法建立高等教育高质量发展的指标层次关系，确定各层指标的权重。

2. 数据来源

考虑到教师是高校的主体，本研究以西南财经大学教师为评价对象进行问卷访谈。在此需要指出的是，对学校负责人的采访资料，既有工作中的交流访谈，也有相关媒体的采访报道以及在学校重要会议上的发言讲话，根据研究的需要综合整理所得。

（三）高等教育高质量发展评价指标权重确定

表1中的3个一级指标，经过两两比较，可以得出矩阵 A。

$$A = \begin{bmatrix} \frac{4}{7} & \frac{4}{5} & 1 \\ \frac{4}{6} & 1 & \frac{5}{4} \\ \frac{4}{7} & \frac{4}{5} & \end{bmatrix}$$

用近似方法求得权重向量。

$$W'_1 = \sqrt[m]{\prod_{j=1}^{m} a1j} = \sqrt[3]{\left(\frac{4}{7} \times \frac{4}{5} \times 1\right)} = 0.770。同理，W'_2 = 0.941；W'_3 = 1.380$$

由于 $\sum_{i=1}^{m} W'_i = W'_1 + W'2 + W'_3 = 3.091$，则：

$W_1 = W'_1/3.091 = 0.249\ 1$

$W_2 = W'_2/3.091 = 0.304\ 4$

$W_3 = W'_3/3.091 = 0.446\ 5$

得权重向量 $W = \begin{Bmatrix} 0.249\ 1 \\ 0.304\ 4 \\ 0.446\ 5 \end{Bmatrix}$。同理，可以确定二级指标权重向量，如表2所示。

表2　各指标的组合权重

一级指标权重	二级指标权重
A_1 0.249 1	B_1 0.37
	B_2 0.42
	B_3 0.19
A_2 0.304 4	B_4 0.38
	B_5 0.28
	B_6 0.34
A_3 0.446 5	B_7 0.36
	B_8 0.46
	B_9 0.18

四、新财经视域下高等教育高质量发展评价机制

新财经是新文科建设的重要实践，传统财经教育模式已不能适应数字时代发展。衡量新财经建设效果不能简单套用理工科或常规纯文科的评价标准和评价体系，要着力破除"五唯"评价体系，构建符合新财经学科建设和培养方向的教育评价体系。综合上述理论分析与实证研究结果，并向专家学者、高校相关部门等进行咨询论证，本研究最终构建起多元多维与可持续发展的高等教育高质量发展评价机制，对高校教育改革具有重要借鉴意义。

一方面，新财经视域下高等教育高质量发展要构建多元多维的高等教育评价机制。当前，高校职责已从单纯承担教师培养模式分化成教学、科研、师德师风等多元模式，高等教育评价标准、评价方式也势必多元。本研究采用模糊层次分析法对高等教育评价模型进行构建，在指标层中划分量化指标和隐性指标两部分，弥补了现有研究中忽略隐性指标的不足，提升了高等教育高质量发展评价的科学性。

另一方面，新财经视域下高等教育高质量发展要建立可持续反馈的高等教育评价机制。然而，当前高等教育的"五唯"评价体系是一种机械简单的"硬管理"，评价中可计量指标在全面纳入评价视野的同时，不可计量或者不可数字化计量的指标被排斥在评价视野之外，极易陷入"效率主义""功利主义"等困境。因此，教育评价改革不仅要强调对教育发展水平及其成效的测定和价值判断，也要注重对评价结果的合理运用，为教育发展改革提供积极的反馈信息和建设性策略。

参考文献

[1] 陈宝生. 认真学习贯彻习近平总书记高等教育重要论述 努力办好中国特色社会主义大学 [J]. 中国高等教育，2017，578（1）：4-10.

[2] 崔新有. 开放大学要在高质量发展中走在前列 [J]. 终身教育研究，2018，29（2）：3-8.

[3] 杜瑛. 我国"双一流"建设实施绩效评价面临的困境与行动路径 [J]. 教育发展研究，2020，40（3）：22-28.

[4] 涂端午. 教育评价改革的政策推进、问题与建议：政策文本与实践的"对话" [J]. 复旦教育论坛，2020，18（2）：79-85.

[5] 肖远军，邢晓玲. 我国教育评价发展的回眸与前瞻 [J]. 江西教育科研，2007 (12)：12–14.

[6] 赵继，谢寅波. 中国高等教育高质量发展的若干问题 [J]. 中国高教研究，2019 (11)：9–12.

[7] 赵庆年，李玉枝. 我国高等教育发展方式的演进历程、逻辑及展望 [J]. 现代教育管理，2021 (8)：34–42.

[8] 钟晓敏. 新时代高等教育高质量发展论析 [J]. 中国高教研究，2020 (5)：90–94.

[9] 周海涛. 完善民办高等教育治理机制 [J]. 高等理科教育，2020 (1)：12–13.

[10] 卓志. 加快推进中国特色"新财经"教育创新发展 [J]. 新文科教育研究，2021, 1 (1)：82–89, 143.

[11] ASTIN A W. Assessment for excellence：the philosophy and practice of assessment and evaluation in higher education [M]. Westport, CT：the Oryx Press, 2016：38–94.

新财经视域下高校促进共同富裕的
机制和路径研究

肖　敏

　　摘　要：共同富裕是社会主义的本质要求，是中国式现代化的重要特征。高校作为服务国家经济社会发展的重要力量，在实现精准扶贫、乡村振兴、共同富裕等国家重大战略过程中理应有所作为。本研究坚持"把论文写在祖国大地上"的理念和思路，坚持问题导向，对新财经、共同富裕等核心概念，以及马克思主义反贫困、分配理论基础进行了阐释，基于个人与家庭的微观层面、区域与社会的宏观层面，探讨新财经院校促进共同富裕的作用机制，基于"人才培养—初次分配""科学研究—二次分配""社会服务—三次分配"三个角度，探索新财经院校促进共同富裕的现实路径，为推动建设具有新财经内涵的中国特色社会主义共同富裕高校道路、具有新财经特色的促进共同富裕示范院校作出了有益探索。

　　关键词：新财经；财经院校；共同富裕；机制；路径

一、研究现状述评

（一）国内外研究现状

　　笔者通过对共同富裕、教育促进共同富裕角度相关性强的文献进行认真梳理，发现国内外主要从两个方面进行探讨。

　　1. 共同富裕研究

　　（1）关于共同富裕的定义及本质特征的研究

　　国外学者对共同富裕的研究，主要集中在共产党人对社会主义探索方面。在

　　【作者简介】肖敏，西南财经大学中国西部经济研究中心，政工师。

马克思和恩格斯的著作中，明确提出生产力提高是实现共同富裕的前提，生产资料归社会所有是实现共同富裕的途径。列宁和斯大林都提到劳动对于实现共同富裕的重要性。现在，西方学者从民主、平等、自由等方面来阐释共同富裕。

国内研究者对"共同富裕"的表述虽不尽相同，但对其本质内涵的理解具有一致性。胡长清（1998）提出，共同富裕不等同于平均富裕，更不等同于同步富裕，它要求人民普遍富裕但允许有差别地富裕。任立新和陈宝松（2003）认为，共同富裕是物质富裕与精神富裕的统一，是物质和精神的生存性目标与发展性目标的统一。共同富裕强调所有人民幸福感至上。

（2）关于中国特色社会主义共同富裕理论的丰富和发展方面的研究

学术界在共同富裕理论的演进过程上进行了综合研究。如杨静娴（2011）就对毛泽东、邓小平、江泽民、胡锦涛各自的共同富裕理论进行了分析。蒋永穆和豆小磊（2021）则将"共同富裕"思想的百年演进历程梳理为四个阶段。也有学者对中华人民共和国成立以来的具体领域的"共同富裕"的历史溯源进行探究，如齐小军（2021）主要研究了"共同富裕"教育思想在中华人民共和国成立后先后发展成为"互助合作"型、"先富帮后富"型、"缩小贫富差距"型和"扎实推动共同富裕"型。

（3）关于党在新时代对共同富裕新形势和新任务的认识方面的研究

学者们对习近平总书记为实现共同富裕伟大目标的相关研究较为丰富。如杨静和陆树程（2018）认为，习近平总书记围绕共同富裕作出的一系列重要论述，是在解决新时代社会主要矛盾的基础上，把握住中国特色社会主义的正确旗帜，以人民群众对美好生活的追求和向往作为奋斗目标与使命，有针对性地提出扶贫脱贫、新发展理念和中国梦等新构想。秦刚（2021）提出，立足新的发展起点，习近平总书记多次阐述和强调实现共同富裕的原则要求。他指出："消除贫困、改善民生、逐步实现共同富裕，是社会主义的本质要求，是我们党的重要使命。"

（4）习近平治国理政思想研究中涉及新时代实现共同富裕的研究

学者们从不同角度和不同方面分析了共同富裕的战略基点。如韩庆祥（2016）认为，"为人民担当"是习近平治国理政的核心理念，"为人民担当"必然以增强全体人民幸福感为目的，创造和共享社会发展成果必然以全体人民作为主体，体现的是逐步实现共同富裕的要求。易棉阳（2016）认为，扶贫任务的艰巨性要求不能放弃任何社会力量，以政府为主导，做到联动共享，提高社会扶贫参与度；同时，也要克服贫困地区群众自身缺乏积极性和创造性等缺点，共同寻找走向脱贫致富的康庄大道。

2. 教育与共同富裕研究

从教育角度研究推进共同富裕的理论文章较少，教育改革可以促进共同富裕。苏畅（2018）认为，提高中等收入者的比重，可以有效缩小社会贫富差距，促进经济社会平稳运行。而提高我国收入群体占比的一项重要举措是加大教育的普及力度，教育是实现共同富裕的前提条件。也有专门探索教育对推动共同富裕的作用的理论研究。如陈锋（2021）认为，教育是建设共同富裕的重要动力，也是实现共同富裕的重要内涵。共同富裕不只是经济领域的均衡，而是包括人民生活的各个方面，公平接受优质教育、实现个体全面发展是共同富裕的题中之义。

（二）现状述评

综上所述，现有研究对共同富裕的探讨比较成熟，但对教育促进共同富裕的作用探讨不够深入。本研究试图打开一个突破口，从新财经视域出发，从高校的使命担当视角出发，分析在实现共同富裕的过程中，新财经建设背景下的财经院校如何发挥自身资源禀赋，促进共同富裕，并梳理形成系统、合理、可行的机制和路径。综合相关研究与高校社会服务实际，本研究以实现共同富裕过程中的财经高校力量为研究对象，深入探讨新财经视域下高校促进共同富裕的机制和路径研究，具有一定的理论基础与现实依据。

二、核心概念与理论基础

（一）核心概念

1. 新财经

新财经是基于全球科技创新快速发展的大背景，基于新时代中国特色社会主义发展整体战略安排，基于中国经济快速发展、国际地位快速提升的基本现实，打破传统的以西方经济管理类学科为基础的财经类学科构建模式。新财经以多学科交流、交叉、交融为路径，构建具有中国特色、能够解决中国经济发展中面临的现实问题的财经学科理论体系和研究方法，以构建中国特色社会主义的财经学科体系引领中国财经学科发展，培养精通经济理论，熟悉中国国情，通晓国际规则，立足中国服务世界的新型财经人才。

新文科与新财经之新，是创新之新，是在坚守中国特色社会主义道路前提下的创新与改革，是对学科领域、研究范式、思维模式等的优化甚至重新定义。新财经是新文科建设在高等财经教育领域的特色彰显，既承袭新文科的共性特征，又具有显著特性。

2. 共同富裕

1953 年 12 月，毛泽东在主持起草的《中共中央关于发展农业生产合作社的决议》中首次提出共同富裕："为着进一步地提高农业生产力，党在农村中工作的最根本的任务，就是要善于用明白易懂而为农民所能够接受的道理和办法去教育和促进农民群众逐步联合组织起来，逐步实行农业的社会主义改造，使农业能够由落后的小规模生产的个体经济变为先进的大规模生产的合作经济，以便逐步克服工业和农业这两个经济部门发展不相适应的矛盾，并使农民能够逐步完全摆脱贫困的状况而取得共同富裕和普遍繁荣的生活。"

1985 年 3 月，邓小平在《一靠理想二靠纪律才能团结起来》的讲话中指出："社会主义的目的就是要全国人民共同富裕，不是两极分化。"1992 年，邓小平在南方谈话中再次明确提出，社会主义的本质是解放和发展生产力，最终达到共同富裕。

2021 年，习近平总书记在中央财经委员会第十次会议中强调："共同富裕是全体人民的富裕，是人民群众物质生活和精神生活都富裕，不是少数人的富裕，也不是整齐划一的平均主义，要分阶段促进共同富裕。""我们追求的发展是造福人民的发展，我们追求的富裕是全体人民共同富裕。"

从学理角度看，共同富裕的实质是，在中国特色社会主义制度保障下，全体人民共创日益发达、领先世界的生产力水平，共享日益幸福而美好的生活。共同富裕可从政治、经济和社会三个层面来加以把握。从政治内涵上来看，共同富裕是国强民富的社会主义社会契约；从经济内涵上来看，共同富裕是人民共创共享日益丰富的物质财富和精神成果；从社会内涵上来看，共同富裕是中等收入阶层在数量上占主体的和谐而稳定的社会结构。

因此，共同富裕是全体人民通过辛勤劳动和相互帮助最终达到丰衣足食的生活水平，也就是消除两极分化和贫穷基础上的普遍富裕。共同富裕不仅是一个物质上富裕的问题，而且是一个包含物质生活在内、体现社会成员各方面生活富裕在内的综合概念。共同富裕是社会主义的本质要求和根本目标。

（二）理论基础

1. 马克思主义反贫困理论

马克思主义反贫困理论从制度、生产力、资本剥夺、能力与知识四个维度对贫困产生的根源、内涵、核心以及特征进行深度剖析。在该理论体系中，资本主义制度是贫困与剥夺的根本来源。由于资产阶级存在利益掠夺性，故在资本主义的制度设计之中，执行标准是以权力和利益分配为导向的。这致使资本主义社会最终出现了因权力结构失衡而产生的贫困问题。生产力水平低下会导致生产关系的落后，继而影响一个国家和地区的制度创新性、生产能力，最终导致地区经济不发达，甚至陷入贫困。资本积累与资本扩张作为资本主义制度的一个重要特征与表现，其有机构成的提高会减少就业需求，进而产生贫困。而能力与知识的缺失也成为造成贫困的原因之一。

根据该理论，反贫困的根本路径是：通过解放和发展生产力，最终实现共同富裕。目前中国正处于社会主义初级阶段，面对我国区域发展不平衡的客观实际，马克思主义反贫困理论对于高效促进共同富裕机制的实践探讨具有极其重要的指导和借鉴意义。

2. 马克思主义分配理论

马克思在批判资本主义分配关系的基础上提出了以社会主义公有制为基础的按劳分配和共产主义社会按需分配的分配方式。这种"生产资料共同占有"基础上的所有制决定了每个劳动者都可以"按等量劳动取得等量产品"的公平分配的权利。只有"在一个集体的、以共同占有生产资料为基础的社会里"，即在生产资料公有的条件下，才能彻底消除阶级之间、脑力劳动和体力劳动之间的对立与差别，劳动者才能"以一种形式给予社会的劳动量，又以另一种形式领回来"。此时，"他们共同的、社会的生产能力成为从属于他们的社会财富"，人们才真正获得了平等分配，从而实现了共同富裕。

根据该理论，财经院校以"新财经"概念为突破口，开展"共同富裕"教育，学习马克思主义关于"共同富裕"的理论思想，开发"共同富裕"教育课程资源，深化"共同富裕"理论研究，挖掘"共同富裕"典型，守好"共同富裕"教育主阵地，通过参与社会"共同富裕"进程及培养"共同富裕"建设人才，进行社会资源再分配，达到促进社会"共同富裕"的目的。

三、研究意义与可能的创新之处

（一）研究意义

2021 年 8 月 17 日，习近平总书记在主持中央财经委员会第十次会议时强调，共同富裕是社会主义的本质要求，是中国式现代化的重要特征，要坚持以人民为中心的发展思想，在高质量发展中促进共同富裕。高校作为服务国家经济社会发展的重要力量，在实现精准扶贫、乡村振兴、共同富裕等国家重大战略过程中理应有所作为。

只有从服务国家经济社会重大现实问题的战略高度看待问题，在新财经建设背景下的财经院校才能有所作为。在新时代"三新"（立足新发展阶段、贯彻新发展理念、构建新发展格局）背景下，新财经建设与高质量发展一脉相承。本研究基于新财经视角，分析高校促进共同富裕的作用机制，探讨财经院校发挥资源禀赋促进共同富裕的现实路径，探索形成具有新财经内涵的中国特色社会主义共同富裕高校路径，对丰富和完善中国特色社会主义共同富裕理论体系和实现共同富裕的中国方案具有一定的理论和现实意义。

（二）可能的创新之处

本研究可能的创新之处在于，当前国内对"实现共同富裕的高校机制、路径"的学术研究和探讨相对有限。本研究基于新时代"三新"背景，以实现共同富裕的高校力量为研究对象，探讨在新财经视域下，教育这一自变量如何实现共同富裕，分析在中国式现代化过程中，探索形成具有新财经内涵的中国特色社会主义共同富裕高校路径，具有一定的创新性。

四、新财经视域下高校促进共同富裕的作用机制和现实路径

（一）新财经视域下高校促进共同富裕的作用机制

党的十九届五中全会提出，到 2035 年全体人民共同富裕取得更为明显的实质性进展。实现共同富裕首先是要实现教育公平。教育公平是指确保个人不受社会经济地位、性别和其他因素的影响接受教育，以及制定最低标准，确保全民教育的全面覆盖。教育公平是贯穿教育全过程，包含享受入学机会、接受教育的过程及最终得到的教育结果。受教育者在接受教育全领域全过程中的机会均等，是教育公平最核心的价值诉求。

（1）基于个人与家庭的微观层面。在全面建成小康社会的过程中，精准扶贫视域下教育的作用是阻断贫困代际传递。个人和家庭是组成现代经济社会的基本细胞单位和基本核心组织。从微观层面来说，贫富差距首先体现在个人与家庭相互之间的差距上，共同富裕本质上也是个人与家庭视角的共同富裕。实现共同富裕，必须跳出一时、一地、一域的思维局限，关注"资源"（贫或富）的代际传递与影响。事实上，除传统的个人与家庭层面外，不同群体之间的代际教育传递不平等的程度也需要进行关注和解决。个体教育机会的获得与父母的受教育水平和社会地位的状况密切相关，父母自身的社会资本为子女接受更好的高等教育创造优势。通过新财经院校的人才培养活动（强化就业技能、财经理念等），帮助个人与家庭取得更高水平发展的机会，从而阻断贫困的代际传递，推动教育带来的财经优势代际传递，实现"点"上的共同富裕。

（2）基于区域与社会的宏观层面。在社会主义现代化建设过程中，共同富

裕视域下教育的作用是实现智力资源的区际公平，不断减小"三大差距"（地区差距、城乡差距和收入差距），进而逐步实现共同富裕。要推进共同富裕取得实质性的进展，需要动员和集聚全社会力量，提高自主创新能力。新财经院校是新财经素质人才的培育地、是财经管理创新的策源地、是现代先进财经思想的传播地，可以为共同富裕取得更为明显的实质性进展提供思想、智力、人才的支撑与保障。通过新财经素养教育，培育一批新财经素质的人力资源，推动传统产业的高端化、智能化、绿色化发展，为率先实现共同富裕提供强劲的内生动力，再通过个人的自主化选择、政府的制度性安排、社会的市场化驱动，缩小东中西部地区之间的地区差距、城市与乡村之间的城乡差距、收入分配多与寡之间的收入差距，实现"面"上的共同富裕。

（二）新财经视域下高校促进共同富裕的现实路径

共同富裕的本质是研究资源分配的经济学问题。财经院校具有经济学研究的天然使命和职责，具有财经素养人才培养、科学研究等传统优势，以及新财经建设背景下"互联网+金融"、经济、管理等新兴优势。现代大学具有人才培养、科学研究、社会服务、文化传承创新、国际交流合作五大基本职能。在新财经建设背景下，以大学基本职能与三次收入分配为出发点，财经院校利用自身资源禀赋，发挥人才与智力输出功能，达到促进共同富裕的正外部性。

第一，基于"人才培养—初次分配"的角度，新财经院校通过财经素养教育，培养和提升未来劳动力的素质，为市场经济提供更多更优秀的新财经人才。毕业生只有具备比较优势，方可达到更合理的薪资水平，才有利于缩小贫富差距，从而实现"高质量就业—合理薪资水平—促进初次分配"的共同富裕路径。

第二，基于"科学研究—二次分配"的角度，新财经院校发挥科研智力的优势，以智库的形式积极为国家和地方经济社会发展建言献策，把地方发展的难题作为师生科学研究的课题。尤其是新财经院校具有经济、金融、管理类学科的优势，可以提出科学合理的财政税收、社会保障等政策建议，从而实现"高水平科研—科学政策建议—促进二次分配"的共同富裕路径。

第三，基于"社会服务—三次分配"的角度。社会服务是新财经院校的五大基本职能之一，社会服务过程是一所大学向外界展示自己的窗口，社会服务成果是评判一所大学的重要标准。相较于初次分配、二次分配，三次分配缺乏制度刚性，是根据社会个人（诸如新财经院校教职员工、学生、校友等）或组织（新财经院校二级单位、社会团体、校友会等）意愿，自发地进行资产（包括资金、物资等实物、非实物形式）再次分配，体现了有责任感和道德感的个人或企业在社会中所发挥的作用，从而实现"个人组织自愿—示范引领带动—促进三次分配"的共同富裕路径。

共同富裕是社会主义现代化的题中应有之义，中国高校大有可为，新财经院校大有作为。从新财经院校集合概念来说，在中国式现代化过程中，基于"人才培养—初次分配""科学研究—二次分配""社会服务—三次分配"三个角度，探索形成一条依托新财经院校联盟，发挥新财经院校资源优势，促进一、二、三次分配的中国特色社会主义共同富裕高校道路。从新财经院校个体发展来说，亟待发挥其比较优势，探索建设具有校本新财经特色的促进共同富裕的示范院校，引领学理研究与社会服务相统一。

参考文献

[1] 胡长清. 共同富裕论：中国公平分配模式研究 [M]. 长沙：湖南人民出版社，1998.

[2] 任立新，陈宝松. 全面理解共同富裕思想的科学内涵 [J]. 中国特色社会主义研究，2003（5）：66-69.

[3] 杨静娴. 毛泽东、邓小平、江泽民、胡锦涛的"共同富裕"思想比较研究 [J]. 前沿，2011（14）：4-6.

[4] 杨静，陆树程. 习近平共同富裕思想及其重大价值 [J]. 唯实（现代管理），2018（6）：4-9.

[5] 秦刚. 实现共同富裕：中国特色社会主义的实践探索和历史进程 [J]. 人民论坛·学术前沿，2021（7）：4-11，135.

[6] 韩庆祥. 论习近平治国理政思想 [J]. 中共福建省委党校学报，2016（1）：4-14.

[7] 易棉阳. 论习近平的精准扶贫战略思想 [J]. 贵州社会科学，2016（5）：139-144.

[8] 苏畅. 马克思主义共同富裕思想与我国的实践路径研究 [D]. 北京：中共中央党校，2018.

[9] 陈峰. 推进面向共同富裕的教育改革发展 [J]. 中国党政干部论坛，2021（7）：75-79.

高等教育财政体制、科研激励与学科建设
——基于不同隶属关系的视角

高跃光　刘　蓉　李　超　陈　彪　寇　璇

摘　要： 健全现有的高等教育财政体制关系，是建设世界一流大学和一流学科的重要条件。高校间的学科建设差异主要源于隶属关系的差异，这种隶属关系决定着资源的分配能力与分配自由度，包括科研激励政策的制定以及学科发展。本文从高校的不同隶属关系出发，研究高校的科研激励对学科建设的影响。具体地，以不同隶属关系作为划分标准，分别引入隶属于部委的院校与隶属于地方（省级）的院校，比较不同隶属关系下高校在制定科研激励上的政策差异，以及不同隶属关系下高校的学科建设情况。根据比较研究的结果，本文分别从科研激励自主权、科研工作与奖励的匹配、财经类高校的激励政策等方面提出政策启示。

关键词： 高等教育；科研激励；学科建设；隶属关系

一、绪论

本文的主要研究内容在于观察高等院校的科研激励以及学科建设，为未来"双一流"建设的高水平、高质量提供政策建议。本文认为不同隶属关系的高等院校拥有不同的自主权，这显著影响着高等院校的科研激励政策倾向，进而影响

【基金项目】本文系中央高校基本科研业务费专项资金高等财经教育研究项目（项目编号：JKB21FG04）的研究报告。

【作者简介】高跃光，西南财经大学财税学院，副教授；刘蓉，西南财经大学财税学院，教授；李超，西南财经大学财税学院，副教授；陈彪，西南财经大学财税学院，副教授；寇璇，西南财经大学财税学院，博士研究生。

高等院校的学科建设。

（一）研究背景

1. 建设世界一流大学和一流学科

建设世界一流大学和一流学科，是中共中央、国务院作出的重大战略决策，也是中国高等教育领域继"211 工程""985 工程"之后的又一国家战略，有利于提升中国高等教育综合实力和国际竞争力，为实现"两个一百年"奋斗目标和中华民族伟大复兴的中国梦提供有力支撑。

具体的建设任务是建设一流师资队伍、培养拔尖创新人才、提升科学研究水平、传承创新优秀文化、着力推进成果转化。也就是说，"双一流"建设的核心任务是培养人才、中介是科研水平、落脚点是注重科研成果的转化应用。只有好的学科建设，才能够为人才培养以及科研水平的提升提供平台支持。此外，在科研方面，还提出加快推进科研体制机制改革，在科研运行保障、经费筹措使用、绩效评价、成果转化、收益处置等方面大胆尝试。

在"双一流"建设的高校与学科分布方面，以 2017 年的数据为例，全国共有世界一流大学建设高校 42 所、一流学科建设高校 95 所。其中，世界一流大学建设高校和世界一流学科建设高校均为中央部属院校，世界一流学科建设高校中仅有 5 所属于财经类院校，占比分别为 5.26% 和 3.65%。

上述说明了三个问题：一是国家层面相当重视"双一流"建设，选取中央部属院校作为主要实施主体；二是国家借"双一流"建设，尝试改革现有的科研体制；三是财经类高校的占比相对较低，这说明财经类高校的学科建设空间还很广阔。

2. 隶属关系差异与科研激励差异

20 世纪末，经过高校管理体制的调整，我国高校形成了中央政府和省级政府两级管理，以省级政府统筹管理为主的新体制。在此基础上，形成了两种主要类型的高等院校，一种是中央部委所属的高等院校，另一种是省级政府所属的高等院校。前者隶属于中央相关部委管理，由中央财政供给；后者隶属于省级人民政府管理，由所在省级财政供给。

显然，不同层级政府管理的高等院校，其科研激励政策也可能不同，主要表现在不同隶属关系的高等院校的自主权不同或者省级政府支持程度不同，以至于不同隶属关系下的高等院校在学科建设方面的发展动机或发展激励也不尽相同。例如，省属院校在制定相关科研激励政策时，拥有相对较大的自主权，可以相对自主地设定科研激励的具体细节，如学术论文的奖励等级，国家级项目立项或结项的奖励等级等；同时，省级政府可能还会给予一定的财政支持，这种财政支持可能独立于中央财政以外，以至于省属高等院校具有更大的资金使用空间。当然，这种自主权也可能体现在人才引进方面。

3. 学科建设竞争激烈

学科建设是高等学校建设和发展的核心，学科建设水平直接体现着高等学校的整体办学能力、学术地位和核心竞争力。以世界一流学科为例，均是将创新放在第一位，产生知识，引领社会；具有同行认可的一流成果和水平；具有一流的师资队伍；能够培养出对社会经济发展产生重要影响的人才；注重交叉和融合产生新的学科增长点。发达国家一流大学的学科建设都把学术创新作为最主要的评价标准，把招聘研究新方向的教师作为建设学术团队的重要手段，通过对新方向的资助等间接方式来引导教师的研究方向和内容。

随着我国"双一流"发展战略的逐步推进，各高等院校为了争夺"双一流"名额纷纷出台了相应的科研激励政策，注重科研成果的积累与发表，如奖励学术论文、专著、立项的国家级或省部级项目以及各种学术奖励等，目的在于使本校的学科建设有一个质的提升，能够成为学科的领军院校。与此同时，各项科研激励政策在一定程度上也有利于人才的培养，为学科建设储备人才。

（二）研究意义

1. 理论意义

第一，本文的研究起点是高等教育的财政体制，而现有研究多侧重政府间的财政体制关系，高等教育的财政体制属于广义财政体制的范畴，也反映着不同层级主体间的责任差异；研究归宿是高等教育的学科建设，尤其是财经类院校的学科建设，而现有研究鲜有从高等教育的财政体制视角研究学科建设问题，故本文补充了现有财政体制方面的研究。

第二，现有关于不同隶属关系的研究主体主要是政府部门与企业，鲜有研究将这种隶属关系延伸到高等教育层面，故本文也补充了现有隶属关系主体的研究。

第三，本文从宏、微观数据出发，分别观察不同隶属关系下的高等院校的科研激励政策差异，即比较部属院校与省属院校的科研激励政策在学术论文、专著、科研项目、科研奖励等方面的差异。除此以外，还以案例的形式比较了不同隶属关系下的财经类高等院校的科研激励政策差异与学科建设差异。故本文的研究也补充了不同隶属关系下高等院校的科研激励政策。

2. 实践意义

第一，本文研究不同隶属关系下的高等院校的科研激励政策与学科建设，对当前高等教育的"双一流"建设具有重要的借鉴意义，因为"双一流"建设的承担主体是每一个科研（或教学）教师，其行为表现至关重要，而对科研人员的激励政策决定着"双一流"建设的成败，故本文研究的科研行为激励对未来的学科建设有一定的借鉴作用。

第二，本文对不同隶属关系间以及不同地区间的高等教育的协调发展具有一定的指导意义，高等教育资源的过度集中，在一定程度上既不利于地区的均衡发展，也不利于高等教育人力资本的红利释放，而研究不同隶属关系下的财政体制安排，有利于协调各类型高等院校的学科建设。

第三，通过比较不同隶属关系下的高等院校的科研激励政策与学科建设，尤其是财经类高等院校的科研激励政策与学科建设，能够为财经类高等院校的学科建设提供政策建议。

二、文献综述与理论基础

要厘清高等教育财政体制、学科建设与科研激励之间的关系，我们急需梳理与上述三者相关的前述研究。在本章中，我们通过对以往研究文献进行综述的方式，对以下内容进行了梳理：一是学科与学科建设，目的是理解学科的内涵以及学科建设的重要意义；二是高等教育财政体制，目的是理清我国高等教育的财政体制关系；三是科研激励与学科建设，目的是寻找有效的科研激励以促进学科建设的发展。与此同时，借鉴了公共产品理论、委托代理理论、团队管理理论作为本次课题研究的理论基础。

（一）文献综述

1. 学科与学科建设

（1）学科的内涵和理解

事实上，理解学科内涵的逻辑起点是"知识"。学科以知识为基础，知识是学科的细胞。学科最基本的内涵就是一组相同的或类似的知识的集合体（万力维，2005）。这是因为学科是知识发展成熟的产物，是专门化的知识体系。并不是所有知识体系都能发展成为学科，"称一门知识为一门学科，即有严格和具认受性的蕴意"（华勒斯坦，1999）。英国学者赫斯特（Hirst）指出，能称得上学科的知识体系应该具有如下四个特征：一是具有在性质上属于该学科特有某种中心概念，二是蕴含逻辑结构的有关概念关系网，三是具有一些隶属于该学科的独有的独特的表达方式，四是具有用来探讨经验和考验其独特的表达方式的特殊技巧和技术。周川认为，一门学科的知识体系，主要由经验要素、理论要素、结构要素三种要素组成。

（2）学科建设的内涵和理解

我国高教界在定义"学科建设"时，因研究的视角不同，观点也存在差异。一是从系统角度提出，学科建设是由人、财、物等基本要素组成的系统组成（严冬珍，2001）；二是从效益角度提出，学科建设是通过"投入"获得"产出"的过程（金薇吟，1999）；三是从发展角度提出，学科建设是学科方向、师资队伍、基地建设、学科组织建设等保持相对稳定性和连续性的学科优势积累的过程（谭荣波，2002）；四是从发展角度提出，学科建设是学科方向、师资队伍、基地建设、学科组织建制等保持相对稳定性和连续性的学科优势积累的过程（姚云，2001）；五是从内容角度提出，学科建设是以学科科学性质为核心，集学科方向建设、学科梯队建设、基地建设和项目建设于一体的综合性建设（刘开源，2005）；六是从从交叉角度提出，学科建设是指深化、充实、调整和改造已经存在中的一个学科，创造尚不存在的学科，纵向上增加本学科的深度，从而实现学科知识量的增加、质的提高以及学科数量的增多（吴振球，2005）。

从以上对学科与学科建设的理解和认识来看，知识与学科并不能对等。学科包含了知识，但知识只是学科的一个方面。学科需要很多丰富的知识甚至是知识体系支撑。学科建设与学科不能等同，学科是一个静态的概念，而学科建设是一个动态的概念。基于此，有研究认为，学科建设是人们构建相对完整的理论体系，按一定的范式所从事的发现新现象、创造新知识或完善理论的创新活动（王梅 等，2006）。综上所述，我们认为学科建设的概念至少应该包含两个方面的内容：一是学科自身专业组织的建设和发展（内在驱动）；二是对学科的学术发展进行有意识的管理，通过一定的手段促进学科的学术水平迅速提高的过程（外部驱动）。

2. 高等教育财政体制

（1）高等教育的内涵和理解

经济学意义上的高等教育服务是一类特殊的准公共产品（孙静，2021），具有正的外部性，将造成教育和成本与收益的不对等（沈荣华，2007）。一方面，受教育者可以通过接受高等教育提升综合素质，并借此获得更好的就业岗位、更多的劳动收入和更高的社会地位的机会，因此高等教育服务具有鲜明的私人产品的特点。另一方面，在现阶段国家创新驱动发展战略、"双一流"建设等政策引导下，作为地方重要的民生性支出，高等教育为地方提供人才储备与智力支持，具有促进地方经济发展、引导产业结构转型升级（罗伟卿，2010；詹宏毅和张宇星，2013）、缩小居民之间的收入差距（Psacharopoulos and Zabalza，1984；李实、丁赛，2003；吴要武，2010；张凯宁，2014；李祥云，2014；夏庆杰 等，2016）

等正外部效应，这在很大程度上弥补了家庭背景差异等因素带来的收入差异，打破了阶层锁定、改变了命运（张凯宁，2014），其对地方发展的重要性受到地方政府重视，甚至已成为城市发展的决定性因素（张宗益，2019）。更重要的是，高等教育在推动人力资本积累和科学技术进步方面起着举足轻重的作用，是一个国家经济增长、社会发展的长期动力源泉，在某种意义上可以作为衡量国家发展潜力和竞争力的重要指标，这是高等教育服务特有的公共产品特性。因此，受教育者接受高等教育时需要家庭承担一定的成本费用。

政府介入高等教育的必要性主要体现在以下三个方面：一是保证机会均等。政府介入高等教育可以保证弱势群体接受高等教育的机会。二是资源配置效率。政府介入高等教育可以补贴具有明显外部效应的科学研究。三是保证公平。政府介入高等教育可以对收费低于市场价格的高等院校进行日常补助（赵海利 等，2020）。特别地，高等教育公平原则强调了国家配置高等教育资源必须依据一定的合理性规范，包括平等性原则、差异性原则和补偿性原则（高建林，2017）。基于此，我国目前的高等教育实行的是由中央和省级政府管理，以省级政府管理为主的高等教育管理体制。部属高等院校和科研机构属于中央政府的财政事权和支出责任，省属高等院校和科研机构属于省级政府的财政事权和支出责任（李振宇、王骏，2017）。2016 年，国务院出台《国务院关于推进中央与地方政府财政事权和支出责任划分改革的指导意见》，将高等教育规定为中央与地方共同财政事权。中央掌握主要高等教育事权，地方的高等教育事业责任相当一部分是由中央委托产生的，地方政府作为中央政府的"代理人"行使高等教育职权，向上级政府负责并接受其监督考核（李振宇、王骏，2017），进而构成"委托—代理"关系，并且中央和地方各自承担支出责任，同时中央基于公平性目标，采用各种"奖补"形式对地方高校提供经费支持（李振宇和李涛，2020）。

（2）高等教育的财政体制

现有关于财政体制的研究，主要涉及政府间的相关责任配置，如 Hayek（1945）认为公共产品究竟由哪一层级政府供给，取决于谁能够更充分地利用本地信息优势。第一代财政联邦主义也持相类似的观点，如 Musgrave（1959）、Oates（1999）认为地方政府在公共产品供给方面具有一定的优势，表现为供给的效率更高。第二代财政联邦主义将激励机制纳入其中，鼓励地方政府竞争以提供更加优质的公共产品和服务（Weingast，1995；Qian and Weingast，1997）。实际上，我国在分税制改革以后，也赋予了地方政府一定的自主发展权，并给予了充分的发展竞争激励，而为地方政府放权，鼓励地方政府提供公共产品和服务，支撑我国不断取得经济成就（Weingast，1995）。

由于公共产品具有的特性，尤其是在空间上的外溢性（费雪，2000），就为政府主导并参与公共产品的供给提供了理论依据。然而，就高等教育而言，它并不属于公共产品的范畴，表现为不满足公共产品的非竞争性与非排他性，更不满足受益主体的普遍性。但我们不可忽视的是，高等教育不仅对个体发展具有独特的经济效应（Schultz，1961），即带来个体的经济成功（吴愈晓，2011），还会对促进社会信任的形成发挥重要作用（黄健、邓燕华，2012）。更为重要的是，高等教育发展水平是一个国家发展水平和发展潜力的重要标志；我们对高等教育的需要比以往任何时候都更加迫切，对科学知识和卓越人才的渴求比以往任何时候都更加强烈。因此，高等教育依然是以政府为主导供给。

那么，我们关注的问题是高等教育究竟由哪一层级政府供给。府际关系（政府间关系）理论认为，单一层级政府并不能有效地解决经济问题，需要多层级政府间的协调（Anderson，1960）。显然，高等教育亦是如此，需要多层级政府间的协调与配合。我国的高等教育财政体制，主要是根据院校的隶属关系进行安排。现有关于隶属关系的研究，主要是政府间按照隶属关系划分的收入（项怀诚，1989；方红生 等，2020），企业层面的经济安排，如部分企业属于集体企业、部分企业属于中央企业、部分企业属于地方某层级政府企业，有研究认为不同的隶属关系对国有企业改制等具有差异化的影响（张维迎 等，2003；郝大明，2006）。

（3）高等教育的经费来源

高等教育经费投入与其办学体制存在密切相关，在以政府作为高等教育主要供给的国家，教育财政投入是高校办学的主要资金来源。中华人民共和国成立至今，我国高等教育财政投入体制由"统收统支"向"划分收支，分级包干"转变（郭鹏，2008）。目前我国高等教育主要根据隶属关系获得财政经费支持（吴伟伟，2021）。20 世纪 90 年代，高等教育隶属关系发生改变，一些原来属于各部委的高校下放到各省（自治区、直辖市），中央政府和地方政府在高等教育财政中的财政和事权进行进一步调整。在此背景下，中央政府的高等教育财政负担下降，地方政府的高等教育财政负担相应增加（李振宇和王骏，2017）。但从目前的研究来看，学术界对于高等教育经费的来源基本达成共识，认为教育经费主要分为政府投入和社会投入两个方面（OECD，2019）。政府投入主要包括财政拨款、专项资助、减免税收等；社会投入包括家庭投入和高校自筹经费，高校自筹经费中涵盖社会捐赠及其他科技创收等（蔡克勇 等，2006）。而且肯定了财政投入（无论是中央层面还是地方层面）在高等教育发展规模、程度上的重要作用（张淑惠 等，2012；Toutkoushian and Hillman，2012）。目前关于高等教育经费投入的研究主要集中运用定量方法对各国教育经费的变化进行探索，涉及经费来源及结构（郭德侠、杨绮雯，2012）、政府财政投入（郭化林、谢姝莹，2017）、社会投入（刘红宇、马陆亭，2011）、生均经费（蔡文伯、黄晋生，2016）。

除此之外，目前的研究也指出，无论是中央层面存在的财政压力还是地方层面存在的财政压力都会影响政府对法定财政支出责任的分配（Jimenez，2009；David，2017），也会进一步导致政府在高等教育领域财政预算的削减（2004），最终产生了高等教育财政压力（罗志敏、马浚锋，2020）。地方高等教育财政投入意愿受到当地经济发展水平、财政支出偏好等因素的影响，投入水平的区域差异显著。于伟和张鹏（2015）研究发现，在高校扩招以后，生均教育经费的省际差异逐渐缩小；蔡文伯和黄晋生（2016）研究发现，用预算内生均教育事业费表征的高等教育投入存在较大的省际差异，但是该差距在波动中逐渐缩小，经济增长差距与高等教育投入差距表现出显著的相关性；范海燕和于朋（2013）研究发现，我国地方高校教育经费的省际差异与经济发展不具一致性，教育经费投入的增长落后于经济发展水平的增长；严全治和张倩倩（2010）的聚类分析结果表明，处于同一努力水平的组同时包括了经济发展水平差异较大的省份，验证了经济发展与高等教育投入努力之间没有严格的正相关性。

（4）高等教育保障的权利关系

在我国行政权力是具有纵向层级的关系，随着权力影响力空间尺度的变化，就会产生一个行政等级，也是行政权力的一个层级。政府权力的纵向划分一般基于分权原则和集权原则，其中集权原则强调中央政府权力固有，地方政府权力是源自中央政府授予，因而中央政府对地方政府具有最终的决定权（孙关宏、胡雨春，2005）。伴随我国高等教育的逐渐发展，省属高校的规模也在逐渐扩大，地方政府在高等教育发展中的地位不容忽视和忽略，中央和地方各级政府之间的纵向分权治理结构的重构成为区域高等教育发展中的关键问题。从目前我国高等教育的宏观体制来看，主要存在集权制、分权制以及期权和分权相结合的混合制三种治理模式（胡赤弟、田玉梅，2010），且在我国高等教育质量的保障体系的建设中，中央政府和地方政府存在"合作博弈"与"非合作博弈"两种模式（郭欣、刘元芳，2012）。目前的研究在借鉴发达国家高等教育管理体制的基础上，在理论上形成了"两级管理，以省级统筹为主"的基本格局（孙阳春、何曼，2014）。这意味着，我国高等教育的发展不是单一的一个层级政府之间的关系，涉及纵向政府层级之间以及政府部门之间的协调关系。在我国高等教育的发展中，政府部门之间的协调十分关键，既能保证我国高等教育的高效发展又能避免各行政部门之间存在各自为政的现象。各个部门之间的关系也经常受到权力、财政和公共行政等因素的制约，因此权力关系、财政关系以及公共行政关系自发有序地构成了行政部门之间的三大要素关系（林尚立，1998）。

就上述存在的关系而言，目前的研究也进行了相应的探讨。赵婷婷（2014）指出，政府与高等教育的关系的核心问题包括两个层面：一是两者的关系的性质是什么，二是两者的权力边界如何划分的问题。在上述划分清楚的基础上，进一步厘清政府、社会、学校之间的关系（刘丽君，2014），在保证高校具有一定权力的基础上，实现学校、社会组织等多方主体共同参与的高等教育的治理（褚宏启，2014），尤其是要发挥好社会力量在其中的监督作用（蒋永红，2015），真正发挥评价在高等教育发展中的作用（李奇勇，2014）。但是，从我国高等教育的发展进程来看，针对高等教育的评价较为滞后，这对教育行政职能转变产生了不利的影响（胡伶，2009）。目前，我国高等教育治理体系中的第三部门组织大多是由政府主导或推动建立的，在财政和人事等方面没有独立性，多依赖上级政府主管部门，有些甚至是教育行政部门直接下属的事业性单位，受到的政府干预较多，这极大地影响了其评价职能的发挥（阎峻、许晓东，2015）。

已有文献从高等教育的内涵、高等教育的财政体制、高等教育的经费来源和高等教育的权力关系等对高等教育展开了研究。综合来看，经济学意义上的高等教育服务是一类特殊的准公共产品，具有正的外部性，将造成教育和成本与收益的不对等。高等教育需要多层级政府间的协调与配合。我国的高等教育财政体制，主要是根据院校的隶属关系进行安排且经费投入与其办学体制存在密切相关，在以政府作为高等教育主要供给的国家，教育财政投入是高校办学的主要资金来源。总体来说，现有研究在财政体制方面，多侧重政府间的财政关系。但是，鲜有研究将这种财政体制延伸到高等教育领域。

3. 科研激励与学科建设

（1）对科研激励的认识

任何制度都是一种激励机制，不同的制度设计带来不同的治理效果（管兵、夏瑛，2016）。科研管理制度是我国公共政策的重要组成部分，目的是为科研工作与科研工作者服务，以提高科研效率、促进科研发展（Romer，1990；Flegg，2004）。2018年，《国务院关于优化科研管理提升科研绩效若干措施的通知》进一步强调，要优化科研项目和经费管理，完善有利于创新的评价激励机制，强化科研项目绩效评价，以及完善分级责任担当机制，并开展基于绩效、诚信和能力的科研管理改革试点。

目前的一些研究从公共物品和政府购买的视角研究了高校的科研激励。科研被视为一种公共物品，而且是一种准公共物品（Callon，1994）。Pavitt（2001）进而认为，科研就是公共物品，不是因为它的内在属性，而是因为它是多样性和灵活性的源泉。Romer（1993）提出，科研就是公共物品，且是一种难以占用、非竞争性的持久的商品。Callon（1994）还指出，由于工业和商业对于科研生产的投资不足，不能保证其在市场上达到最优水平，而要弥补这种市场失灵，需要政府通过直接干预或通过建立机制进行干预。

在将科研视为公共物品的基础上，目前的研究还进行了进一步的探索和发掘，并将政府购买服务和科研激励进行进一步的联系，认为政府购买服务是科研经费的有效控制手段和发展方向。Partha 和 David（1994）利用不完全信息博弈论分析了在科学研究活动中的信息配置效率，认为政策措施和体制改革应该促进高校的开放科研和商业研发之间的知识转移，而政府采购科研服务能够促进这种转移。实际上，政府采购并不局限于技术和采购管理方面，它已被用作经济发展的一种重要工具（Thai and Grimm，1994）。因此，高校科研经费与旨在激励创新的政府项目相结合，是一个相对较新的现象，但也是一种越来越常用的策略（Link and Scott，2004），不仅是科研管理改革的方向，也是科研管理方式的创新（曾建勋、许燕，2015）。

（2）科研激励问题的相关研究

有关科研激励的问题，比较早的是从心理学的角度认识科研激励的。例如，Kahn 和 Amabile（1984）研究了激励机制对于成员创新行为的作用，研究结果显示，各种评价、奖励和回报机制对个体创新行为有明显的驱动作用。Auranena 和 Nieminen（2010）通过对 8 个国家的对比研究，分析比较了国际出版物的科学生产力，认为如果给予绩效最优者奖金奖励，将会得到更好的结果，并会为了更好的绩效给予整体激励。Beaudry 和 Allaoui（2012）在衡量公共拨款、私人契约与合作对加拿大纳米技术项目的影响后指出，公共资金的投入对科研产出有明显的促进作用。因此，无论是国家层面还是研究机构层面，都非常重视科研工作的管理、评价和激励。这在国外更加明显。美国国家科学基金会（NSF）选用统计指标对美国科研机构进行评价，并将经费获取即科研成果作为核心指标。哈佛大学设置赞助项目办公室专门对科研工作进行资助、管理和激励。这些举措是促使美国大学的科研处于世界领先地位的关键因素之一（樊春良，2006）。当然，这些科研激励的目的也是激发知识创造和扩散（Hoekman et al.，2013）。但也存在由于科研经费使用中存在的忽视成本与效益的关系，使得科研资金配置不尽合理（史万兵、杨慧，2014），而且经费全额预算管理与科研活动逻辑规则不相契合，科学研究的未知性、探索性与全额预算制中的既定性构成了矛盾（万丽华、龚培河，2014）。因此，为了增加我国科技市场的有效供给，必须使得科研机构面对科研风险时，增强其努力意愿，提高其努力水平，建立有效的市场激励机制（王瑞涵，2015）。

就我国高校的科研产出的影响因素而言，目前的研究也进行了较为丰富的探索，主要包括个体因素、环境因素。一是个体因素。就个体因素而言，目前的研究证实了多种个体因素会对高校教师的科研成果产出产生直接的影响。相较于女教师而言，男教师的科研产出效率一般较高（Xie and Shauman，1998），而且处于中青年阶段的男教师的科研产出效率较高（Levin and Stephan，1981）。主要原因在于科研投入进而家务劳作存在的差别导致（朱依娜、马缨，2015）。且在不同的科研激励的环境中会产生不同的结果，具有高自我绩效感的教师能够在具有绩效激励的环境中得到更多的科研动机，产出更多的科研成果（周霞 等，2016；李文聪 等，2017）。适度的绩效考核与评价能够对高校教师的行为动机实施调控，从而促进教师科研能力水平的提升（刘新民、俞会新，2020）。二是环境因素。环境因素也是我国高校科研产出的重要因素。高校科研经费投入、科研导向以及有效奖励和激励措施，特别是高校的投入经费对于提升教师的研究能力与产出水平起着重要的作用（Alexandra and Adriana，2015）。环境因素是个人组织相互作用而形成的，其对高校教师科研绩效水平产生重要影响，特别是环境中的学术氛围，它是高校师生共同作用而形成的具有独特内在特质和深层文化底蕴的科研环境（Mccormack et al.，2014）。除此之外，合理的职称晋升制度会有利于科研产出提升（刘睿 等，2016），一定程度的科研激励会对科研产出产生正向的影响（徐滢珺，2015）。

（3）学科建设

在科研激励与学科建设方面，周光礼（2016）认为，建设世界一流大学和一流学科的核心是处理教学与科研的关系，关键是推进学科专业课程一体化建设。部分研究探讨了科研激励与教学激励的差异，并认为前者比后者的效果更佳（魏冠凤、何静，2009），也就是说，科研激励对于高等院校的科研生产率起着积极作用（樊丽明、王澍，2016），甚至有研究认为它是应对全球价值链变化趋势的重要条件（荆林波、袁平红，2019）。关于科研激励如何推进学科建设，现有文献从各个方面对此进行了研究：一是在引进人才方面，引入"海归"教师的"双轨制"薪酬体系，且证实了"海归"教师对于"双一流"建设的积极贡献（余广源和范子英，2017），这就要求"双一流"建设需要国际竞争力的培育（田国强，2016）。二是在学术论文发表方面，重视学术论文的第一作者排序（石军伟和付海艳，2012），尽管这不利于学者间的合作。三是在薪水激励方面，提升资助水平且该政策被广泛应用于学校的绩效水平提升，也是各国普遍使用的手段（Muralidharan and Sundararaman，2011）。

现有研究已经证实科研激励对于学科发展和高校整体发展的重要意义，如世界一流学科建设需要科研激励的支持。在隶属关系方面，现有文献也基本以政府部门和企业作为研究主体，而鲜有研究将隶属关系应用于高等教育领域，如部分学校属于中央部属院校，部分学校属于央地共建院校，部分学校属于地方高等院校。或者说，鲜有研究涉及这种隶属关系延伸到高等院校，即隶属于不同层级的政府或部门，进而影响高等院校的行为，如为了学科建设而实施具有差异化的科研激励，进而影响学科建设的成就。

（二）相关理论

1. 公共产品理论

公共产品理论最早源于大卫·休谟的《人性论》（1739），该书从社会角度探讨了基于公共意见与信念而形成的人的社会本性，并讨论了"搭便车"问题，这也就是曼瑟·奥尔森在《集体行动的逻辑：公共物品与集团理论》（1965）一书中论述的不用支付成本而坐享其成的问题。大卫·休谟还举了一个经典的例子，即"公共草地排水"，就是当两个人协调排水的问题时，都想将责任或负担强加在他人身上。该例子用以说明政府作为协调公共意见与信念的主体的重要性，这意味着涉及公共利益或者是超越了个体利益时，政府就具有了参与公共产品供给的合理性与必要性。接着，亚当·斯密在《国富论》（1776）一书中又从政府职能的角度讨论公共产品问题，由政府提供公共安全类的公共产品，如国防安全、社会治安等。显然，早期的研究为公共产品的存在性提供了理论基础。

最早出现"公共产品"一词的是马尔科的著作《公共财政学基本原理》，随后奥意学派和瑞典学派分别就公共产品理论进行了初步的探索，如探讨了公共产品的来源即税收的问题，奥意学派提出以差别税率解决公共产品在消费过程中出现的不可分割性。进一步地，瑞典学派的威克塞尔将公平问题引入公共产品理论，强调了税赋公平必须以分配公平为基础，并对公共产品的供给程序提出意见，即以"近似一致"的原则替代"完全一致"的原则。总体上，奥意学派与瑞典学派的贡献就是将微观经济学的相关内容引入公共经济学。

就现代公共产品理论的阐述，主要是体现在萨缪尔森所著的《公共支出的纯粹理论》《公共支出理论的图式探讨》两篇文章，他按照公共产品的特性，如非排他性与非竞争性，用以区分公共产品与其他产品的差别。在萨缪尔森的另一篇文章《公共支出理论图解》中对公共产品进行了再认识，即部分公共产品并非纯公共产品，如教育类就不属于纯公共产品。布坎南在他研究的基础上，又提出俱乐部公共产品，即从公共产品的排他性与否出发，同时其认为该类公共产品随着会员数目的增加，也会变得拥挤。马斯格雷夫也对公共产品理论进行了研究，如认为法院、监督、国防、教育等公共产品由市场供给是低效率的，需要国家承担主体责任，并认为公共部门的扩张具有一定的合理性，主要在于它对经济增长起着积极作用。

此外，其他经济学家也对公共产品进行了多方位的研究。但总体上，公共产品理论可以确定的是，具有公共利益需求且超越了个体利益时，市场就很难有效地供给该类产品，只能由具有更为广泛利益诉求的国家或政府提供。

2. 府际关系理论（政府间关系理论）

我们讨论的府际关系基本上就是政府间关系。"府际关系"一词最早源于《社会科学百科全书》（1935）。William Anderson 在其著作《府际关系评论》（1960）一书中认为，府际关系是美国联邦制度中各类型和各层级的政府单位之间所出现的一种重要活动或互动作用。对这一关系的认知源于美国经济在大萧条时期所衍生的社会问题，就是单一地方政府并无能力或不足以有效地解决经济问题，需要高层级政府或联邦政府的财政支持以及经济指导等，即需要不同层级政府间的协调行动。第二次世界大战以后，该理论延续下去，且联邦政府的权力日益深入经济各领域，即高层级政府越来越发挥着主导性的作用。其中，联邦制国家的政府间关系呈现出从分散到集中的发展趋势，如美国、德国、奥地利等正向中央集权方向发展；单一制国家的政府间关系呈现出从集中到分散的发展趋势，如日本、法国等国正向地方分权方向发展（谢庆奎、杨宏山，2007）。

现有研究认为府际关系的运作模式有两类：一类是高层级政府与低层级政府间的互动关系，即垂直互动关系；另一类是相同层级政府间的互动关系，即水平互动关系（贺曲夫，2011）。无论是哪一类运作模式，都是不同层级政府间或同层级政府间的权力分工关系。从我国情况来看，府际关系是国内不同层级政府间的权力协调与分工关系，当然既包括中央与地方间的权力协调和分工，也包括地方各级政府间的权力协调与分工关系。

与此同时，对于政府关系的研究越来越倾向于府际间的财政研究、府际间的管理研究等（白易彬，2017）。在我国，政府间财政关系的研究相对较多，且财税关系日益成为政府间博弈与资源分配的重要手段，如分税制改革的一个重要特征就是实现了中央与地方间的财政收入分配，即中央财政收入在全国财政收入所占的比重大幅提升，进一步提高了中央政府的财政能力。然而，事权和支出责任在相当一段时期内并未得到清晰的划分，导致财力上收的同时，事权和支出责任在下移，以至于中央与地方形成了垂直的财政不平衡。

3. 团队管理理论

团队既是个广为人知的概念，也是个令人难以理解的名词（Hayes，1997）。著名的《团队的智慧——创建绩优组织》作者卡曾巴赫等的定义较为典型。他们认为："团队就是由少数有互补技能、愿意为了共同的目的、业绩目标和方法而相互承担责任的人们组成的群体。"在这个定义中，他们强调团队有五个基本要素：一是人数不多。一般为 2~25 人，多数团队的人数不到 10 人。二是技能互补。团队应该有正确的技能组合，每一种技能均为完成团队的目标所必需的、能余缺互济的技能。这些技能包括三类：技术性或职能性的专家意见、解决问题的技能和决策的技能以及人际关系技能。三是共同的目的和业绩目标。具体的业绩目标帮助团队记录进步并保持自信；而团队目的中广泛的甚至高尚的理想则能提供既有意义又有感情的动力。四是共同的方法。即团队需要共同的方法，也即如何工作才能达到目的，这需要很长的时间磨合与探讨。五是相互承担责任。相互承担责任是我们对自己和他人作出的严肃承诺，是从责任与信任两个方面支持的团队的保证。

不同学者依据不同的划分依据，将团队分为多种类型。如彼得·德鲁克根据团队成员在团队中发挥的作用，将团队类型分为网球双打型、足球队型和棒球团队或乐队三种类型（Robbio，1994）。并且，他还指出，美国的企业多采用棒球团队，日本的企业多采用足球团队。斯蒂芬·罗宾斯根据团队成员的来源、拥有自主权的大小以及团队存在的不同目的，也将团队划分为问题解决型、自我管理型和跨功能型三种类型。汉克·威廉斯根据本人的工作经验，把团队区分为团队和工作队，并提出"团队-工作队连续流"理论。他认为，连续流的一端是一类工作团队，实际上是个人松散联盟。他们不太需要合作，不用做出太多的集体决定。另一端是紧密结合在一起的工作队，他们的成绩取决于能否紧密有效地合作。连续体中间的位置是依据相互依赖程度和共性程度两个因素的不同形成的共同工作团队。

汉克·威廉斯认为，要想使团队维持有效的运转，必须具备四个相互关联的条件。一是团队内必须充满活力，活力可通过员工创造性地主动发挥、员工出成就的高度热情、员工和睦相处的精神氛围体现出来；二是团队内必须有一套为达到目标而设置的控制系统；三是团队必须拥有完成任务需要的专业知识，包括技术专业知识、关于运作方法的知识以及政治知识；四是团队必须要有一定的影响力，特别是团队要有不仅对团队内部有影响力，而且对团队以外的更大范围内也有影响的小部分人群。

上述从公共产品理论、府际关系理论、团队管理理论作为本次课题研究的理论基础，可以从以下三个方面得到启示：

第一，公共产品理论提示了公共产品的有效性，也即意味着公共产品的有效性在于它提示了集体行动的潜在收益，那么对于高等教育抑或是学科建设在经济意义上同属于公共物品，也就意味需要集体行动予以解决更能获得其潜在收益，而不是单个人、社会组织或是政府积极参与就能获得最大收益。与此同时，学科建设的准公共物品属性是从高等教育本身的准公共物品属性引申而来的。研究生教育的目的一方面是为了满足国家科技进步和社会发展对于高层次专门人才培养数量和质量的需要，另一方面是为了满足广大人民群众日益增长的学习知识、掌握技能、不断提高自身素质的需求。通过学科建设，引导资源向优势学科配置，在"马太效应"的作用下，以重点学科带动一般学科的发展模式，促进高校甚至是地区的教育水平的提升。

第二，府际关系理论。在教育层面，尤其是高等教育层面，公共产品理论已经说明积极具有广泛的空间外部性的公共产品适合以政府为主导的供给，那么，在不同层级政府间哪一层级的政府应该提供该类公共产品，就涉及了政府间的财政关系安排。无论是从联邦制国家还是从单一制国家，我们都可以看出政府间关系正经历着深刻的变化，均倾向于各层级政府协调提供公共产品，避免某一层级政府单独承担责任。

第三，团队管理。从组织管理的模式来看，学科建设是一种典型的团队管理模式。在学科的团队建设中，学科负责人是科研团队的带头人，师资力量就是整个学科建设团队的成员。只有在具有战略眼光和较强协调能力的负责人的带领下，并强调师资力量之间的协作攻关、优势互补、群策群力、发扬集体主义精神等才能真正搞好学科建设。

三、高等院校的科研激励

隶属于不同层级部门的高等院校，可能在制定科研激励政策时具有不同的权限，进而这些权限可能导致具有差异化的科研激励效果。基于此，本部分将重点研究不同高等院校的科研激励政策。这里以"双一流"院校为例。

（一）我国高校学科建设政策的发展历程

1. "211 工程"项目的提出

1991 年 4 月，"211 工程"项目首次被提出并得到广泛认可，其主张中国要集中精力坚定不移地进行一批重点大学和重点学科的建设，力争使其在科学技术创新领域的综合实力得到显著提升（任弢 等，2017）。1993 年，《中国教育改革和发展纲要》提出，中央和地方应集中精力推进 100 所左右的重点大学和重点专业学科发展，以促使其在 21 世纪初进入世界较高水平的行列。与此同时，中国正式启动"211 工程"项目。

"211 工程"政策的推行，初衷是为了迎接当时时代背景下新技术革命的挑战。"211 工程"政策是自中华人民共和国成立以来在高等教育领域开展的规模最大的建设项目，该政策的推行同时也为中国高等教育建设在之后进行的"985 工程"以及"双一流"等政策打下坚实的基础。"211 工程"的建设共涵盖 112 所高校，分三期推进。在政策推行一段时间之后，中国政府召开专门会议对"211 工程"实施以来的影响进行了梳理，会议重点指出中国重点建设的这批高校已经取得整体性进步，综合实力得到显著提升，缩小了与世界高水平大学之间的差距，部分学科的综合实力接近或已经达到世界先进水平。教育部于 2011 年提出不会再设立新的高校加入"211 工程"建设的名单中（王庆华，2017）。

2. "985 工程"项目的提出

1998 年 5 月 4 日，国家主席江泽民同志在北京大学百年校庆上提出，中国要推进现代化建设，首先需要发展一批具有国际先进水平的一流大学。因此，教育部决定优先发展清华大学等一部分高校冲进世界一流大学的建设。从此，"985 工程"建设正式拉开序幕。"985 工程"政策的基本思想是，实现发展一批重点优势大学进军世界一流大学的发展目标，为尽快推动此目标的实现，必须集中精力培育出能够适应当前时代背景的高校内部管理体制（霍晓冉，2019）。

北京大学和清华大学率先获得国家财政拨款，随后扩展为 C9（九校联盟），开始实施第一批第一期的建设项目，后又有 16 所学校加入第一期的建设中。2004 年，根据《2003—2007 年教育振兴行动计划》，"985 工程"启动了第二期建设项目。截至 2011 年，先后有 39 所高校被列入"985 工程"项目的建设中（王庆华，2017；刘尧，2016）。

随着"211 工程"和"985 工程"政策的推行，中国高等教育事业的水平得到显著提高，但同时也显露出一些不容忽视的问题。为了弥补先前两项工程政策推行的不足之处，"高等教育创新能力提升计划"出台，该计划项目的实施旨在淡化上述两项工程政策实施以来的固化模式，也是自"211 工程"和"985 工程"推行后，中国高等教育领域实施的第三项重大国家工程。"高等教育创新能力提升计划"迎合了我国高等教育发展改革发展的背景，同时也推动了中国高校综合竞争力的进一步提升。

"高等教育创新能力提升计划"的核心目标在于提高综合创新能力，以促使高校在"科学前沿、文化传承创新、行业产业、区域发展"四个方向协同发展。

"高等教育创新能力提升计划"旨在通过汇集国家、社会等多方面的资源，激发高校发展的内部活力，有助于革除"211 工程""985 工程"政策实施以来所带来的身份固化等弊端（张亚群，2015；骆汉宾，2011）。

3. "双一流"建设政策的提出

《统筹推进世界一流大学和一流学科建设总体方案》提出，为提升我国高等教育在全球范围内的综合竞争力，必须加快推进世界一流大学和一流学科的建设，推动我国高等教育强国之梦的实现。2017 年，全国教育工作会议决定全面启动"双一流"建设项目。随后教育部提出，为更好地推动中国一流大学建设进程，要成立专门的委员会，确定科学合理的一流建设高校和一流建设学科建设的遴选机制，以保证遴选过程的公平公正，同时搭建相关的信息公开平台，保障"双一流"建设的顺利开展。

根据 2017 年 9 月发布的《关于公布世界一流大学和一流学科建设高校以及建设学科名单的通知》，中国首批确定的世界一流大学建设高校共计 42 所。这些高校是中国高水平的典型代表，位列中国高校的第一方阵，是中国高校冲击世界一流大学的主力军。2018 年 2 月，教育部正式批复了 42 所世界一流大学建设高校的建设方案。

从上述发展的历程我们可以看出，中国在不同的时代背景下，结合国家高等教育事业的水平以及中国高校的发展特色，不断调整相关的政策方案，加快推进世界一流大学的进程。

（二）科研激励政策研究

不同院校执行着不同程度的科研激励政策，其政策主要体现在学术论文、出版专著、科研项目、咨询报告、其他配套奖励。

1. 学术论文

（1）第一作者与通讯作者

"双一流"院校基本上均支持科研人员发表国内外学术论文，对学术论文在国内外期刊的发表，也有不同程度的奖励。但是，在学术论文的第一作者与通讯作者方面，不同学校的激励政策具有明显的差异。

第一作者是在创新性作品如科研论文、专利、调研报告等的署名中，对于多个作者共同完成的情况，对作品贡献最大的人的名字通常署名在最前面。特别对于科研论文的署名，各期刊都有更细致的规定；而当科研论文署名用于职称评定时，第一作者的分量显然比第二、第三作者要重，而比单独署名的要轻。

通讯作者是科研论文等科研成果的参与人，也是科研成果的联系人，负责发表、研究讨论等活动的通信工作。

以手工搜集的"双一流"院校的数据显示，35.5%的高等院校支持本校科研人员以通讯作者发表的学术论文，即以通讯作者发表的学术论文也可以作为申请科研奖励的范畴；其余64.5%的高等院校并不认可本校科研人员的通讯作者地位，而仅仅以是不是第一作者作为考核合格与否以及申请科研奖励的条件。

关于通讯作者的认可，在部属院校方面，有21%的高等院校认可通讯作者发表的学术论文作为申请科研奖励的条件；在省属院校方面，有14%的高等院校认可通讯作者发表的学术论文作为申请科研奖励的条件。这一结果可以在一定程度上说明部属院校更倾向于认可通讯作者的地位，即以通讯作者作为学术论文的奖励条件。

（2）学术论文的奖励等级

学术论文的选题价值、数据匹配程度以及技术处理等环节均较为突出时，学术论文才有可能发表在级别较高的期刊，而不同级别的期刊也在一定程度上代表着科研能力以及科研贡献差异。一般来说，级别越高的期刊，其学术论文引用的概率越高以及引用的次数也越多，学术影响力相应地也就越大。

高等院校在奖励学术论文时，也会规定不同的奖励等级，即在期刊发表目录既定的条件下，根据发表期刊的质量或影响力不同，将学术期刊分为若干个等级，不同等级规定了不同的奖励机制。例如，期刊等级越高（影响力越强），发表在该期刊的学术论文的奖励越多，且奖励往往以现金的形式表现出来。不同隶属关系的高等院校，其规定的级次也不相同，各级次的现金资金额度也各不相同。

根据手工搜集的数据，发现"双一流"院校在执行相应的科研激励政策时，对学术论文的发表分别规定了2、3、4、5、6、7、8、9、10等多层级的奖励政策，大部分"双一流"院校规定了5~6级的学术奖励政策。

我们以5~6级作为一个基准点，分析在5~6级以下即2、3、4级的高等院校的部属与否情况。其中：数据显示69%的高等院校属部属院校，31%的高等院校属省属院校；再分析5~6级以上即7、8、9、10级的高等院校的部属与否情况，发现58%的高等院校属部属院校，42%的高等院校属省属院校。这一结果可以在一定程度上说明，省属高等院校更可能倾向于细化或多级化学术论文的奖励级别。

2. 出版专著

与学术论文具有类似功能的是科研人员出版的各种专著或编撰的教材，一般认为编撰学术专著比发表单篇论文更具学术价值。一个重要的原因在于，专著涉及的研究内容相对较多，或专著从多个层面、多个维度研究某一问题，而学术论文可能仅关注于某一维度或某一视角。于是，出版专著也是高等院校执行不同程度的科研激励政策的一部分。

针对出版专著的科研奖励政策，除奖励不同程度的现金以外，需要重视的就是是否坚持第一署名（单位）的问题。部分高等院校仅认可第一署名（单位），并给予一定的科研奖励，部分高等院校并不认可第二署名（单位）、第三署名（单位）的贡献。

根据手工搜集的数据，发现 65% 的高等院校仅认可第一署名（单位）的贡献，35% 的高等院校也给予第二署名（单位）、第三署名（单位）一定的奖励。其中，63% 的部属院校仅认可第一署名（单位）的贡献并给予相应的现金奖励，37% 的省属院校也仅认可第一署名（单位）的贡献并给予相应的现金奖励。也就是说，部属院校更倾向于认可第一署名（单位），其政策的灵活度相对较弱。

3. 科研项目

科研项目一般就是开展科学技术研究的一系列独特的、复杂的并相互关联的活动，这些活动有一个明确的目标或目的，必须在特定的时间、预算、资源限定内，依据规范完成。本文所分析的科研项目仅限于在校科研人员申请的纵向项目，如国家级项目的国家社会科学基金项目、国家自然科学基金项目、教育部哲学社会科学重大项目以及各类型省部级纵向项目等。

不同高等院校在激励科研人员申请国家级或省部级项目时，基本也具有相应的奖励措施。一般来说，各高等院校会根据立项的项目级别给予一定的奖励，如重大项目、重点项目等给予较多的科研奖励，如青年项目等给予较少的科研奖励。除此以外，在结项时也有一定的科研奖励。

根据手工搜集的数据，发现所有的高等院校均为立项国家级项目给予一定的科研奖励，而且可能给予相应的配套奖励。在科研项目的奖励或配套方面，部属院校与非部属院校并没有清晰的界限，其差别主要体现在奖励资金的额度或配套奖励的额度不同。

4. 咨询报告

一般来说，咨询报告就是基于某项科研项目的研究，以主要的研究结论或研究发现作为主要内容，凝练成一定文字规模的报告，以提供给项目管理部门或政府部门作为参考。

随着高等院校与政府部门的合作越来越紧密，政府的相关活动也越来越依靠高等院校等智库的决策支持。而提供具有针对性的、简约的、可操作性强的咨询报告，并得到相应的指示，就成为高等院校参与政府部门决策的重要内容。

同样，根据手工搜集的数据，发现 65% 的高等院校支持科研人员向政府部门等单位提供决策咨询报告，如果咨询报告的内容得到不同层级领导的批示，也会得到一定的科研奖励，甚至在部分院校，咨询报告获得领导批示的重要性超过了高水平的学术论文以及国家级课题的立项。进一步，我们观察是否属于部属院校的差异，发现66%的部属院校支持咨询报告获得领导的批示，作为科研成果并给予一定的科研奖励，34%的省属院校支持咨询报告获得领导的批示，作为科研成果并给予一定的科研奖励。也就是说，部属院校更加倾向于支持本校科研人员以咨询报告获得领导批示的形式给予科研激励。

5. 其他配套奖励

部分高等院校为了支持科研人员形成具有常态化、可持续的研究氛围或研究团队，还设置了其他奖励措施。这里以高等院校的科研人员成立某种研究基地或组建某种研究团队，还有其他配套奖励的激励措施等为例说明。

（1）科研基地或科研团队

随着国家对于智库建设的重视程度越来越高，各类型的科研基地以及科研团队为不同领域的政策决策提供着重要的基础数据和研究成果，也成为高等院校的科研激励政策的重要内容。

这里以北京科技大学为例，其在2016年发布的《北京科技大学科学技术奖励办法（试行）》规定设立国家研究基地建设贡献奖。对当年获得批准建设的国家级研究基地，给予建设团队50万元奖励。

再以河海大学为例，其在2020年发布的《河海大学科技奖励办法（2020修订）》规定了科研团队奖。具体内容包括：新增国家自然科学基金委员会创新研究群体项目立项，奖励项目申报团队50万元；新增科技部创新人才推进计划重点领域创新团队立项，奖励项目申报团队20万元；新增江苏省科技创新团队、江苏省高等学校优秀科技创新团队、江苏高校哲学社会科学优秀创新团队立项，奖励项目申报团队5万元。

（2）奖励配套

高等院校为了支持本校科研人员的学术成果，还为已获得各种科研奖励的学术成果给予额外的配套奖励。

这里以重庆大学为例，其在2013年发布的《重庆大学科技奖励办法（试行）》文件规定，对获奖的科技成果给予一定的奖励。如国家科学技术特等奖，给予200万元的奖励；国家级自然科学一等奖，给予40万元的奖励……省部级一等奖，给予10万元的奖励，省部级二等奖，给予5万元的奖励……行业获奖科技成果奖项，等等，均给予一定的配套奖励。

四、基于不同隶属关系的高校学科建设分析

学科建设不仅受到管理体制等外界因素的影响，还受到学校内部等因素的影响，在一定程度上具有主观性和自发性，这也导致我国的学科建设体现出了不同的行进方式。本部分以部属高校和省属高校为例，分析了不同隶属层级下的学科建设方案的异同。

（一）基于不同隶属层级的学科建设分析框架

纵观高等教育史，都不能忽视政府等外部环境对高等教育建设的影响。在宏观层面，国家政权为了统治的需要，对大学学科的建设起主导监督作用。由于现代大学肩负为社会服务的作用，需要按照政府部门所规划的目标，服务于国家、区域发展战略和经济发展。由于国家提供了学科发展建设的必要资源，势必获得学科发展与建设的话语权。在微观层面，学科自身需要一套行之有效的制度维护自身的知识产出，同时也需要满足政府需求和大学规划，对自身进行建设。

世界一流大学的学科要素主要包括了学科建设的理念定位、科学研究、人才培养、社会服务等方面。一是学科建设的理念定位。当今世界一流大学均能体现出培育完整的人格的理念，如哈佛大学的使命为：为我们的社会培养合格的公民和公民领袖。我们通过致力研究有变革力量的人文科学和自然科学来达到这一目标。此外，世界一流大学在学科布局上都非常重视基础学科。二是科学研究。高等教育的目标在于追求真理（刘宝存，2004）。西方一流大学具有鲜明的特性，西方大学的科学研究能力也表现出强大的生命力，探求真理、理性批判、学术自由，已经作为关键性特征贯穿整个西方大学的发展史。三是人才培养。世界一流大学以及学科反映出了宽泛的学术环境和严谨的科学态度，一方面是学者具备对知识的热爱，既注重科研更注重教学，具有高尚的职业道德精神；另一方面对学生的培养过程中更加注重学生的主体意识和行动以及对待客观世界的反映，即学生对于自我适合度的判断。四是社会服务。知识的产出需要通过一定的效用予以表现，即需要将知识运用到社会层面，通过知识贡献社会，即进行社会服务。

因此，借鉴上述有关世界一流大学学科建设分析的要素，我们将以保障制度、科研任务、人才培养和社会服务为逻辑并基于不同隶属层级的高校进行学科建设方案的分析。图1反映了学科建设的分析框架。

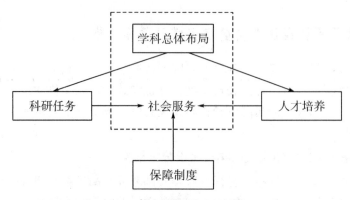

图1　学科建设的分析框架

（二）基于不同隶属关系的四所高校学科建设方案分析

在本部分中，我们基于不同的隶属关系分别选取了四所财经院校进行分析，其中部属院校选取了上海财经大学和对外经济贸易大学，省属高校选取了山东财经大学和西安财经大学。并根据上述四所高校发布的《一流学科建设高校建设方案》或《学科建设管理办法》，对四所大学学科建设方案进行筛选、归纳和整理，并通过进一步的对比，反映不同隶属层级下我国高校的学科建设方案存在的异同。

1. 四所高校学科建设的总体布局

学科理念体现的是学科本质和办学规律，理念定位反映了一个学科建设的目标和方向，根据理念定位对学科进行布局可以突出学科的重点和特色。表1反映了基于不同隶属层级的四所高校学科建设的布局。

表1　四所高校学科建设的布局

隶属层级	高校名称	学科建设的布局的表述
部属高校	上海财经大学	优化学科布局，构建特色鲜明、结构合理的学科体系。实施"学科布局优化计划"，在稳定发展现有12个一级学科的基础上，新发展社会学、政治学、计算机科学与技术和软件工程等学科。适应经济社会发展要求和趋势，适时布局人工智能、大数据等新工科学科。以一级学科为主体，进一步凝练学科方向，优化结构。搭建跨学科平台，促进学科交叉。对学科布局实施动态调整
	对外经济贸易大学	学校以"瞄准一流、梯级建设、渐次突破、共同发展、全面提高"为学科建设的基本思路，集中优势学科力量，围绕开放型经济建设重大理论和现实问题，实现重点突破，率先进入国际学术前沿；按重点建设学科、重点支持学科、重点培育学科三个层次分目标、分阶段开展建设工作；鼓励交叉融合，推动学科创新；进一步完善学科体系，为实现学校学科建设长远目标打好基础；开展协同创新，打造具有中国特色和国际影响的新型高端智库，把学科建设成果转化为服务国家决策的能力

表1（续）

隶属层级	高校名称	学科建设的布局的表述
省属高校	山东财经大学	按照国家和学校的要求，面向长远，紧扣世界一流大学与一流学科建设的总体目标，结合学科专业优化调整工作，按照"规模适度、结构合理、特色鲜明、适应性强、多学科综合发展"的思路，坚持"总体规划、分类建设、重点突破、目标管理"的方针，进一步转变学科建设理念，把学校的优势特色学科真正打造成高水平学科，带动学科整体实力的提升，扎实推进我校一流学科建设
	西安财经大学	坚持内涵式发展，形成主干学科与支撑学科协同发展，结构合理、优势和特色学科体系，全面提升学校学科建设的整体水平，把学校建成整体办学实力位居西部地区同类型高校前列，特色鲜明的高水平财经大学。并以地方和区域经济社会发展和学校学科发展的需要为导向，突出重点、发挥优势、分层次建设

资料来源：四所高校发布的《一流学科建设高校建设方案》和《学科建设管理办法》，下同。

　　从表1体现的四所高校学科建设的布局来看，可以从中反映出部属高校和省属高校有关学科建设方案存在的异同。一是相同点。从四所高校学科建设布局来看，整个学科布局的规划体现了分空间、分时间的阶段性推进。第一，从空间布局来看，学科建设的布局均以重点学科、优势学科为建设重点，带动若干学科的发展，使之成为一流学科群或者新领域；第二，从时间布局来看，这四所高校的学科建设目标不是一蹴而就的，而是分时间段推进建设，先着手重点学科建设并带动其他学科的发展。二是不同点。从四所高校整体的学科布局来看，依然存在一些不同之处。第一，从部属高校来看，学科建设的总体布局体现了从"有→更优"的转变，围绕经济建设重大理论和现实问题解决。例如，对外经济贸易大学的学科布局阐述了需要开放型经济建设重大理论和现实问题，实现重点突破学科布局；部属高校的学科布局主要聚焦优化学科建设，并在优化中进一步提升学科的质量。第二，从省属高校来看，学科建设的总体布局体现了从"无→有"并且向"一流"学科迈进的思想。例如，山东财经大学的科学建设方案提出需要按照国家和学校的要求，面向长远，紧扣世界一流大学与一流学科建设的总体目标，结合学科专业优化调整工作。

　　总体来看，四所高校隶属于不同的政府层级，但从整个学科建设的方案来看，反映出我国高校都比较重视学科建设。这也意味着，对于提升高校的综合实力以及学科建设水平与高校的隶属层级并未存在十分紧密的关系。无论是部属高校还是省属高校，都积极推动本校学科的发展，力争本校向更高水平迈进。而其中的区别仅仅在于部属高校更侧重整体的学科布局建设，将学科建设的重点聚焦重大理论和现实问题的解决；而省属高校更加侧重突出该校重点领域、发挥本校优势的学科建设布局，侧重并以地方和区域经济社会发展与学校学科发展的需要为导向。

2. 四所高校学科建设的科研任务

科研任务和科研目标能够反映学科建设的任务和目标，表2反映了四所高校学科建设的科研任务和科研目标。从表2中反映出的科研任务和科研目标来看，我国高校主要依靠学科建设的平台和契机，进一步提升高校的科研水平和科研实力，可以从中反映出部属高校和省属高校有关学科建设中科研任务和科研目标中存在的异同。一是相同点。四所高校的科研目标在具体内容上存在差别，但总体方向较为一致，都扎根于中国的现实问题和现实需求的解决。与此同时，四所高校都基于本校学科的发展，聚焦学科的知识产出与知识的更新，并强调科技创新能力的培养，力争在国内和国际排行榜上取得更好的成绩。二是不同点。四所高校的目标定位存在差别：部属高校的学科建设目标主要定位于成为国际知名且具有鲜明财经特色的高水平研究型大学，省属高校的学科建设目标主要定位于在国内财经院校中提升知名度以及学科建设的水平和能力。

表 2　四所高校学科建设的科研目标

隶属层级	高校名称	学科建设的科研目标
部属高校	上海财经大学	至 2020 年，基本形成"主干、一流的经管学科，精干、先进的法文理工学科"格局；至 2030 年，一流学科重点建设带动学校学科水平整体提升；至 2050 年，通过重点建设、整体提升，基本建成国际知名具有鲜明财经特色的高水平研究型大学
	对外经济贸易大学	立足我国 40 多年改革开放丰硕成果和成功经验，瞄准学科前沿，围绕国家需求，加强交叉学科研究和协同创新，解决重大现实问题，增强国际学术话语权，体现科学研究的中国特色、中国气派。（1）实施科学研究国际化计划；（2）实施科研质量提升计划，催生世界一流学术成果；（3）实施科研协同创新计划，提高承担重大科研项目能力
省属高校	山东财经大学	立足特色名校建设的总体目标，统筹推进学科建设，力争使 1~2 个学科在国内具有重要影响力，若干学科进入全国财经院校一流行列，一批学科省内领先，学校综合办学实力与竞争力进入全国财经类院校前 10 名，基本建成全国一流财经特色名校
	西安财经大学	培育良好的科研工作基础和较高水平的科研成果，发表数量较多、质量较高的专著或论文

总体来看，隶属于不同层级的高校其科研任务和科研目标存在一定的差别，部属高校更加注重将科研方向和科研任务定位于世界一流水平行列，而省属高校

更加注重将科研任务和科研方向定位于国内的高水平行列。但无论是哪一政府层级的管辖，都意味着对学科建设以及学科能力发展的重视。

3. 四所高校学科建设的人才培养

人才培养是高校建设的重点和方向，人才培养的模式和结果反映了我国高校建设的重点和质量。表3反映了四所高校学科建设的人才培养模式和人才培养目标。

表3　四所高校学科建设的人才培养

隶属层级	高校名称	学科建设的人才培养
部属高校	上海财经大学	一是落实立德树人根本任务。牢牢把握并不断强化"四个服务"，以"五大发展理念"为引领，全面贯彻党的教育方针。二是探索具有上海财经大学特色的德育教育模式，构建社会主义核心价值体系。三是深化本科生"3×3"卓越财经人才培养模式改革。实施3类培养计划，开展拔尖人才、卓越人才和创业人才三类型卓越财经人才培养，为学生提供多元发展路径。四是深化研究生分类培养模式改革。提高学术型研究生人才培养质量。建立健全动态优化选拔机制，合理规范退出机制。五是加强国家急需和交叉人才培养。推进"国际组织人才培养基地班"建设；实施"数据科学与大数据应用专门人才培养计划""金融工程与量化投资人才培养计划"等特色人才培养计划，探索交叉学科人才培养
	对外经济贸易大学	围绕学校办学定位，以立德树人为根本目标，完善通识教育体系，加强思想品德教育，打好学术根基，提高创新和实践能力，培养高素质精英人才；实施国际化人才培养计划，增强学生国际竞争力；完善创新创业教育体系，培养学生创新创业能力。一是完善通识教育体系，筑牢精英人才培养根基；二是加强拔尖创新人才培养，建好人才培养实验区；三是强化国际化人才培养特色，增强国际竞争力；四是完善创新创业教育体系，增强创新创业能力；五是完善研究生培养体系，培养高层次创新人才
省属高校	山东财经大学	一是提升师资队伍水平。加大对高层次优秀人才引进和培养的力度，不断优化师资队伍结构，建设高层次学术团队和高层次学科平台，增强对国内外优秀人才的吸引力和凝聚力。二是提高人才培养质量。进一步优化生源结构，培育和引进更多优质的教材和课程资源，提高人才培养的创新创业能力和学术型研究生的学术能力，增加国家级优秀教学成果的获奖数量，建立完善的人才培养质量保障体系
	西安财经大学	一是学科队伍建设。建立结构合理、科研能力强的学术队伍，能以高标准开展教书育人和学术研究活动。二是人才培养。加强研究生教育教学改革，合理设置培养方案，提高研究生培养质量

四所高校都分别阐述了对于教师和学生建设的规划。无论是部属高校还是省属高校在人才培养模式上都表现出了相同的地方，主要反映在以下两个方面：一是对于教师而言，重点强调了立德树人根本任务，并强调其教学能力，凸显教学作为学科主要任务的地位以及教学科研相辅相成的关系，将教学融入科研的同时在科研中融入教学。二是在学生培养方面，四所高校都注重本科教学的落实，强调研究生质量的提升。

进一步地，根据隶属层级的不同，四所高校也反映出了不同的培养机制和培养模式，主要表现在以下两个方面：一是上海财经大学和对外经济贸易大学的人才培养模式更加精细化，同时更加注重卓越人才的培养，并且体现了更加严格的人才培养方案和模式；更加注重国家急需和交叉人才培养以及高层次创新人才的培养。二是山东财经大学和西安财经大学的人才培养模式聚焦高层次优秀人才引进和培养的力度以及强调加强研究生教育教学改革，合理设置培养方案，提高研究生培养质量。

总体来看，四所高校学科建设都非常重视学者和教师的培养与建设，注重高层次人才队伍的建设，强调青年学者的队伍建设以及教师的培养和发展，注重科研能力的培养。基于此，我们可以总结有关学科建设中的人才培养在部属高校和省属高校中表现出的特征：一是部属高校的人才培养目标较为集中，主要表现为卓越财经人才培养和国家急需和交叉人才培养。特别地，更加强调研究生的质量。二是省属高校的人才培养目标较为宽泛，主要表现为整体师资队伍水平的提升以及学生素质的提升。这说明，针对人才培养而言，省属高校的管理更加严格，聚焦的范围和层次也相对宽泛；而部属高校的管理更为聚焦，其管理方式根据学校的需求进行确定，其管理也较为自由。

4. 四所高校学科建设的社会服务

社会服务是服务好社会、培养社会急需人才的根本任务。社会服务也是当代高校的功能之一，其中包含了资金投入量、资源配置等，通过这些指标可以衡量一门学科的水平。

四所高校在学科建设方案中都明确了社会服务。例如，上海财经大学在《一流学科建设高校建设方案》中提出了四个方面的社会服务：一是建设一批高水平智库，探索完善具有上海财经大学特色的智库建设，力争学校整体进入国家高端智库行列；二是实施一批重大服务项目，大力强化和培育"四个服务"意识，深入推进"服务国家财税事业行动计划"和"服务上海行动计划"，持续建设"中国宏观经济形势分析与预测"等重点项目；三是建设一批原创数据库；四是推进科研成果转化。以国家大学科技园为载体，打造具有自主知识产权的品牌项目。山东财经大学也明确了提高社会服务能力，为政策规划、行业标准制定提供咨询建议，推动科研成果转化，开展高端人才培养、对口帮扶和社区服务，服务国家和地方经济建设。

学科建设是当下高校实施更好的社会服务的契机。全面统筹建设，保证"一流学科"的正常运转以及建设，提升专业学科建设水平，都是依靠大量的资金投入、合理的资源配置、规范的制度保障来实现的。表4反映了四所高校学科建设的保障机制。

表4 四所高校学科建设的保障机制

隶属层级	高校名称	学科建设的保障机制
部属高校	上海财经大学	一是资金筹集和资源配置。确保投入，给予学科建设有效保障；育人为本，优化专业设置，加强招生计划等资源向建设学科倾斜；集约高效，改革资源配置使用方式。二是管理体制机制。落实责任，构建职责明晰的管理体制；加强组织实施，构建政策支持体系；强化过程管理，实施全过程监测评估。三是自我评价调整机制。明确标杆，确立标准，以世界一流为标准，建立多元化学科内部评价指标体系；完善机制，动态调整。建立健全绩效评价机制，实行"年度检查+中期检查+整体绩效评估"，根据评价结果，进行动态调整
	对外经济贸易大学	一是资源募集机制。采取有力措施，创新争取社会资源方式，拓宽资金来源渠道；通过加大社会服务力度，以优质服务和优良品牌赢得社会资助。并根据"双一流"建设需要多方筹措资金，在资源配置上向开放型经济学科群倾斜，保障学科群各项建设工作的顺利进行。二是构建社会参与机制。建立学校发展战略委员会，聘请国内外知名专家学者等制定学校发展战略。三是学科管理与资源配置。完善决策机制，提高决策执行力；扩大学院自主权，明确责任主体
省属高校	山东财经大学	一是资金筹集和资源配置。学校对一流学科建设拨付专项经费，年度经费总额为1 000万元，按建设层次不同，强化建设高峰学科拨付100万元，高峰学科拨付60万元，高原学科拨付30万元，培育学科拨付20万元。各学院应积极拓宽资金渠道，吸纳社会资金用于学科建设。二是学校领导机制。学校学科建设领导小组负责本方案实施过程中的统筹协调和宏观指导。三是监督机制。学院学术分委员会和一级学科协调机构委员会对于本级学科覆盖范围内的项目建设成果进行相关性认定
	西安财经大学	一是经费保障。学校设立学科建设专项经费，省教育厅"一流学科"建设专项经费纳入学科建设经费，由学科建设办公室按一定原则进行分配。二是管理职责。学科建设领导小组负责审议学校中长期学科建设规划、学科设置及调整、建设经费分配方案等。三是考核机制。学科建设实行年度检查、中期考核和建设期满考核制度

从表4可以看出，四所高校为保证学科的发展都设置了相应的学科保障机制。其保障制度主要包含以下三个方面：一是学科建设的经费保障；二是学科建设的管理职责分配；三是学科建设的考核监督机制。进一步地，从四所高校学科建设的保障机制来看，部属高校和省属高校虽然在制度保障层面具有相同层次和范围的保障机制，但从上海财经大学和对外经济贸易大学反映的部属高校与山东财经大学和西安财经大学反映的省属高校比较来看，存在以下三点差异：一是部属高校的保障机制范围较为宽泛，管理更加凸显多元化，如对外经济贸易大学在学科建设的资金筹措中强调了社会资源方式的筹资渠道；并在学科建设机制中强调了社会参与的重要性。二是部属高校的学科建设管理更加强调管理重心下移，切实赋予院系自主权。三是省属高校的管理机制较为集中，其经费来源主要依靠专项经费，反映出省属高校学科建设经费管理较为严格。

五、政策启示

（一）扩大部属院校的科研激励自主权

隶属关系不同，高等院校的科研激励自主权也不同。部属院校的科研激励自主权在一定程度上弱于省属院校，以至于科研激励的灵活度相对不足。现有研究和政策基本侧重于学校内部科研人员在经费使用过程中的自主权，如提高间接费用比例、扩大劳务经费支出范围等，而并没有侧重不同隶属关系下的高等院校的科研激励自主权，而高等院校的科研激励自主权在很大程度上影响着高校教师等人才引进以及人才科研工作的绩效考核，尤其是制定独立自主的科研考核目标，能够显著地影响着科研人员的科研成果数量与质量。

具体的实施策略如下：中央部委应当给予部属院校更大的科研激励自主权，在中央财政拨款相对固定的条件下，下放科研激励政策权限，充分发挥部属院校的主观能动性。也就是说，部属院校根据"双一流"发展目标，灵活制定相应的科研激励政策，如多元化科研工作的奖励制度。在不改变财政资源总量以及目标定位的情况下，更加灵活地引进高质量的新进教师，激励本校科研人员投身于科研工作，并激励科研成果向教学成果转化。

（二）实施积极有效的科研激励政策：科研工作与奖励的匹配

在扩大部属院校的科研激励政策自主权的情况下，如何实施积极有效的科研激励政策，一个直接有效的方式就是科研工作与奖励相匹配，部分采取市场化的方式给予科研工作人员的科研成果奖励。当前，存在的一个主要问题是科研人员的保障水平不高，收入待遇低于同等水平的市场化收入，这在很大程度上不利于高等院校的科研人员安心地"留下来"，也不利于其高质量科研成果的创造。因此，需要实施积极有效的科研激励政策，充分发挥科研人员的创造力。

具体的实施策略如下：需要做到科研人员的科研工作与科研奖励的匹配，在财政资源允许的条件下，科研直接奖励上不封顶，科研配套奖励封顶但设有下限。当然，科研工作与奖励的挂钩，不能忽视教学工作与奖励的挂钩，需要打通教学工作与科研工作的成果认定通道，给予同等或略有差别的奖励支持。

（三）财经类高校应以科研激励政策作为学科建设的推手

财经高校不同于其他类别的高校，有自身的特殊性和独特性，其科研产出主要是著作、论文、咨询报告等，产生的社会效益大多是隐性的，与自然科学研究在研究对象、研究方法、研究成果以及成果价值和效益的表现形式等方面存在明显的不同。从前述四所财经高校的学科建设方案可以看出，学科建设是学校教学、科研实现突破的一大平台和契机，然而能否实现学科建设的目标和要求，实行有效的激励机制是关键。

财经类高校应该实施更加积极的科研激励政策以促进学科建设发展。一是财经类高校实施的科研激励政策应该适应于本校的科研平台和学科发展目标。学校发展水平决定着教师从事科研工作的环境，避免出现目标与实际存在较大偏差的情况。二是财经类高校应该实施更加科学合理的评价体系。评价体系应该适用于学科建设的发展规划和发展目标，使得评价结果能够倒逼学科建设的发展，充分利用评价结果的反馈和纠偏作用，实现评价体系助推学科建设的发展。三是财经类高校应该加强平台建设，营造良好的学术科研氛围。

（四）建立健全可持续性的科研激励政策

可持续性的科研激励政策既是保证高校科研可持续的关键，也是提升教师科研积极性的重要环节，因此实施有效的科研激励必须保证科研激励政策的持续性。具体的策略如下：一是制定科研激励政策。科研激励政策发布之前应该进行充分的调研，了解学校的发展规划、学科建设的发展目标以及教师个人的发展规划和发展需求，在开展深层次调研和广泛征求意见的前提下，制定与之相适应的科研激励政策。二是制定动态调整的科研政策。学校的发展规划、学科建设的目标以及教师队伍都不是一成不变的，学校的科研激励政策需要上述目标的变化和发展需求要求相适应。三是建立科研激励强度的可持续机制。在高校和学科处于初始发展阶段，学术成果数量和质量还不充分时，应该加大科研绩效奖励的力度，采取直接、正向的激励手段。

（五）处理好破"五唯"与科研激励的关系

近年来，我国加大了对科研激励政策的管理力度，尤其是高等院校在科研工作上的唯论文、唯帽子、唯职称、唯学历、唯奖项（五唯）倾向，推动了破"五唯"的科研方针。现有研究也认为破"五唯"不是不要科研论文，也不是完全抛弃原有指标，而是改变"一刀切"模式、探索如何真正用好这些指标。

如何处理好破"五唯"与科研激励的关系，需要厘清科研激励的学科建设目的，即激励高等院校的科研人员把科研成果应用到提升学科建设方面，应用到与教学相结合方面，应用到学科人才培养方面。

参考文献

[1] 蔡克勇，范文曜，马陆亭. 转轨时期高等教育投入制度研究 [M]. 北京：高等教育出版社，2006.

[2] 蔡文伯，黄晋生. 我国省际间高等教育投入差距的实证分析：基于省级面板数据 [J]. 教育与经济，2016 (4)：30-36.

[3] 曾建勋，许燕. 政府购买公共科研服务研究 [J]. 中国科技论坛，2015 (4)：30-34, 40.

[4] 褚宏启. 教育治理：以共治求善治 [J]. 教育研究，2014, 35 (10)：4-11.

[5] 樊春良. 战后美国科学政策的形成 [J]. 科学文化评论，2006 (3)：38-72.

[6] 范海燕，于朋. 中国地方高校预算内教育经费的差异性研究 [J]. 教育与经济，2013 (1)：62-66.

[7] 方红生，鲁玮骏，苏云晴. 中国省以下政府间财政收入分配：理论与证据 [J]. 经济研究，2020, 55 (4)：118-133.

[8] 高建林. 教育公平视阈下的高等教育资源生态配置研究 [J]. 江苏高教，2017 (5)：34-37.

[9] 管兵，夏瑛. 政府购买服务的制度选择及治理效果：项目制、单位制、混合制 [J]. 管理世界，2016 (8)：58-72.

[10] 郭德侠，杨绮雯. 2001—2009 年我国高等教育经费来源结构及其变动分析 [J]. 高等理科教育，2012 (1)：68-75.

[11] 郭化林，谢姝莹. 地方政府政治周期与高等教育财政投入支持强度指数：基于 2001—2015 年 3 个"五年计划"的省际面板数据 [J]. 中国高教研究，2017 (9)：17-23.

[12] 郭鹏. 中国高等教育投入制度变迁 [J]. 中央财经大学学报，2008 (5)：22-27.

[13] 郭欣，刘元芳. 制度建设是提升大学人才培养质量的基石：学习《教育部

关于全面提高高等教育质量的若干意见》 [J]. 江苏高教, 2012 (6): 95-97.

[14] 何精华. 现代行政管理: 原理与方法 [M]. 上海: 上海社会科学院出版社, 2005.

[15] 胡赤弟, 田玉梅. 高等教育利益相关者理论研究的几个问题 [J]. 中国高教研究, 2010 (6): 5.

[16] 胡伶. 教育社会组织发展与教育行政职能转变 [J]. 国家教育行政学院学报, 2009 (3): 47-50.

[17] 黄健, 邓燕华. 高等教育与社会信任: 基于中英调查数据的研究 [J]. 中国社会科学, 2012 (11): 98-111, 205-206.

[18] 霍晓冉. 从大历史的视野看世界一流大学建设 [J]. 高教学刊, 2019 (1): 1-7, 11.

[19] 蒋永红. 管办评分离的关键在于用好评价这把标尺 [J]. 江西教育, 2015 (31): 1.

[20] 金薇吟. 对高校学科建设的再思考 [J]. 苏州丝绸工学院学报, 1999 (6): 180-181.

[21] 荆林波, 袁平红. 全球价值链变化新趋势及中国对策 [J]. 管理世界, 2019, 35 (11): 72-79.

[22] 李奇勇. 管办评分离关键 "评" 独立 [N]. 中国教师报, 2014-06-18 (05).

[23] 李实, 丁赛. 中国城镇教育收益率的长期变动趋势 [J]. 中国社会科学, 2003 (6): 58-72, 206.

[24] 李文聪, 何静, 董纪昌. 网络嵌入视角下国内外合作对科研产出的影响差异: 以中国干细胞研究机构为例 [J]. 科学学与科学技术管理, 2017, 38 (1): 98-107.

[25] 李祥云. 中国高等教育对收入分配不平等程度的影响: 基于省级面板数据的实证分析 [J]. 高等教育研究, 2014, 35 (6): 52-58, 75.

[26] 李振宇, 李涛. 财政分权视角下地方政府高等教育投入的竞争效应分析 [J]. 中国高教研究, 2020 (3): 39-43, 70.

[27] 李振宇, 王骏. 中央与地方教育财政事权与支出责任的划分研究 [J]. 清华大学教育研究, 2017, 38 (5): 35-43.

[28] 林尚立. 国内政府间关系 [M]. 杭州: 浙江人民出版社, 1998.

[29] 刘红宇, 马陆亭. 高等教育社会投入趋势研究 (1998—2008 年): 基于我

国高校经费统计和 OECD 教育指标分析的比较 [J]. 中国高教研究，2011 (5)：10-14.

[30] 刘开源. 高校学科建设中的若干关系探析 [J]. 黑龙江高教研究，2005 (3)：99-101.

[31] 刘丽君，孙鹤娟. 完善教育管理范式 建构三足鼎立治理结构 [J]. 教育研究，2014，35 (5)：89-91.

[32] 刘睿，郭云贵，张丽华. 学术氛围、科研投入对高校教师科研绩效的影响 [J]. 现代管理科学，2016 (10)：97-99.

[33] 刘献君. 大学之思与大学之治 [M]. 武汉：华中科技大学出版社，2000.

[34] 刘新民，俞会新. 地方高校教师科研绩效激励机制优化设计研究 [J]. 技术经济，2020，39 (11)：175-182，191.

[35] 刘尧. 中国"双一流"大学建设之路径选择 [J]. 现代教育科学，2016 (10)：1-6.

[36] 罗伟卿. 财政分权理论新思想：分权体制与地方公共服务 [J]. 财政研究，2010 (3)：11-15.

[37] 罗志敏，马浚锋. 中国高等教育省域财政压力指数的研制与测评 [J]. 教育与经济，2020，36 (3)：39-49，80.

[38] 骆汉宾. 工程项目管理信息化 [M]. 北京：中国建筑工业出版社，2011.

[39] 任弢，黄萃，苏竣. 公共政策文本研究的路径与发展趋势 [J]. 中国行政管理，2017 (5)：96-101.

[40] 沈荣华. 各级政府公共服务职责划分的指导原则和改革方向 [J]. 中国行政管理，2007 (1)：9-14.

[41] 史万兵，杨慧. 高等学校教师科研绩效评价方法研究 [J]. 高教探索，2014 (6)：112-117.

[42] 孙关宏，胡雨春，任军峰. 政治学概论 [M]. 上海：复旦大学出版社，2007.

[43] 孙静. 高等教育领域中央与地方财政事权和支出责任划分问题研究 [J]. 财政科学，2021 (7)：67-75.

[44] 孙阳春，何曼. 高等教育集权与分权协调管理的国外经验及启示 [J]. 煤炭高等教育，2014，32 (2)：39-42.

[45] 谭荣波. "源"与"流"：学科、专业及其关系的辨析 [J]. 教育发展研究，2002 (11)：114-116.

[46] 田彬彬，范子英. 税收分成、税收努力与企业逃税：来自所得税分享改革的证据 [J]. 管理世界，2016 (12)：36-46，59.

[47] 万力维. 学科：原指、延指、隐指 [J]. 现代大学教育，2005 (2)：16-19.

[48] 万丽华，龚培河. 高校科研经费腐败的形式、根源与对策研究 [J]. 科学管理研究，2014，32 (5)：40-43.

[49] 王庆华，张婷，张李斌. 从"211 工程"到"双一流"：我国建设世界一流大学政策变迁的内在机理 [J]. 社会科学家，2017 (11)：121-127.

[50] 王瑞涵. 财政激励与科研行为：一个微观动态模型 [J]. 财政研究，2015 (2)：37-41.

[51] 王梅，陈士俊，王怡然. 我国高校学科建设研究述评 [J]. 中国地质大学学报 (社会科学版)，2006 (1)：76-81.

[52] 吴伟伟. 谁更愿意投资高等教育：人力资本流动下地方经济增长促进高等教育财政投入的空间效应与门槛效应 [J]. 教育学报，2021，17 (2)：151-165.

[53] 吴要武. 寻找阿基米德的"杠杆"："出生季度"是个弱工具变量吗？[J]. 经济学（季刊），2010，9 (2)：661-686.

[54] 吴愈晓. 劳动力市场分割、职业流动与城市劳动者经济地位获得的二元路径模式 [J]. 中国社会科学，2011 (1)：119-137，222-223.

[55] 吴振球. 以学科交叉推动高校的学科建设 [J]. 高教发展与评估，2005 (2)：17-21.

[56] 夏庆杰，王小林，李实，等. 中国高校扩招的工资收入分配效应 [J]. 社会科学战线，2016 (7)：54-65.

[57] 项怀诚. 财政体制改革的回顾及对今后的总体设想 [J]. 管理世界，1989 (1)：40-49.

[58] 徐滢珺. 学术氛围对青年教师科研绩效的影响 [J]. 中国高校科技，2015 (12)：27-29.

[59] 严东珍. 高校学科建设层级互动管理系统模式的应用 [J]. 江苏高教，2001 (6)：79-80.

[60] 严全治，张倩倩. 省级政府对高等教育投入努力程度的实证研究 [J]. 教育与经济，2010 (3)：17-20.

[61] 阎峻，许晓东. 高等教育治理与第三部门组织：中国高等教育治理中第三部门组织的完善和发展 [J]. 高教探索，2015 (12)：12-17.

[62] 姚云. 论大学学科建设 [J]. 玉林师范学院学报，2001 (2)：69-71.

[63] 于伟，张鹏. 我国高校生均经费支出省际差异的再分析：基于 Shapley 值分解的方法 [J]. 北京大学教育评论，2015，13 (2)：97-107，190-191.

[64] 詹宏毅，张宇星. 高等教育公共投入影响因素的实证分析：基于 OECD 国家 2000—2009 年的面板数据 [J]. 中国高教研究，2013（11）：8-13.

[65] 张凯宁. 高等教育与收入分配：改变命运还是阶层锁定：基于 CGSS2008 数据的实证研究 [J]. 高等财经教育研究，2014，17（2）：1-12.

[66] 张淑惠，王潇潇. 财政投入对高等教育规模的影响：基于联立方程模型 [J]. 中国高教研究，2012（10）：15-20.

[67] 张亚群. 高水平大学建设的政策分析：以"985""211"工程与"2011 计划"为视点 [J]. 中国地质大学学报（社会科学版），2015，15（5）：122-126.

[68] 赵海利，陈芳敏，周晨辉. 高等教育财政事权与支出责任的划分：来自美国的经验 [J]. 经济社会体制比较，2020（2）：31-38.

[69] 赵婷婷. 重构我国政府与大学关系的关键：从行政性权力关系到契约性权力关系 [J]. 苏州大学学报（教育科学版），2014，2（3）：4-5.

[70] 周霞，何小文，张骁. 社会资本对科研产出的影响因素研究：基于"985"高校的实证 [J]. 科技管理研究，2016，36（8）：87-90，102.

[71] ALEXANDRA H I, ADRIANA Z. Motivation and research productivity in a university system undergoing transition [J]. Research evaluation, 2015（3）：282.

[72] AURANEN O, NIEMINEN M. University research funding and publication performance—An international comparison [J]. Research policy, 2010, 39（6）：822-834.

[73] CALLON M. Is science a public good? [J]. Science technology & human values, 1994.

[74] ROMER P M. Endogenous technological change [J]. Journal of political economy, 1990, 98（5）.

[75] THAI K V, GRIMM R. Government procurement：past and current developments [J]. Journal of public budgeting, accounting & financial management, 1994（3）：3.

[76] BEAUDRY C, ALLAOUI S. Impact of public and private research funding on scientific production：The case of nanotechnology [J]. Research policy, 2012, 41（9）：1589-1606.

[77] FLEGG A T, ALLEN D O, FIELD K, et al. Measuring the efficiency of british universities：a multi-period data envelopment Analysis [J]. Education economics, 2004, 12（3）：231-249.

[78] HANK WILLIAMS. The essense of managing group and team [M]. Prentice

Hall Europe, 1996.

[79] HAYEK F A. The use of knowledge in society [J]. The American economic review, 1945, 35 (4): 519-530.

[80] JARNO, HOEKMAN, THOMAS, et al. Acquisition of European research funds and its effect on international scientific collaboration [J]. J Econ Geogr, 2013 (4): 5.

[81] JIMENZ B S. fiscal stress and the allocation of expenditure responsibilities between state and local governments exploratory study [J]. State and local government review, 2009, 41 (2): 83.

[82] KAHN S, AMABILE T M. The Social Psychology of Creativity [J]. Contemporary sociology, 1984, 13 (5): 637.

[83] LEVIN S G, STEPHAN P E. Research productivity over the life cycle: Evidence for academic scientists [J]. The American economic review, 1981, 81 (1): 114-132.

[84] LINK A N, SCOTT J T. Evaluating public sector R&D programs: The advanced technology program's investment in wavelength references for optical fiber communications [J]. Journal of technology transfer, 2004, 30 (1-2): 241-251.

[85] MCCORMACK J, PROPPER C, SMITH S. Herding cats? Management and university performance [J]. Economic journal, 2014, 124 (578): F534-F564.

[86] MURALIDHARAN K, SUNDARARAMAN V. Teacher performance pay: experimental evidence from india [J]. Journal of political economy, 2011, 119 (1): 39-77.

[87] NIEKY HAYES. Succesful team management [M]. International Thomson Publishing Inc., 1997.

[88] OATES W E. An essay on fiscal federalism [J]. Journal of economic literature, 1999, 37 (3): 1120-1149.

[89] PARTHA D, DAVID P A. Toward a new economics of science [J]. Research policy, 1994, 23 (5): 487-521.

[90] PAVITT K. Public policies to support basic research: What can the rest of the world learn from US theory and practice? (And what they should not learn) [J]. Industrial & corporate change, 2001 (3): 761-779.

[91] PSACHAROPOULOS G, ZABALZA A. The effect of diversified schools on employment status and earnings in Colombia [J]. Economics of education review,

1984, 3 (4): 315-331.

[92] QIAN Y, WEINGAST B R. Federalism as a commitment to market incentives [J]. Journal of economic perspectives, 1997, 11: 83-92.

[93] RESCHOVSKY A. The impact of state government fiscal crises on local governments and schools [J]. State and local government review, 2004, 36 (2): 93.

[94] ROMER P M. Implementing a national technology strategy with self-organizing industry investment boards [J]. Brookings papers on economic activity microeconomics, 1993, 2: 345-399.

[95] SCHULTZ T W. Investment in human capital [J]. American economic review, 1961, 51 (1): 1-17.

[96] SPLINTER DAVID. State pension contributions and fiscal stress [J]. Journal of pension economics and finance, 2017, 16 (1): 65-80.

[97] STEPHEN P ROBBIM. Organatiaonal behavior: Concepts, contronversizes and application (7th) [M]. Prentice Hall Inc, 1996.

[98] STEPHEN P ROBBIO. Management (4th) [M]. Prentice Hall Inc, 1994.

[99] TOUTKOUSHIAN R K, HILLMAN N W. The impact of state appropriations and grants on access to higher education and outmigration [J]. Review of higher education, 2012, 36 (1): 51-90.

[100] WEINGAST B R. The economic role of political institutions: market-preserving federalism and economic development [J]. Journal of Law economics & organization, 1995, 11 (1): 1-31.

[101] XIE Y, SHAUMAN K A. Sex differences in research productivity: New evidence about an old puzzle [J]. American sociological review, 1998, 63 (6): 847-870.

高校"招生—培养—就业"联动机制研究

徐　琳　贺达豪　陈　昊　王　鹏

摘　要：招生、培养以及就业三个环节，是大学培养人才必经的过程。推动高校形成就业与招生计划、人才培养联动机制，促进高校毕业生多渠道就业创业，实现更高质量和更充分就业，是高等教育主动适应国家经济社会发展需要、提高高校人才培养质量的重要工作。本研究从系统论的整体性入手，以协调学的目标性和动态性为认识方法，将中国顶尖学府北京大学、地处高考改革地区的浙江大学以及国家教学成果奖特等奖获得者四川大学作为案例，分析了其对"招生—培养—就业"联动机制的实践，总结归纳了其联动的内在机理。研究建议，一是要科学预测人才需求变化，二是要全面提高人才培养能力，三是要建立毕业生就业反馈机制。

关键词：高等教育；招生；培养；就业；案例研究；联动机制

一、导言

目前我国在校大学生有 3 000 多万人，位居世界第一。然而，近年来媒体报道大量企业"用工荒"现象又令人费解，一边大学毕业生比较难找到一个适合的工作，另一边用人单位比较难招到一个合适的人才。据有关部门粗略统计，现在每年有 700 万高校毕业生，综合整个大学生的就业情况，全国高校毕业生初次就业率平均为 70%。同时，我国经济发展正处在产业转型升级的关键期，然而企

【基金项目】中国高等教育学 2022 年度高等教育科学研究规划课题"后现代视域下新财经人才培养理念与模式研究"（项目编号：22CJ0441）。

【作者简介】徐琳，西南财经大学教务处，助理研究员；贺达豪，华东师范大学，博士生；陈昊，西南财经大学教务处，助理研究员；王鹏，西南财经大学信息化与大数据管理中心副主任、教授，本文通讯作者。

业职工队伍状况不容乐观，普遍存在"四多四少"现象；初级技工多，高级技工少；传统型技工多，现代技工少；单一技能型技工多，复合技能型技工少；短训速成的技工多，系统培养的技工少。很多用人单位抱怨找不到相关专业的人才，而很多专业学生不能充分就业，加强招生—培养—就业的联动是解决这一问题的重要方法。本文以"招生—培养—就业的联动"为研究对象，拟进一步理顺高校招生、培养、就业三者之间的内在关系，建立三位一体的良性互动机制，为"招生—培养—就业"政策调整提供科学决策依据，有助于调整高校人才培养过程中的结构性矛盾，实现三者相互促进、相互渗透、协调发展。

二、文献回顾

（一）关于"招生—培养—就业"联动的必要性研究

王国华（2014）认为，高校的人才培养工作是一个系统化的过程，由招生、培养和就业等子系统构成。招生工作是高等教育的开始，是选拔学生的工程；培养工作是整个高等教育的主体过程，是培养学生职业能力和素质的核心过程；就业工作是高等教育的收尾阶段，是学生运用所学知识和能力来体现整个教育成果的过程。招生、培养和就业三个步骤紧密相连，共同构成高校人才培养的系统过程。谢爱军、王慧和彭希林（2006）认为，招生、培养和就业是高校人才培养的三部曲。招生是基础，培养是关键，就业是保障，三者相互联系、相互影响、密不可分。招生生源的优劣直接影响人才培养质量的高低，人才培养质量又直接影响学生就业率，就业率反过来又直接影响招生，这已成为教育工作者的共识。

（二）关于"招生—培养—就业"联动机制研究

刘忠信（2017）认为，要从加强就业监测科学专业预警、遵循优胜劣汰规则动态管理专业设置、尊重学生个性发展需求打破专业之间的壁垒、实施宽进严出的人才培养模式、全方位多角度深化校企深度合作实现供需对接培养等多个角度加强招生—培养—就业联动。戴世勇（2004）提出了五个联动机制：一是就业与专业设置联动，高校专业设置必须紧紧"盯住"就业市场用人单位对人才的需求。二是就业与招生计划联动，学校在每年编制招生计划时，应根据各专业的就业情况及时调整招生计划。三是就业与课程设置联动，高校课程设置要体现社会发展需要。四是就业与学习教育联动，高校应开设就业指导课，从大一开始就对学生进行全面系统的就业指导培训。五是就业与社会实践、毕业实习（设计）的联动，大学生在校期间要参加社会实践和实习活动。周学铁和邢光军（2015）认为，优化"招生—培养—就业"联动机制，实行招生计划与毕业生就业率结合挂钩。招生计划向就业质量好的专业适当倾斜；在设置和调整招生专业时，与社会需求、地方经济发展和学校教育资源协调发展相统一，开展毕业生和用人单位满意度调查，形成常态化的毕业生跟踪反馈机制，为招生工作和教育教学改革提出反馈意见。

（三）关于"招生—培养—就业"联动实践探索

本文介绍了北京印刷学院联动机制建立的背景和综合指标的应用，从以市场需求为导向，科学设置招生专业、创新人才培养模式、建立健全就业服务体系等方面阐述了学校实现招生、培养、就业联动机制的途径和保障机制。王英、万庆生和韩文灏（2013）以东北农业大学为例，结合教学改革实践，提出根据社会需要，实现招生与就业联动，精心培养，实现人才培养与就业联动，衔接招生与人才培养工作，并从组织、制度、信息等方面构建起了"招生、培养、就业"的保障体系。王保林、孙志强和刘文涛（2012）提出，针对各高校在办学性质与层次、学科门类与专业设置、人才培养体系、师资及科研水平、办学条件、招生地域情况等方面存在着不同，因地制宜地构建适合本校发展的招生、就业联动机制，将本校专业设置等情况与招生计划制订及就业流向情况对接挂钩。

从上述研究来看，已有学者从"招生—培养—就业"联动的必要性、联动机制以及实践经验总结进行了有益探讨，取得一些研究成果，但还存在研究视角单一、研究案例涵盖面少、层次不够等情况，值得深入研究。

三、理论基础

协同理论由德国物理学家哈肯提出，他通过对热力学中平衡相变的研究，以及大量物理学、化学、生物学、生态学、经济学、社会学中的典型现象的类比分析，发现了完全不同系统之间惊人的类似性，认识到自组织系统的从无序到有序的演化，不论它们属于自然系统或社会系统，都是大量子系统之间协同作用的结果，都可以用类似的理论方案和某几种数学模型进行处理，得出了这类演化与子系统性质无关的结论。其主要内容可以概括为以下三个方面：一是协同效应。协同论的研究对象——复杂开放系统是由大量子系统组成的，当系统远离平衡态时，子系统之间通过相互作用，从而使系统整体达到新的平衡，这个整体效应就是协同效应。无论是在自然范畴还是在社会范畴，系统有序结构的形成都离不开协同效应：各子系统的协同行为产生出超越各要素自身的单独作用，从而形成整个系统的统一作用和联合作用，使系统在临界点发生质变，从无序变为有序，简单来说就是"1+1>2"的效果。二是自组织原理。自组织原理是指系统在没有外部指令的条件下，其内部子系统之间能够按照某种规则自动形成一定的结构或功能，体现了内在性和自生性特点。自组织发生的必要条件如下：系统必须是开放系统、系统必须远离平衡态、系统内必须存在非线性反馈的动力学机制。这三个条件也是协同理论能否应用的必要条件。三是伺服原理。伺服原理的运行依赖于两大变量即快弛豫参量、慢弛豫参量，它从系统内部稳定因素和不稳定因素间的相互作用方面描述了系统的自组织过程。当外界参量发生改变并通过耦合关系使系统内的参量达到某个临界值时，系统由于远离平衡态而突然产生不稳定性。

"招生—培养—就业"体系是一个复杂性的开放系统，由"招生""培养""就业"三个子系统组成，每个子系统内部包括多个要素，如"生源质量""教学资源"等。而这些要素又嵌套了许多次级要素，如"分差均值""生均支出"等，这些要素相互联系，呈现出非线性特征。同时，其又是开放系统，在各个层面均需要与家长学生群体、政府机构群体、单位企业群体保持信息交流，及时获得反馈，并将各类信息加工整理，输出对学生的培养指令。当前，高等学校面临一个复杂多变、不可预测、竞争激烈的环境。在宏观层面，全球经济一体化的趋势日趋明显，高新技术的出现和更迭越来越快，产业的更新升级周期不断缩短，社会对毕业生的要求不断提高，因此，就业竞争变得激烈，产生了大量的结构性和摩擦性失业。高等教育要保持在社会中的先进地位，除协同好内部各子系统之间的关系之外，还须协同一切可以协同的力量来弥补自身的不足，提高自身的竞争优势。协同理论具有普适性、开放性等特征，将其引入"招生—培养—就业"体系的研究与实践，对解决高校人才培养方面的问题提供了新的思维模式和理论视角。

四、"招生—培养—就业"联动案例分析

本研究选取北京大学、浙江大学、四川大学作为案例分析的对象，具体分析招生、培养与就业联动的经验和举措。案例分析主要从以下三个方面收集素材：一是国内外期刊和数据库发表与记载的关于北京大学、浙江大学、四川大学在招生、培养、就业相关的研究论文；二是北京大学、浙江大学、四川大学的官网、官方微信公众号等网站和客户端的第一手材料；三是赴北京大学、浙江大学、四川大学实地调研。

（一）北京大学"招生—培养—就业"案例

1. 基本情况

生源质量。北京大学的生源质量优异，多年来在多个省份的理科分数线居全

国高校之首，文科分数线在同类型、同规模高校中稳居第一。2019 年，北京大学的生源质量继续保持领先，在 24 个省份的理科分数线居全国高校之首，文科分数线在同等招生规模的高校中稳居第一。北京大学在全国 31 个省（直辖市、自治区）中录取各省份文理科第一名共 39 人，前十名共 365 人，北京大学录取的各省份前十名总人数占比超过一半。

培养质量。学校学习氛围浓厚。课堂、图书馆、自习室都有本科生勤奋学习的身影，校园 BBS 上学术研讨专区中有 36 个版面讨论各类学术问题，集中跟踪和宣传最新的校园学术活动，数十个理论学习类社团和学术科技类社团开展了一系列颇具影响力的学术研究和理论探索活动。校本部平均有 50.2% 的本科生获得了研究生推免资格，有 44.9% 的本科生成功落实了就读研究生（含直博生）的接收单位。

2. 培养目标

北京大学的人才培养目标是"培养引领未来的人"。专业培养目标是在学校总体人才培养目标的指引下，结合专业特点和教学实践，经过院系充分研讨形成，并通过各专业培养方案正式对师生公布。专业培养目标既是学校人才培养目标在院系人才培养工作中的实际体现，又是对专业比较优势和培养特色的高度总结。

3. 招生选拔

北京大学根据学校的定位和人才培养目标的要求，开展招生工作。一是通过高考招生选拔全国顶尖生源。通过招生宣传，吸引优秀学生积极报考，确保生源处于国内顶尖水平。同时，加强招生组建设，积极打造专业化的招生队伍，通过大量的宣讲、辅导，以及与考生、家长的深入沟通，帮助大学生在填报志愿之前充分了解大学和学科。二是通过博雅计划、筑梦计划、强基计划等方式开展自主选拔工作。博雅计划重点选拔综合素质较高的学生，筑梦计划重点选拔勤奋刻苦、品学兼优的农村学生，强基计划重点选拔培养基础学科拔尖的优秀学子。

4. 专业设置

北京大学现有本科专业 128 个。北京大学实施"基础科学拔尖人才培养试验计划"，大力推进数学、物理等基础学科专业建设，激发这些学科的学生投身科研的兴趣，并且引导学生未来就业于相关科研领域。同时，重点发展跨学科专业和人才培养项目，鼓励和支持各学部、各院系充分利用现有学科和教学资源开发跨学科项目。如在元培学院设置了"政治学、经济学与哲学""古生物学""外国语言与外国历史"和"数据科学和大数据技术"4 个跨学科专业，在理学部开发了"整合学科"项目、在人文学部开发了"古典语文学"项目、在国家发展研究院和信息科学技术学院开发了"数据科学与大数据技术（互联网金融分析方向）"等项目。

5. 培养过程

北京大学实施大类培养，除外语类和医学类等少数专业外，全校所有院系基本都实行了按院系或学科大类模式进行招生和培养。学生入学时按照 25 个学科大类进行招生，在 1~2 年级学习专业基础课程和通识教育课程后，再在院系学科大类内分流到 100 余个专业方向进行培养，从学校—院系—教师三个层面开展本科教学改革实践和创新。建设新生训练营，邀请各专业知名的教授进行学科专题讲座。聘请各学科领域知名的教授开设新生讨论班，以小班研讨的形式，帮助学生顺利完成由高中到大学学习阶段的转换，支持和帮助学生理性选择专业方向。建立整合式学习工作模式，为学生提供专业选择、学业指导、心理咨询、就业规划等多方面的一站式服务。

6. 就业指导

北京大学大力拓宽就业领域和渠道，在了解学生意愿与特点的基础上，以重点地区、重点行业、重点用人单位为重点服务对象，加强与"人才合作伙伴"精准合作，为学生搭建社会实践、课题研究、就业见习、毕业择业的多元平台。同时，建立校级就业中心与各院系就业工作小组两级联动的工作机制。

（二）浙江大学"招生—培养—就业"案例

1. 基本情况

浙江大学是一所特色鲜明、在海内外有较大影响的综合型、研究型、创新型大学。浙江大学是新高考改革试点院校之一。

生源质量。浙江大学获得了全国最优质的学生。

培养质量。据浙江大学发布的本科生在校期间培养反馈的跟踪评价报告，近四年本科生对教学满意度分别为 95%、94%、93%、96%，整体呈现上升趋势。与此同时，在对以辅导员满意度、签约工作满意度、生活服务满意度、学生工作满意度、教学满意度、总体满意度、推荐度为主要指标的七大满意度调查中，对专业认同度高的人群满意度评价均较高。

2. 招生选拔

浙江大学所在的浙江省，是我国率先开始探究高考制度改革的省份，因此浙江大学相较于其他高校在"招生与学生培养"等方面具有较高的灵活性和自主性。一是拥有吸引优秀生源的制度。浙江大学能够给予考生在选择专业方面更大的自主性和灵活性。浙江大学还为每个专业配备了国际联合培养与交流项目，以社会科学实验班为例，该专业配套了威斯康星大学麦迪逊分校"3+1+1"等本硕联合培养项目、剑桥大学等交流项目。二是设立优质生源基地。根据浙江大学官方网站资料得知,该校在全国众多高中设立了"浙江大学优质生源基地",如重庆二十九中、河北衡水中学等。在国家政策的允许范围内,浙江大学在高考招生时会对优质生源基地的学生提供相关优惠政策。

3. 专业设置

浙江大学的本科专业设置根据社会经济发展对人才的需求、学科专业的发展最新动向,综合第四轮学科评估结果、专业招生和专业确认情况、专业特色及专任教师数量和结构等情况,决定将现有 130 个专业调整优化至 90 个专业。一方面,浙江大学积极适应社会需求的变化服务于新的用人单位人才需求,主动撤销10 个专业;另一方面,在"中国制造 2025"的国家战略下,浙江大学开设了人工智能等相关专业,如 2019 年浙江大学新增机器人工程专业,根据当下社会需要为该专业建立了符合国家战略和行业、企业对相关人才要求的培养制度,提前布局为相关的行业产业培养人才。

4. 培养过程

近年来,浙江大学在完善教育教学激励机制等方面进行了持续的探索与实践,取得了显著的成效,形成了带有"浙江大学"印记的本科教学工作与人才培养特色。浙江大学还与科研院所、相关行业部门有着广泛的教学实践合作。例如,浙江大学法学院会定期邀请业内知名律师进入浙江大学为法学院学生授课,同时也会安排法学院学生前往律师事务所、检察院、法院系统进行实践;与百度公司、中国农业银行杭州分行等用人单位签订了战略合作框架协议,为学生提供校内外的实训基地。

5. 就业指导

浙江大学坚持"立足区域,面向全国,走向世界,引领未来"的就业工作理念,构建以"三前三后"为主线,校院联动、部门协同的高水平就业工作体系,分行业、分地区实施就业对外联络"三百工程",聚焦国防军工、国家级学术平台、国企央企、国家选调生、国家西部、国际组织"六大板块",主动强化就业引导,不断提升就业服务水平。

(三) 四川大学"招生—培养—就业"案例

1. 基本情况

四川大学是教育部直属全国重点大学,是国家布局在中国西部的重点建设的高水平研究型综合大学。近年来,四川大学持续推进"探究式—小班化"课堂教学改革,2018 年"以课堂教学改革为突破口的一流本科教育川大实践"获得国家级教学成果特等奖。

生源质量。根据软科 2020 年中国最好大学排名公布的排行榜，四川大学生源质量高居全国第 34 位。特别值得注意的是，四川大学的华西医学中心的生源，高分段集中，体现了四川大学"因材施招"的理念。

培养质量。《四川大学 2018—2019 学年本科教学质量报告》显示，2018—2019 学年全校本科生共发表论文 403 篇，其中 SCI/EI/CSSCI 论文有 136 篇，核心期刊论文有 67 篇。本科生参与获授权专利 75 项。各级各类竞赛参赛学生 1.6 万余人次，省级及以上学科竞赛奖获奖 3 659 人次、2 220 项，其中国际级获奖 246 项，全国特等奖 24 项，全国一等奖 112 项，全国二、三等奖 852 项，省级奖励 986 项。

就业质量。四川大学毕业生质量不断提升。2015—2017 年四川大学本科毕业生平均就业率高达 96.04%。吴玉章学院 90% 以上的学生进入国内外一流高校进行深造学习，不少同学进入哈佛大学、牛津大学等高校并取得全额奖学金。"基础学科拔尖学生培养实验计划"实验班的六届 97% 的学生进入基础学科相关领域继续深造。

2. 招生选拔

四川大学本着"一流生源，因材施招，多元择优"的招生理念，逐步建立了以高考为主体、涵盖自主招生等总计 16 种类型的招生模式，招生规模达到每年 9 200 人。还成立了以校长为组长，相关校领导为副组长的本科招生工作领导小组，全面统筹本科招生工作，集体决策招生工作的重大事项。通过实施多元化、全员化、常态化的招生宣传工作机制，在"学校+学院+各地校友会"三位一体招生宣传模式的基础上，又增加了"专家学者+教职员工+青年学生"的全员常态化的宣传模式，通过本科招生网、微信、微博等互联网平台，与传统媒体相结合，使得目标群体充分了解四川大学的专业设置和人才培养方式，吸引适配的生源报考四川大学。

3. 培养目标

四川大学的培养目标是"立足定位、适应发展、彰显特色"，根据办学定位和人才培养总目标，在充分尊重学科发展规律和时代发展的基础上，制定支撑人才总目标的专业人才培养方案。各二级学院根据学校的人才培养总目标和要求，并借鉴世界一流大学同类学科培养方案，制订教学计划。

4. 专业设置

四川大学坚持"办最好的医科，办一流的文科、理科和新工科"的发展思路，推进一流专业建设"双万计划"实施。优化本科专业结构与布局，初步实现专业建设由"以量谋大"，到"以质图强"的战略转变，进一步加强本科专业内涵建设，推进专业办出优势和特色。新增"人工智能"新专业，推进人工智能一级学科建设。推进"医学+信息学科"八学制创新人才培养实验班、"口腔医学技术-信息技术"跨专业本科双学位实验班等跨学科—贯通式"新医科"建设。

5. 培养过程

四川大学构建了本科"323+X"创新人才培养体系，以"四大计划"推进最好本科建设。其中，第一个"3"是指"三大类创新人才培养"，即综合创新人才、拔尖创新人才和"双特生"，最后一个"3"是指在个性化教育阶段，学生按照学术研究型、创新创业型和实践应用型"三大类课程体系"有选择地修读课程，同时学校以"X"项支撑项目，分步骤、分阶段推进本科创新人才培养体系建设。为充分调动社会资源，四川大学先后与中国第二重型机械集团等66个行业企事业单位签订协议。此外，四川大学实施"双特生"培养计划。该计划旨在培养在某 学科领域有特殊兴趣、爱好和特殊专长的"偏才""怪才"开展专门培养，制定"三阶段培养、两层次考核、一贯式教育"的个性培养方案。

6. 就业指导

四川大学始终把毕业生就业作为重要的民生工程来抓，持续开展精准化的就业指导服务。根据学校学科专业优势，大力实施"重点地区、重大工程、重大项目、重要领域"就业计划、"明远英才"选调生基层就业计划、"科技强军"计划、"国际组织实习任职"计划等"四大就业引领计划"，积极引导毕业生主动承担社会责任，服务国家发展战略，立大志向、上大舞台、成大事业，到西部、到基层、到祖国最需要的地方去建功立业。组建了由思政老师、辅导员、班主任、学术（业）导师、教导员和组织员"六位一体"的学生指导与帮扶工作队伍，对学生思想、学业、心理、发展等方面给予全方位、多维度、个性化的指导与服务，了解学生心声和就业意愿，并且给出具体指导意见。同时，开展学生满意度调查，通过对学生满意度的分析，检查指导工作的开展情况，并为以后开展学生工作提供指导。

（四）"招生—培养—就业"联动机理分析

1. 人才需求联动招生与培养

协同理论认为，在一个开放系统中，内部系统基于共同目标可以通过不断地调整来适应外部环境的变化，以确保在新的协同环境下实现系统的目标。经济社会发展对人才的需求作为外部系统的重要因素，深刻地影响了高校内在人才培养过程。高校人才培养必须适应社会对人才的需求，如果无视时代的发展、社会的需求，就会造成人才的巨大浪费，甚至会危及高校自身的生存和发展。在"招生"与"培养"两个子系统联动的过程中，通过对北京大学、浙江大学、四川大学三所大学的案例分析发现，各高校都高度重视人才培养与社会需求的匹配度和适应性问题，依据社会需求制定人才培养目标，依据不同专业的培养目标设定不同的培养方式，改革课程内容，创新教育教学模式与方法，培养社会急需人才。如浙江大学通过多种方式从全国各地吸纳了优质生源，从招生环节就考虑到日后培养学生的素质和相关能力的指标，最大程度实现人才与合适的专业适配，实现了优质生源与培养过程联动。在案例研究中发现，北京大学在招生和专业设置环节多次实现联动，充分从国家战略、学校定位和市场出发，在招生环节，特别是在高中设置生源地，通过自主招生（强基计划）精准把握目标学生，同时通过博雅计划重点选拔综合素质较高的学生，回应人才需求。同时，在国家基础学科需求巨大的层面，依托教育部"基础科学拔尖人才培养试验计划"的实施，学校对数学、物理、化学、生物、信息科学、环境科学的相关专业建设进行支持，引导这些学科的学生未来在相关领域就业。对于日益增长的复合型人才需求，北京大学重点发展跨学科专业和人才培养项目，鼓励和支持各学部、各院系充分利用现有学科和教学资源建立跨学科项目。

2. 培养目标联动培养与就业

协同理论认为，没有目标的指引，即使形成有序的结构，也很难实现其系统所期待的价值。共同的目标在系统内部各个子系统相互作用、相互协同发挥重要指引作用。培养目标决定了人才培养方式，而人才培养过程的质量又可以决定人才培养出口的质量，人才培养出口的质量决定了就业质量。在"培养"与"就业"两个子系统联动的过程中，通过对北京大学、浙江大学、四川大学三所大学的案例分析发现，各高校依据不同的培养目标，选择不同的人才选拔方式和人才培养模式，根据专业人才选拔的方式和标准不同有针对性地进行多层次分类化培养，通过有的放矢的专业教育、能力导向下的职业教育、就业为导向的大学生创业教育和以职业能力为基础的就业指导教育等精准施教、提升就业能力。在案例研究中发现，浙江大学竺可桢学院秉承"志存高远、追求卓越"的院训，以培养战略性科学家、创新型工程科技人才、高科技创新创业人才及各界领导人才为目标，实施个性化、国际化、多元化的"特别培养"，为学生成长奠定基础。该学院下设混合班、人文社科实验班、求实科学班、神农班、医学实验班、工科试验班、数字金融班、管理大数据班、智能装备与智能机器人班、公共管理英才班、图灵班、智慧能源班、机器人工程班、智能财务班等班级。以上班级的培养目标都呈现出"多元化""复合型"的特点，体现出浙江大学注重"交叉学科"的培养模式以及用人单位对复合型人才需求的回应，体现其培养目标的前瞻性和引领性。竺可桢学院的毕业生在国内外深造率达 90%。

四川大学的培养目标坚持"立足定位、适应发展、彰显特色"的宗旨。四川大学根据办学定位和人才培养总目标，在充分尊重学科发展规律和时代发展的基础上，制定支撑人才培养总目标的专业人才培养方案。各二级学院根据学校的人才培养总目标和要求，并借鉴世界一流大学同类学科培养方案，制定适合本学院的培养方案。全校 131 个招生专业针对自身特色和教学实践，坚持专业培养目标与学校人才目标高度契合，专业建设与学科建设相促进，实现培养目标动态调整。以口腔医学专业为例，该专业要求学生具备高尚的思想品德、高尚的职业素养、高度的社会责任感、良好的敬业精神和宽广的国际视野，具有强烈的创新能力及高水平临床胜任力的口腔医学精英人才为目标，高度切合了当今医疗行业对医学人才的需求。

3. 供需耦合联动就业与招生

社会对人才的需求和各专业学生的就业情况从侧面反映了培养的效果，也为学校调整招生专业和计划、修订招生要求提供了重要的参考和依据。在"就业"与"招生"两个子系统联动的过程中，通过对北京大学、浙江大学、四川大学三所大学的案例分析发现，高校建立了专业动态调整机制，将与社会发展不相适应的专业及时淘汰，重点发展社会需求大、特色鲜明的专业。同时，以就业促进招生，以专业特色吸引优质生源明确自身的专业特色、学科优势和就业，同时加强优质生源基地建设，动员全校师生积极参与招生宣传，重点介绍学校的优势特色专业，介绍历届专业就业状况，鼓励学生积极报考，以此吸引更多的优质生源。

五、结论与建议

招生、培养、就业既是高校发展的三个重要核心链条，也是高校与国家、社会、时代相连接的重要契合点，招生是基础、培养是关键、就业是成效，三者相互联系、相互影响。基于协同理论，通过案例分析，研究发现，招生、培养和就业是一个相互关联的联动系统，具体来说就是人才需求联动招生与培养，培养目标联动培养与就业，供需耦合联动就业与招生。从系统内外部关系来看，"招生—培养—就业"联动分为内部联动和外部联动两个机制。就内部联动而言，高校基于人才培养目标，从入口选拔优秀生源，从中间环节优化培养方式，从出口促进学生高质量就业，从而实现优质生源享受优质教学、优质教学产出优秀学生的闭合回路；从外部联动来看，高校人才培养主要面向国家经济社会发展主战场，根据社会需求制定人才培养目标，以就业反馈优化人才培养过程和招生环节，从而有效地实现招生生源质量推动教学质量提升、教学质量提升促进就业质量提升，就业质量提升进一步提高生源质量的良性循环。

研究建议，我们要以协同理论为指导，以社会需求为导向，以培养目标为核心，以供需耦合为抓手，对高校招生、培养、就业三个核心环节进行系统性思考、一体化统筹。一是要科学预测人才需求变化，在编制招生计划过程中，坚持统筹兼顾、平稳有序、动态调整的原则，综合考量办学容量、办学条件、社会需求、就业情况等指标，结合各专业就业率、考研率、就业质量等指标，对就业质量好、需求量大的专业适当增加招生计划，对连续就业率低、质量不高的专业适当予以缩减规模。二是要全面提高人才培养水平，创新人才培养模式，在一流专业建设、五类金课打造、一流教材编写、课堂教学革命、教学信息化等方面下功夫，提升全要素教学质量，培养优秀学生。三是建立毕业生就业反馈机制。依据各专业毕业生的就业情况、毕业生教学情况等内容，运用大数据统计的方法，将毕业生反馈结果进行汇总、统计、分析，为人才选拔和人才培养提供参考。

参考文献

[1] 白列湖. 协同论与管理协同理论 [J]. 甘肃社会科学，2007 (5)：228-230.

[2] 邵华. 基于协同理论视角下的大学生就业工作创新研究 [J]. 湖南社会科学，2015 (5)：209-212.

[3] 谢爱军，王慧，彭希林. 建立高校招生、培养、就业联动机制，拓展大学生就业空间的思考 [J]. 高等农业教育，2006 (5)：5.

[4] 王英，万庆生，韩文灏. 高校招生、培养、就业联动机制的探索与实践 [J]. 东北农业大学学刘耀彬报（社会科学版），2013，11 (3)：110-114.

[4] 李仁东，宋学锋. 中国城市化与生态环境耦合度分析 [J]. 自然资源学报，2005 (1)：105-112.

[6] 王军生，邹东哲. 应用型本科高校招生、培养、就业的关联机理研究 [J]. 高教学刊，2016 (18)：56-58.

[7] 沈俊，魏志华. 从动态内生性视角看机构投资者持股与信息披露质量的关系 [J]. 财会月刊，2017 (27)：22-28.

[8] 三朗扎西. 民族高校"双符双适型"人才培养模式下的招生就业模式探讨 [J]. 民族学刊，2018 (5)：90.

[9] 王国华. 对应用型本科教育招生、培养、就业一体化的思考 [J]. 教育与职业，2014 (4)：35-36.

［10］刘忠信. 建筑类高校招生—培养—就业联动机制构建探索［J］. 吉林建筑大学学报，2017（12）：83-86.

［11］程耀忠. 地方师范院校招生—培养—就业"三位一体"联动机制的构建、实施与成效［J］. 产业与科技论坛，2018（20）：190.

［12］王保林，孙忠强，刘文涛. 简论高校招生就业联动机制的构建［J］. 学校党建与思想教育，2012（6）：63.

［13］许冬武，陈迎红. 政府订单医学生培养政策的思考［J］. 高等教育研究，2016（6）：74.

［14］GE JINTIAN, SUN XIAOYING. A collaborative model of professional degree graduate cultivation mechanism based on research background［J］. Logistics engineering and management，2013，35（12）：231-233，226.

新财经背景下第一代大学生教育问题研究：
现状、困惑及对策

范国斌　张　琴

摘　要：本文通过问卷调查收集了 690 份西南财经大学在校学生问卷，通过对问卷的描述性统计分析、多元线性回归分析、Logistic 回归分析、交互效应分析得到以下结论：第一代大学生的经济基础薄弱，因而在选择发展方向时更倾向于选择直接就业，在学校参加兼职或实习多数也主要是赚取一定的生活费；在学校各类活动中，第一代大学生学习更加努力且成绩相对较好，但对财经类知识欠缺程度高、在创新类课程和研究性活动（学术竞赛等）中表现出明显的弱势、在社会实践活动中缺乏积极性、在心理方面自卑程度更深、在职业规划方面更偏保守且较迷茫等现象的产生，需要引起学校和政府的高度重视。同时，性别项和年级项在各板块的交互作用普遍显著，专业的交互作用在个别问题中显著。针对财经类第一代大学生的以上表现，政府加强对其的经济支持、信息拓展支持，学校加强相关层面的培养教育成为目前高校新的发展建设中重要的一环。

关键词：第一代大学生；财经类；交互效应

一、绪论

（一）研究背景

目前，我国正处于转向高质量发展阶段的关键时期，习近平总书记指出，要立足新发展阶段、贯彻新发展理念、构建新发展格局，推动经济社会的高质量发展，是当前和今后一个时期全党全国必须抓紧抓好的工作。为推动教育层面高质

【作者简介】范国斌，西南财经大学统计学院，副教授；张琴，西南财经大学统计学院，硕士研究生。

量发展建设，2020 年 8 月教育部高等教育司司长吴岩提出，要求在 2020 年秋季学期重点推进课程思政建设等高等教育四项工作，其中重要的一点为推进"四新"（新工科、新农科、新医科、新文科）建设。"四新"建设更多瞄准世界科技前沿领域发展情况，培养未来发展所需的新型人才，我国从学习借鉴模式向以培养创新为主的模式转变，走自己的教育发展道路。在新文科的建设中，新财经作为不可缺少的一部分为广大财经院校的建设提出新的要求。为更好地服务于学生培养工作，针对不同的学生进行不同角度的培养教育有着重大意义。随着教育的不断深入，越来越多的学生走进大学校园，不同学生的适应能力显然有所不同，其中第一代大学生群体的划分出现引起了学者们的广泛关注。

（二）研究价值

教育部提出，要着力加强高校"四新"建设，这是我国高等教育应对科技革命和国际竞争能力提升的战略性选择。"四新"建设旨在更多瞄准世界科技前沿领域发展建设，着力培养未来发展所需的新型人才。随着教育的不断普及，第一代大学生群体开始受到学者们的关注，了解该群体的现状及发展并进行深入研究成为我国教育研究方面的重要课题之一。

1. 社会价值

一是积极响应高校"四新"建设中新财经的建设，研究财经类院校第一代大学生现状，为第一代大学生提供学习、生活、工作上的帮助。完善财经类大学第一代大学生的认知，为其在校内生活学习提供帮助，培育真正有利于国家进步发展的人才。二是农村养老与城镇养老有着众多不同，目前我国对农村养老的覆盖率偏低，大多农村养老借助子女的反哺性养老，探究第一代大学生发展所遇到的疑难问题并提出相应解决方案，获得更好的教育将来有利于更好的就业，能在一定程度上提升第一代大学生的就业水平。三是教育差距常常是导致贫富差距以及贫富差距代际传递的重要原因。同时，教育扶贫也是我国脱贫攻坚政策的重要组成部分。所以，深入研究第一代大学生教育问题并提出针对性对策，对于我们进一步缩小贫富差距具有一定的参考价值。

2. 理论价值

相比于国外的研究成果，我国对于第一代大学生的研究略显不足，在以往国内研究第一代大学生的基础上进一步探讨财经类院校第一代大学生的具体表现及存在的困惑，有针对性地解决不同院校、不同专业的第一代大学生所面临的问题，为我国教育迈向高质量发展提供思路和对策。鉴于现有研究以定性研究为主，本文研究将致力于搜集尽可能多的数据，通过翔实的定量分析，丰富该领域的研究成果。

（三）研究特色创新与思路

1. 财经类院校中第一代大学生的家庭背景、学习、生活等基本情况与结构调查研究

以往的研究更多集于所有第一代大学生群体的调查分析，而针对某一专业的第一代大学生研究较少，不同专业、不同院校的学生所存在的差异性无法完全体现，无法做到有针对性地探究不同类型院校中第一代大学生所面临的问题和困惑。因此，在前人研究的基础上，本文主要立足财经类院校学生中的第一代大学生，通过在西南财经大学发放问卷，对不同年级、不同专业的学生进行尽可能广泛的调查研究，得到随机发放问卷中的第一代大学生占比情况，了解第一代大学生的家庭背景基础信息等。将第一代大学生与非第一代大学生从学习、生活（师生相处等）、参与活动（社团活动等）方面进行对比分析，并设置问题探究第一代大学生与非第一代大学生存在以上差异的具体原因，剖析现今教育内部可能存在的问题或不足，致力于更好地服务于第一代大学生的学习、生活。另外，通过关注第一代大学生中农村第一代大学生与城市第一代大学生的差异性，可探究不同地区学生的发展状况及发展前景等。

2. 财经类院校与综合类、理工类院校第一代大学生对比分析

财经类院校侧重有关经济学类、管理学类专业人才的培养和塑造，学科专业有侧重，多学科协调发展，重点培养国家金融、经济、管理等部门高水平人才。而综合类大学具有涉及学科门类广泛、覆盖范围广泛、院系设置众多等特点，理工科类院校则侧重实践类以及基础理论研究类人才的培养建设。本文根据实际情况调查四川省成都市范围内的综合类院校、理工类院校（如电子科技大学、四川大学、成都理工大学等），与财经类院校第一代大学生的学习、生活等方面的具体情况进行对比分析，探究不同类型学校学生的特点，对以后报考学生提出针对性建议，更好地服务于学生报考院校、有针对性地解决不同类型学科中学生的困惑，发掘不同类型专业学生的独特之处，为学生发展提供及时的帮助和支持。

3. 财经类院校第一代大学生所面临的困惑

第一代大学生即为父母双方的学历均在高中以下的大学生，这类大学生在进入高校后，由于学习环境、生活状态的变化以及没有父母家人的经验传授等，容易产生一些焦躁、迷茫的情绪。针对财经类院校中第一代大学生所存在的困惑，深入分析其产生的具体原因，从心理、家庭、学校、社会层面进行剖析，才能有效、准确地定位服务学生，才能从根本上解决问题，发挥教育的最大功效。新财经背景下，我们可能对学生在开展社会实践等各类高影响力教育活动方面提出了更高要求。

4. 对于财经类院校第一代大学生未来发展的建议及对策

通过分析以上财经类院校中第一代大学生所存在的问题，为更好地推动高校"四新"中"新文科"下新财经的建设发展，对财经类院校的持续性发展提出建议。对财经类院校中第一代大学生的学前报考阶段、学中校园阶段、学后就业阶段提供参考建议，帮助财经类院校第一代大学生解决其特有困惑，针对财经类学科性质进行辅导和帮扶，在一定程度上能够有助于财经类院校第一代大学生的持续性发展进步等。从而在其后期就业方面给予心理和实践上的支持，提高自身就业水平，对自身家庭形成有效的反哺，有效解决一部分农村养老问题，进一步实现共同富裕的奋斗目标。

二、相关理论和文献综述

（一）相关理论

近年来，对于第一代大学生的关注度不断上升，不同学者从不同层面进行了说明。在第一代大学生的相关界定中，国外家庭第一代大学生的文献可追溯到阿达奇 1979 年完成但未发表的论文《第一代大学生人群分析（高等教育的一个新概念）》。相关实证研究始于比尔森与特里 1982 年对美国两所文理学院 701 名辍学生（含转学生）的问卷调查。国内主要为鲍威（2013）利用 2011 年首都高校新生调查数据，分析第一代大学生在家庭社会背景、入学前学业能力等方面的特征，考察第一代大学生对于其高考成绩的直接和间接的影响路径以及最终升学院校。国外对于家庭第一代大学生的界定主要有三种：一是父母有大学就读经历，但最终没有获得学士学位的大学生；二是学生本人是家庭第一位大学生，且祖父母、父母、兄弟姐妹都没有大学经历；三是泛指父母学历在高中以下，均没有受过大学教育的大学生。国内概念界定更为清晰且一致：家庭第一代大学生是指父母双方的学历均在高中（含中专）以下；非第一代大学生包括父母一方或双方的学历为专科、本科或研究生。

（二）文献综述

国内外关于第一代大学生的研究主题主要包括以下三个方面：一是对第一代大学生背景特征的研究；二是对第一代大学生自高中进入大学后的学习经历研究；三是学者们试图描述和理解第一代大学生从高中到大学教育转变的过程或机制。以下进行详细的阐述说明：

在第一代大学生背景特征相关研究中，第一代大学生能够成功获得高等教育主要在于家庭贫困背后的父母的精神支撑、知识改变命运的信仰、工作导向为实现职业目标、助学贷款政策的普遍实行、积极的师生关系及自我激励因素等几方面（Bryan and Simmons, 2009；Nunez and Sansone, 2016；Roksa and Kinsley, 2019；曾东霞，2019）。从第一代大学生所在家庭的特征可以发现，第一代大学生在民族、父母职业类别、家庭收入、升学选择等方面都处于不利地位。例如，第一代大学生中少数民族族群的比例较高（Choy, 2001），第一代大学生所在家庭的社会经济地位较低，有更多的兄弟姐妹（Terenzini, 1996；Nuez and Cuccaro-Alamin, 1998）。与非第一代大学生相比，第一代大学生来自农村的比例更大，入学平均年龄偏大，父母是普通职业的比例更大，父母的受教育水平多集中在初中以下。父母的学历与学生的学习能力呈正相关（张华峰，2016；杜彬，2020）。对于升学方面的选择，美国国家教育统计中心对第一代大学生群体与非第一代大学生群体的校园经历进行统计比较，第一代大学生更倾向于就读公立二年制的私立学校、社区大学，或是四年制以下大学（Nunez, 1998）。第一代大学生的入学成绩也都是比较差的（Riel, 1994；Terenzini 等，1996；Nunes, 1998；Pike and Kuh, 2005）。国内研究发现，第一代大学生大多就读于普通高中，很少参加补习，在选择学校时主要基于个人认知，大多选择短期、职业导向的民办本科院校、高等职业技术院校、一般地方本科院校作为升学院校，优质高等教育机会获取不足（鲍威，2013；陈小慧，2014；张华峰 等，2016）。

在高等院校进行学习过程研究中，主要有以下特点：一是第一代大学生的学术和社会活动投入水平较非第一代大学生程度较低、所修的学时和总课程学分也较低，且更倾向于选择技术或者职业课程，选修人文艺术课程的较少，也很少参与高难度课程的学习（Billson, 1982；Skinner, 1992；Pascarella and Terenzini, 1998；Pascarella, 2004）。二是在控制性别、高考分数等背景变量之后，家庭第一代大学生对所修专业的认同以及农村家庭第一代大学生自我报告的各项能力提升都显著低于非第一代大学生；第一代大学生在常规学习方面高于非第一代大学生，但在"挑战对已有问题的看法"等高阶学习方面得分较低（熊静，2016；郭娇，2020；郭啸 等，2020）。三是在第一代大学生群体中，大一新生的学习能力低于其他年级的学生；经常参加校内活动的学生，总体上学习能力强于不经常参加活动的学生；经常从事兼职的学生，总体上学习能力低于很少从事兼职的学生。而在非第一代大学生群体中，大二学生学习能力低于其他年级的学生（杜彬 等，2020）。四是在社会实践方面，第一代大学生更多不愿参与校园各种组织实践和社团活动，课外活动时间投入显著少于非第一代大学生。第一代大学生还表现出了退学率远高于非第一代大学生，毕业后更多选择就业而不是升学等特征（Billson and Terry, 1982；Pascrell, 2004；鲍威，2014；熊静，2016）。

在高等院校的建设中，高影响力教育活动也是非常重要的一项。高影响力教育活动主要分为拓展性学习活动、研究相关性活动、社会实践类活动三类。这类活动的参与对学生的整体能力提升有着重要影响，而 CCSS 课题组的研究表明，来自顶尖"985 工程"高校的学生在高影响力教育活动中的投入有明显优势，显著高于其他"985 工程"高校（文雯 等，2014）；第一代大学生在"社会实践类"高影响力教育活动上的参与度较高，但在"扩展性学习"和"研究相关性"活动上参与不足（张华峰 等，2017）；第一代大学生感知到的社交支持与其研究性活动参与呈显著正相关，第一代大学生感知到的成长支持与扩展性活动的参与呈显著正相关；高影响力教育活动的参与对第一代大学生的教育收获均有显著的正向影响（刘梦颖，2020）。在高校生活中，师生间的互动、同伴间的互动也同样是影响学生学习、生活、工作等各方面的重要因素。Cox 和 Orehovec（2007）对师生互动的类别进行分类，提出了五种不同类型，即不投入型、偶然接触型、功能性互动型、个人交往型、指导型，认为这些类型的师生互动与大学生的发展都有不同程度的影响，而互动发生的情景对可能产生的互动类型以及互动对发展的作用产生很大影响。学习型师生互动和社会性师生互动对学生学习收获存在显著的正相关（史静寰 等，2012）；同伴间的互动对大学生认知能力发展的预测能力要强于师生互动的预测能力（Franklin，1995；李一飞 等，2014）。第一代大学生与教师和同伴的互动频率低于非第一代大学生；第一代大学生在研究能力、自我认知和社会沟通能力的发展上的增值都显著大于非第一代大学生（陆根书 等，2015）。家庭第一代大学生的师生互动和学习收获感知显著差异随着年级的升高始终存在；价值性互动有显著负向影响；拓展性互动对第一代大学生学习收获的影响远大于非第一代大学生（龙永红 等，2018）。

基于第一代大学生以上表现分析，发现第一代大学生普遍存在一些劣势和挑战。入学前，欠缺家庭文化资本和社会资本，在高校选择或申请过程等得不到支持（Ryan and Padegett，2012；张华峰，2016）。第一代大学生容易受到社会阶层导致的文化冲击、拥有更低的自我效能感、更高的消极结果预期及更多的认知障碍（Greenfield et al.，2015；Gibbons and Borders，2010）。在大学期间，第一代大学生面临经济压力，更容易发生借贷行为，助学贷款对其学业成绩具有持久性可预测的消极作用（Pascarella et al.，2004）。Jury 等（2015）认为，在学业表现和校园参与方面，第一代大学生自我调控水平明显低于非第一代大学生，倾向于支持表现-回避目标（表现-回避目标在本处是指试图避免表现不佳的能力，即第一代大学生取得的学业水平越高，他们越会采取一定的策略回避可能失败带来的负面结果。表现-回避目标往往与较低的内在激励、低反馈寻求、低自我效能感及消极后果相联系，造成这一表现的原因可能是对失败的恐惧、负面情绪等），对校园活动更低的参与率。同时，第一代大学生没有完全意识到学习投入的重要性，或者不知道如何投入更有效、具有影响力的教育活动中去。他们较低的受教育目标也进一步降低了他们的学习动力和投入程度（Gary and George，2005）。在本科毕业后的升学机会获得上，相比于非第一代大学生，第一代大学生的升学意愿、实际升学和出国升学的可能性均更低（孙冉，2021）。在求职方面，第一代大学生在职业规划和职业决策方面与非第一代大学生相比存在劣势，他们在大学环境中所能够获得的社会资本较少，很少有学生利用大学期间的人脉关系、信息资源、机会去实现他们的职业抱负，即他们并没有意识到通过非正式交流、互动所能产生的职业机遇；限于机会和资源的制约，难以帮助他们实现自身的职业目标。此外，第一代大学生在自我效能感、职业信息的拥有量（社会网络）和职业成熟度方面，也表现出明显的劣势（Owens et al.，2010；Parks，2012；Harlow and Bowman，2016；刘进，2016）。

因而，针对第一代大学生的指向性帮助辅导值得引起各部门的关注，在为第一代大学生提供支持方面还需要更有针对性。尽管现今对于第一代大学生的研究较多，但对于特定学科属性的第一代大学生缺少具体研究分析，不同的专业背景所需要的人才培养机制不同。在新财经高校建设中，对于财经类院校第一代大学生的学习生活状况研究急需探讨，相对于综合类院校、工科院校，财经类院校对于学生在人文、社会认知方面的要求更高，探讨财经类院校在培养过程中第一代大学生可能会面临的独特困惑和对策值得关注。

三、研究方案设计与实施

（一）研究对象

本次研究的目的旨在探索财经类第一代大学生在校期间表现、研究类活动表现、实践类活动表现等情况，在此主要针对西南财经大学的在校学生展开研究。分析财经类第一代大学生与非第一代大学生的差异性，探讨差异存在的原因，并对财经类第一代大学生后续健康且持续发展进步提供建议。

（二）研究方法

一是文献研究法：结合以往有关第一代大学生的相关研究成果，厘清相关概念，梳理整体的研究进程发展，了解目前学术界对于第一代大学生的研究方向、研究前沿，为本研究项目提供一定的理论支撑和方法论指导；通过对以往文献的分析，找到目前第一代大学生所欠缺的研究点，并进行深入探讨分析。

　　二是问卷调查法：针对财经类院校在校大学生设计详细的问卷，根据财经类院校专业特色有针对性地对内容进行设计，能够包含有关第一代大学生学习、生活等方面的内容。本文选取西南财经大学在校本科生按专业、年级、性别等进行随机抽样调查，回收问卷进行数据处理和分析。

　　三是统计分析法：将问卷回收整理，获得原始数据，针对基本信息变量，主要采用描述性统计方法进行统计分析，并进行相关统计检验、均值检验等；考察问卷设置的合理性、有效性，进行问卷结果内部一致性分析。

　　四是定性分析与定量分析相结合的方法：根据问卷选项设置规则，对问卷选项进行赋值，对第一代大学生在学习、生活、师生交流等方面的得分情况与其所感受到的困惑之处进行相关回归分析，构建多元线性回归模型和 Logistic 回归模型，考察第一代大学生所面临的困惑和挑战的具体原因。

（三）问卷设计

　　本次研究采用问卷调查的方式对财经类第一代大学生的各方面情况进行了调查。结合研究目标，设计的问卷指标如表 1 所示。

表 1　问卷指标

内容	指标体系	
基本信息	性别	年级
	民族	地区
	入学前长期所处的生活与学习环境	是否为独生子女
	父母是否从事财经相关领域的工作	家庭年收入情况
	所学专业	是否为第一代大学生
学费及贷款情况	学费承受能力	是否申请贷款
在校表现	挂科情况	学业奖学金情况
	课程难度	知识欠缺程度
拓展性活动	是否主动了解财经类知识	英语及其他语言学习情况
	第二学位辅修情况	考证等情况
研究相关性活动	学术、创业等竞赛参与情况	与老师沟通交流学术问题情况
社会实践类活动	志愿者活动参与情况	社团学生组织参与情况
	兼职或实习工作情况	

表1(续)

内容	指标体系	
发展规划情况	工作兴趣	学习过程中存在的困惑
	人际交往方面存在的困惑	希望获得哪些帮助
	期望的职业规划帮助	在校期间各方面的困难程度

本次对财经类第一代大学生的研究主要分为以下几个部分：基本信息、学费及贷款情况、在校表现、拓展性活动、研究相关性活动、社会实践类活动、发展规划情况。整个问卷设计采用递进的方式，旨在从不同方面考察第一代大学生与非第一代大学生的不同。

（四）信度分析

信度分析又称为可靠性分析，用来检测问卷设计是否合理，即所涉及的问卷内容与研究目的是否相关。只有信度在相关研究可以接受的范围内时，问卷统计结果才是有价值的，才有进一步分析的必要。Alpha 信度系数是衡量信度的一种指标，值越大表明信度越高。在信度分析中，Alpha 信度系数最好在 0.8 以上，0.7~0.8 表示较好，0.6~0.7 表示可接受，低于 0.6 则需要重新设计。

在进行问卷发放之前，先进行问卷信度的测量，通过 SPSS 软件进行问卷信度分析后得到的结果如表 2 所示，其中信度系数为 0.689，表明该问卷的信度可接受。

表 2　信度分析统计

Alpha 信度系数	项数
0.689	69

（五）效度分析

效度分析即为测量指标准确程度的分析。在效度分析中，KMO 系数在 0.9以上，表示极好；KMO 系数为 0.8~0.9，表示很适合；KMO 系数为 0.7~0.8，表示适合；KMO 系数为 0.6~0.7，表示可以接受；KMO 系数为 0.5~0.6，表示很糟糕；KMO 系数在 0.45 以下，表示应该放弃。KMO 和巴特利特检验结果如表3 所示，其中 KMO 值为 0.718，P 值 $= 0.000 < 0.05$，表明该问卷设计是显著的可以接受的，即该问卷设计内容与研究目的相符。

表 3　KMO 和巴特利特检验

KMO 取样适切性量数		0.718
巴特利特球形度检验	近似卡方	2 635.733
	自由度	351
	显著性	0.000

四、研究分析与结果

（一）数据说明及预处理

本次研究主要针对财经类大学生展开，因此问卷调查主要涉及西南财经大学在校生，共收集问卷 690 份。将问卷中的数据量表化，两个选项的问题将选项分别设为 0 和 1，多个选项的问题将选项分别设为 1、2、3、4、5 等，其中设置的打分问题直接应用每个个体的打分分值。问卷中主要分为了基本信息、学费贷款情况、在校表现、拓展性活动、研究相关性活动、社会实践类活动、发展规划等板块。在校表现、拓展性活动、研究相关性活动、社会实践类活动四个板块分别由多个问题组成，因而将板块中的各个问题选项结果进行加总求平均值，将大于均值的个体在该板块的整体得分设为 1，将小于均值的个体在该板块的整体得分设为 0，因而得到每个个体在在校表现、拓展性活动、研究相关性活动、社会实践活动四个板块的整体得分。其中发展规划部分大多为多选题，在此将多选题的每个选项设置为虚拟变量，若选择该选项则该个体对应选项记为 1，未选择该选项则记为 0。对于核心解释变量是不是第一代大学生，若是第一代大学生则记为 1，若不是第一代大学生则记为 0。

（二）描述性统计分析

1. 基本信息分析

本次研究共收集问卷 690 份，得到各问卷的基本信息统计情况，见表 4。

表 4　基本信息统计情况

变量		比例/%
性别	男	27
	女	73

表4（续）

变量		比例/%
长期生活学习环境	城市	71
	乡镇	17
	农村	12
学历阶段	本科生	63.50
	研究生	36.50
民族	汉族	92
	其他	8
户籍所在地	华中	9
	华北	11
	华东	15
	华南	6
	西北	8
	西南	46
	东北	5
是否独生子女	是	55.07
	否	44.93
父母是否从事过经济类工作	是	19.42
	否	80.58
家庭年总收入	3万元及以下	9.28
	3万~8（含）万元	25.65
	8万~15（含）万元	32.46
	15万~30（含）万元	21.59
	30万元以上	11.01
专业（大类）	经济类	66.81
	管理类	22.90
	其他	10.29
是不是第一代大学生	是	64.20
	否	35.80

在问卷数据中，女生占比为73%，男生占比为27%；由于该问卷主要为调查财经类第一代大学生相关情况，因而样本主要采集于西南财经大学，其整体男女比例为3：7，且专业主要以经济学类和管理学类为主。由于西南财经大学地处西南地区，因而来自西南地区的同学占比最大。所调查的学生人群中，第一代大学生有443人，占比为64.20%，非第一代大学生有247人，占比为35.80%。第一代大学生占比要远高于非第一代大学生，作为一个较庞大的群体，对第一代大学生持续发展问题的关注是必不可少的。

由问卷调查数据可知，在选择学校及专业结果（如图1所示）方面，第一代大学生"全由自己决定"的比例要远高于非第一代大学生；"父母仅提出建议，主要由自己决定"中，非第一代大学生所占比例最高，达到了80.97%；而在"完全由父母决定"中，非第一代大学生要比第一代大学生占比高出5.25%。第一代大学生在院校及专业选择方面，由于父母可能没有足够的经验，所以无法及时提供有效的建议，因而只能通过自己主动寻找一些资料来选择学校及专业。

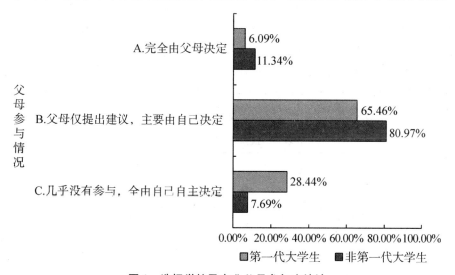

图1　选择学校及专业父母参与度统计

对学费的看法如图2所示，整体学生群体中，认为学费太贵，为家庭带来负担的占比为22.61%。其中，第一代大学生中认为学费贵的占比为27.54%，高于非第一代大学生的占比13.77%。

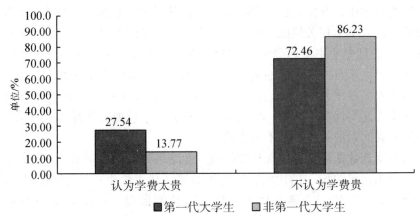

图 2　对学费的看法

2. 校内表现情况分析

第一代大学生从未挂科所占比例为 92.10%，非第一代大学生从未挂科所占比例为 90.28%，具体情况如表 5 所示，说明第一代大学生大学期间在专业课程的学习方面能力更强或者付出的精力更多，但这也在一定程度上说明了第一代大学生在专业课程的学习上困难并不是很大。第一代大学生中获得学业奖学金的概率为 70.43%，非第一代大学生获得学业奖学金的概率为 55.87%；差距显著，第一代大学生在课程学习方面的能力更强或者说付出的精力更多。

表 5　校内情况表现统计　　　　　　　　　　　　　　　单位：%

变量		第一代大学生	非第一代大学生
在校期间挂科次数	零次	92.10	90.28
	一次	4.51	6.07
	两次	2.48	2.83
	两次及以上	0.90	0.81
在校期间是否获得学业奖学金	是	70.43	55.87
	否	29.57	44.13
学习财经类课程前对相关知识的欠缺程度	严重欠缺	14.22	10.93
	欠缺	52.37	46.96
	一般	28.44	34.01
	良好	4.29	6.88
	感觉充足	0.68	1.21

　　不论是否为第一代大学生，大部分同学都认为在学习财经类课程时，觉得自己平常对相关知识的积累程度较为欠缺，但第一代大学生认为欠缺的占比为52.37%，非第一代大学生认为欠缺的占比为46.96%；同时第一代大学生中14.22%的同学选择的是严重欠缺，而非第一代大学生中选择严重欠缺的比例为10.93%，第一代大学生相比于非第一代大学生对财经知识的欠缺程度更高。

　　在课程难度调查结果中，具体情况如图3所示，第一代大学生相比于非第一代大学生，认为数理统计类、语言表达类、拓展创新类和网络编程类四类课程困难程度大；而只有在财经类课程上比非第一代大学生认为的难度低。

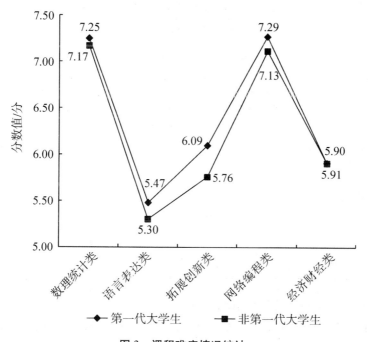

图3　课程难度情况统计

3. 拓展性学习活动参与情况分析

　　在拓展性活动调查中，具体结果如表6所示，分别从课外了解财经知识、英语等外语学习、第二学位、考证进行考察，发现非第一代大学生相比于第一代大学生会有更多的人愿意在课余时间主动了解财经知识。更多的第一代大学生是为了获得更好的四六级成绩在课余时间自学英语；而更多的非第一代大学生会主动在校外学习托福、雅思等课程，这可能主要与两者之间的家庭经济情况有关。第一代大学生学习其他语言的比重为 34.54%，非第一代大学生学习其他语言的比重为 42.91%，环境影响导致学生对语言重视度的差异明显。第一代大学生和非第一代大学生在是否辅修第二学位和考证方面的差别不大，但第一代大学生略高说明第一代大学生学习能力更强一些。

表6 拓展性活动参与统计
单位:%

变量		第一代大学生	非第一代大学生
课余时间了解财经类知识	课余时间不太关注	26.64	23.89
	有关注，但无阅读和了解的习惯	33.86	35.22
	有关注，空闲时阅读了解	34.09	32.39
	定期主动了解，有阅读的习惯	5.42	8.50
英语的拓展性学习情况	仅仅为了完成课程要求	30.47	21.86
	自学为获得更好的四六级成绩	58.92	54.25
	在完成课程要求的前提下，主动学习托福、雅思类课程	10.61	23.89
是否主动进行英语以外语言的学习	会	34.54	42.91
	不会	65.46	57.09
在校期间是否辅修第二学位	会	16.93	15.79
	不会	83.07	84.21
是否关注考证等相关事宜并为之努力	会	82.84	79.76
	不会	17.16	20.24

4. 研究类相关性活动参与情况分析

探究第一代大学生在研究类相关性活动的表现情况如表 7 所示，第一代大学生在校参与学术、专业等竞赛比例为 61.63%，而非第一代大学生此类占比为 63.56%；在经常与老师沟通交流学业、学术问题方面，第一代大学生经常沟通的比例为 8.58%，而非第一代大学生此类占比为 14.57%，远高于第一代大学生，非第一代大学生在参加各类竞赛以及与老师沟通学业、学术方面比第一代大学生更热衷些，他们在研究类相关性活动上更加有兴趣。

表7　研究类相关性活动参与情况统计　　　　单位:%

变量		第一代大学生	非第一代大学生
在校期间是否参加过各类学术、专业等竞赛	是	61.63	63.56
	否	38.3	36.44
是否经常主动与老师沟通交流学业、学术问题	根本没有	19.19	13.36
	偶尔	72.23	72.06
	经常	8.58	14.57

5. 社会实践类活动参与情况分析

社会实践类活动参与情况如表8所示，第一代大学生对志愿活动的参与度略高于非第一代大学生。在课余时间主动寻找兼职或者实习中，非第一代大学生大多会选择寻找。而第一代大学生主动寻找的比例要高于非第一代大学生。

表8　社会实践类活动参与情况统计　　　　单位:%

变量		第一代大学生	非第一代大学生
参与志愿活动情况	从未参加过	14.90	19.03
	有过一两次志愿活动经历	36.12	42.11
	有过两次以上志愿活动经历	48.98	38.87
是否在课余时间或寒暑假主动找兼职或实习	是	74.72	71.66
	否	25.28	28.34

如图4可知，在不参加社团学生组织中（选择 A 和 B），第一代大学生占比都要高于非第一代大学生；在积极参与社团学生组织中（选择 C 和 D），第一代大学生占比都要低于非第一代大学生。第一代大学生和非第一代大学生进行对比可以发现，尽管第一代大学生中的很多同学也在积极参与各类社团活动以提升自我能力、拓展交际能力，但总体来看其参加的积极态度明显要弱于非第一代大学生。

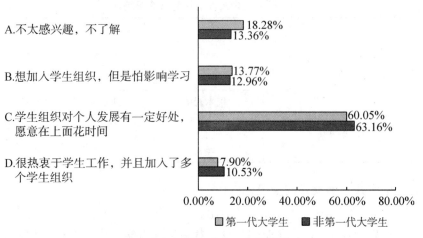

图4 参与社团学生工作的统计

选择兼职或实习情况如图5所示，在选择会主动寻找兼职或实习的学生中进一步来看他们选择兼职或实习的原因，其中仍然是第一代大学生选择更希望挣点外快的比例（18.13%）高于非第一代大学生。进一步论证第一代大学生对于经济的看重程度高于非第一代大学生。

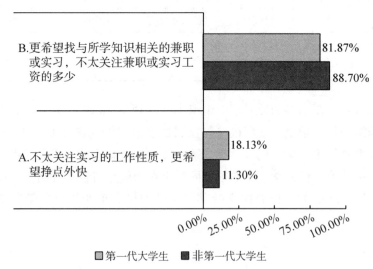

图5 选择兼职或实习情况统计

6. 发展规划分析

对比第一代大学生和非第一代大学生在毕业后规划方面的差异（如图6所示）发现，非第一代大学生中选择继续深造的占比为61.54%，选择出国留学的占比为16.19%，总和为77.83%；第一代大学生中相应的选择占比分别为49.66%和5.19%，总和为54.85%，即为非第一代大学生在继续学习方面的占比要远高于第一代大学生。而第一代大学生选择直接就业占比为40.41%，远高于非第一代大学生的占比（18.62%），第一代大学生更倾向于工作带来一定的经济收益，这可能与其家庭成长环境、家庭需求有一定的关系。在暂无规划方面，第一代大学生的占比也高于非第一代大学生，表明第一代大学生在就业方面存在的困惑、迷茫要多于非第一代大学生。

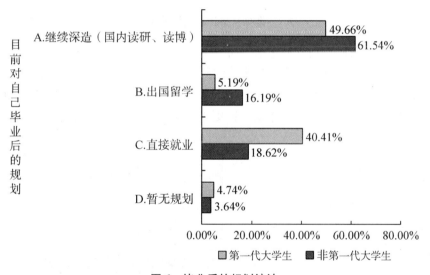

图6　毕业后的规划统计

选择从事的行业类型情况如图7所示，有94.6%的第一代大学生选择了金融业作为自己未来的工作方向，非第一代大学生的这一占比为56.6%。

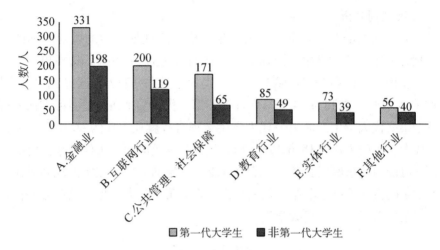

图 7　选择从事行业类型的统计

当代大学生做职业规划的想法（如图 8 所示）大部分是源于自己的兴趣和通过新闻、行业发展动态等网络信息来制订规划，非第一代大学生的占比更高，同时第一代大学生相比于非第一代大学生，来自父母等亲戚朋友的经验传授和建议以及咨询校内辅导员、导师的建议占比更少。由此可知，第一代大学生与辅导员和导师的沟通更少。

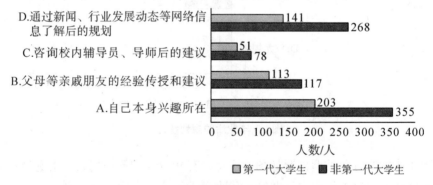

图 8　职业规划想法来源统计

在回家乡发展情况方面（如图 9 所示），第一代大学生回乡比例为 34.09%，不回乡的比例为 26.19%，都可以的比例为 39.73%；非第一代大学大学生对应选项占比分别为 35.22%、21.86%、42.91%。在此，第一代大学生和非第一代大学生回乡发展的比例接近，但在不回乡发展的比例中，第一代大学生占的比例要高于非第一代大学生。

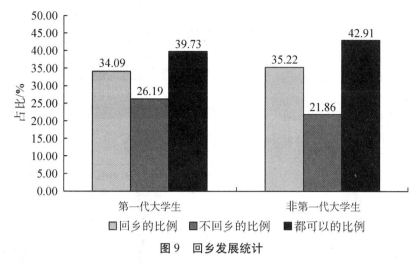

图 9　回乡发展统计

大多数同学在针对不同课程的学习方法上存在困惑（如图 10 所示）。第一代大学生在沟通交流、处理学习、学生工作和个人生活方面感到困惑的比例要高于非第一代大学生。第一代大学生在人际方面的困惑以及生活方面的困惑比课业上的困惑严重。

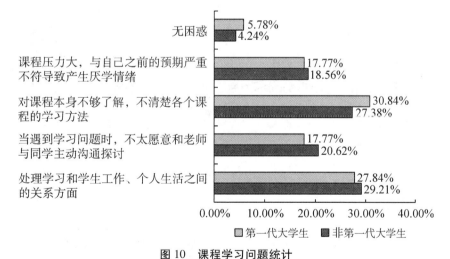

图 10　课程学习问题统计

在人际交往方面，第一代大学生缺乏交往技巧，不知如何交往、不知如何拓展自己的朋友圈，如图 11 所示。总体来看，非第一代大学生在人际交往方面无困惑的比例要远高于第一代大学生，体现出第一代大学生在人际交往方面有所欠缺。

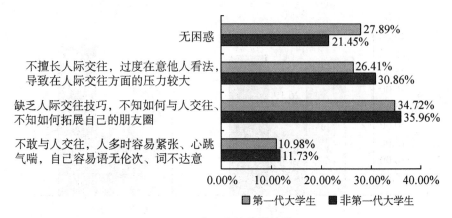

图 11　人际交往问题统计

在各方面的困难程度打分方面（如图 12 所示），学生普遍在未来规划方面存在较强的困惑。第一代大学生困难程度均高于非第一代大学生困难程度，尤其是在经济方面，相差最大（1.451），其次在与人社交方面（0.616）、未来规划方面（0.565）；在学业方面相差最小（0.071）。由此可知，第一代大学生主要在经济和社交方面存在一定的困难。

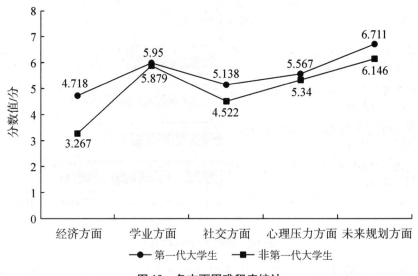

图 12　各方面困难程度统计

在寻求帮助方面（如图 13 所示），第一代大学生分别在生活费、职业规划、婚恋方面比非第一代大学生更加迫切，而在参加各类比赛或实践活动、人际关系、学习方面，非第一代大学生比第一代大学来说更为迫切，在各方面游刃有余的同学中，非第一代大学生所占比例远高于第一代大学生所占比例。

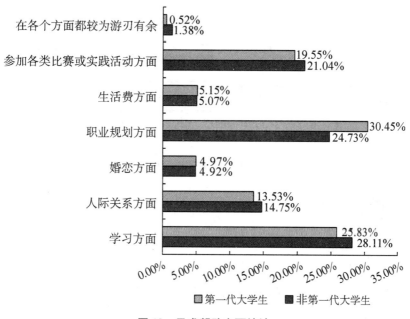

图 13　寻求帮助方面统计

　　在职业规划方面（如图 14 所示），学生普遍都更希望学校或学院多与一些企业进行合作，增加一些实习名额；普遍都觉得定期组织职业规划方面的班会效果较差。对比第一代大学生和非第一代大学生，第一代大学生在"定期组织职业和规划方面的班会""定期开展职业规划讲座，讲述各行业的具体工作内容"上的比例高于非第一代大学生；非第一代大学生在"邀请各行业工作人士开展沙龙讨论活动等""希望学校或学院多与一些企业进行合作，增加一些实习名额"上的比例高于第一代大学生。第一代大学生比非第一代大学生更倾向于专业理论内容以及校内老师的帮助，而非第一代大学生更倾向于校外实践方面的职业规划帮助。这可能与第一代大学生成长心理有所关联，他们可能对于去外界实践存在一定的畏惧心理。

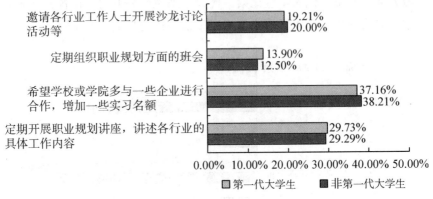

图 14　职业规划帮助意见统计

五、模型构建

（一）模型理论

1. 多元线性回归模型

社会现象的变化往往受到多个因素的影响，因此一般进行多元回归分析，将包括两个或两个以上自变量的回归称为多元线性回归。多元线性回归模型通常用来描述变量 y 和 x 之间的随机线性关系，即

$$y = \beta_0 + \beta_1 x_1 + \beta_2 x_2 + \cdots + \beta_k x_k + \varepsilon$$

式中，x_1，$\cdots$，x_k 是非随机的变量；y 是随机的因变量；β_0，$\cdots$，β_k 是回归系数，ε 是随机误差项。

因此，本研究中的多元线性回归模型为

$$y = \beta_0 + \beta_1 \text{first-generation} + \beta_2 \text{sex} + \beta_3 \text{environment} + \beta_4 \text{grade} + \beta_5 \text{nation} +$$
$$\beta_6 \text{resident} + \beta_7 \text{only-child} + \beta_8 \text{finance} + \beta_9 \text{income} + \beta_{10} \text{profession} + \varepsilon$$

变量相关解释如表 9 所示。

表 9　变量相关解释

变量		解释说明
控制变量	y	各项问题
	first-generation	是不是第一代大学生
	sex	性别
	environment	入学前所处环境
	grade	年级

表9(续)

变量		解释说明
	nation	民族
	resident	户籍所在地
	only-child	是不是独生子女
	finance	父母是否从事过金融行业
	income	家庭年收入情况
	profession	专业（大类）

2. Logistic 回归模型

当因变量为二分类问题时，误差项服从二项分布，而不是正态分布，因此无法使用最小二乘估计来估计系数，此时用到 Logistic 模型进行模型构建和迭代方法估计系数值。因此，由多元线性回归过渡到使用 log 函数的模型如下：

$$\log(y) = \beta_0 + \beta_1 x_1 + \beta_2 x_2 + \cdots + \beta_k x_k + \varepsilon$$

将上式进一步转换为概率，得到以下模型：

$$\log(\frac{p}{1-p}) = \beta_0 + \beta_1 x_1 + \beta_2 x_2 + \cdots + \beta_k x_k + \varepsilon$$

因此，本研究中的 Logistic 回归模型为

$$\log(\frac{p}{1-p}) = \beta_0 + \beta_1 \text{first-generation} + \beta_2 \text{sex} + \beta_3 \text{environment} + \beta_4 \text{grade} +$$
$$\beta_5 \text{nation} + \beta_6 \text{resident} + \beta_7 \text{only-child} + \beta_8 \text{finance} + \beta_9 \text{income} +$$
$$\beta_{10} \text{profession} + \varepsilon$$

3. 交互效应

交互效应是指一个因子（一类处理或自变量）的效应依赖于另一个因子（另一类处理或自变量）的不同水平，且两种处理共同对相应变量的影响。因此在以上多元线性回归模型和 Logistic 回归模型的基础上加入交互项的模型如下：

$$y = \beta_0 + \beta_1 \text{first-generation} + \beta_2 \text{sex} + \beta_3 \text{environment} + \beta_4 \text{grade} +$$
$$\beta_5 \text{nation} + \beta_6 \text{resident} + \beta_7 \text{only-child} + \beta_8 \text{finance} + \beta_9 \text{income} +$$
$$\beta_{10} \text{profession} + \beta_{11} \text{first-generation} \times x + \varepsilon$$

$$\log(\frac{p}{1-p}) = \beta_0 + \beta_1 \text{first-generation} + \beta_2 \text{sex} + \beta_3 \text{environment} + \beta_4 \text{grade} +$$
$$\beta_5 \text{nation} + \beta_6 \text{resident} + \beta_7 \text{only-child} + \beta_8 \text{finance} + \beta_9 \text{income} +$$
$$\beta_{10} \text{profession} + \beta_{11} \text{first-generation} \times x + \varepsilon$$

模型中的变量参照之前的解释，这里的 x 为后面加入的需要进行交互效应分析的变量。

以上描述性统计部分通过简单的统计分析得到了财经类第一代大学生的一些初步结论。该部分主要通过计量模型构建来进一步说明问题，并得到相关结论。

（二）多元线性回归和 Logistic 回归分析

根据数据类型，有些被解释变量是二项选择，对于这类被解释变量用 Logistic 回归模型进行构建，而对于其他剩余解释变量则用多元线性回归模型进行拟合分析，将基本信息部分作为控制变量放入模型中。因而构建多元线性回归模型和 Logistic 回归模型的结果如表 10 所示。其中，q_zx 为个体在校表现板块问题回答的加总值，而 q_zxt 为个体在校表现板块问题回答加总值与所有个体该板块加总值的平均数对比后，得到的该个体在校表现的整体水平情况，若个体总分值对比后大于所有个体加总值的平均值则记为 1，若小于所有个体加总值的平均值则记为 0。同理，q_tz、q_yj、q_sh 以及 q_tzt、q_yjt、q_sht 分别为以上方式得到拓展活动板块、研究活动板块和实践活动板块中每个个体的分值。多元线性回归和 Logistic 回归结果分别对应了两列，第一列表示对应问题下第一代大学生对该问题的影响效果，第二列表示对应问题下的分选项（针对多选题的选项）中第一代大学生对其的影响效果。

根据回归结果（如表 10 所示）可知，父母对学校及专业选择参与度系数为 -0.121 6，且在 1% 的显著性水平下显著，即为财经类第一代大学生相对于非第一代大学生在学校及专业选择方面更少得到父母的参与，大多都是靠自身的了解进行选择，缺少一定的专业指导，因而在未来大学生活中容易出现与兴趣不匹配的问题等，减弱对专业的认可度以及热爱程度。

在研究相关性活动中，参加各类学术、专业等竞赛和主动与老师沟通交流学业问题的系数值分别为 -0.441 1 和 -0.172 1，q_yj 和 q_yjt 对应的系数值分别为 -0.261 5 和 -0.635 6，且都在 1% 的显著性水平下显著。财经类第一代大学生相对于非第一代大学生在研究相关性活动中的表现弱一些，第一代大学生在主动积极参与研究活动方面与老师沟通较少，这与第一代大学生的心理也有一定的关系。第一代大学生更偏向于学习知识，但对于进入大学后的转变无法及时适应，还保持着之前的学习状态等原因导致其在研究相关性活动中参与较少。

表 10　多元线性回归和 Logistic 回归结果

板块	编号	题目	多元线性回归	Logistic
	q1	报考大学时，父母对学校及专业选择的参与度	-0.121 6***	
	q2	是否认为学费太贵，为家庭带来了负担		0.017 1
	q3	是否成功申请助学贷款	0.004 6	
	q4	您在校期间是否有挂科	-0.014 1	
	q5	您在校期间是否获得学业奖学金		0.114 3
		数理统计类	0.201 7	
		语言表达类	-0.011 5	
		拓展创新类	0.289 4	
		网络编程类	0.063 6	
		财经类	0.114 4	
在校表现	q6	您认为在学习以下课程中的难度如何	0.131 5	
	q7	您在学习财经类课程时，是否觉得自己平常对相关知识的积累程度大嘛，天赋程度为	-0.112 7	
	q_zx	在校表现	-0.103 3	
	q_zxt	在校表现-调整		
	q8	您是否会在课余时间去了解财经类知识	-0.019 6	-0.026 8
	q9	您对于英语的学习情况是如何的	-0.062 0	
拓展性活动	q10	您会主动进行英语以外的语言学习吗		-0.116 2
	q11	您在校期间会辅修第二学位吗		0.282 6
	q12	您是否会关注考证等相关事宜并为之努力		0.122 3
	q_tz	拓展性活动	-0.052 8	
	q_tzt	拓展性活动-调整		-0.055 2
研究相关性活动	q13	您在校期间参加过各类学术、专业、创业和设计竞赛吗	-0.172 1***	-0.441 1**
	q14	您是否经常主动与老师沟通交流学业、学术问题等	-0.261 5***	
	q_yj	研究类相关性活动		
	q_yjt	研究类相关性活动-调整		-0.635 6***

表10（续）

板块	编号	题目		多元线性回归	Logistic
社会实践类活动	q15	您在校期间是否参加过志愿者活动		-0.028 9	
	q16	您如何看待在校期间参加学校内的社团学生组织		-0.146 3*	
	q17	您在课余时间或寒暑假会主动寻找兼职或实习工作吗			-0.117 3
	q18	您寻找兼职或实习工作时		-0.021 8	
	q_sh	社会实践类活动		-0.219 6*	
	q_sht	社会实践类活动_调整			-0.236 0
	q19	您目前对自己毕业后的规划是	继续深造	0.032 0	0.031 4
			出国留学		-0.580 8**
			直接就业		0.811 8***
			暂无规划		-0.647 4
			金融业		-0.103 4
			互联网行业		-0.329 1**
	q20	您打算以后从事哪方面的工作（可多选）	公共管理类		0.407 5***
			教育行业		0.016 0**
			实体行业		0.314 3
			其他行业		-0.156 7
			本身兴趣		-0.120 3
	q21	您选择该职业规划的想法主要来源于（可多选）	父母等经验		0.191 0
			咨询校内的建议	-0.131 7*	-0.302 8
			新闻、行业发展		0.260 4
发展规划	q22	您是否考虑以后回自己的家乡发展	学习与工作，生活		0.070 2
			不愿与老师等沟通		0.293 1
	q23	您在校期间学习过程中哪些方面存在困惑（可多选）	课程学习方面疑惑		-0.058 9
			课程与预期不符		0.185 3
			无困惑		-0.281 6

表10（续）

板块	编号	题目		多元线性回归	Logistic
	q24	您在校期间认为自己在人际交往方面存在的困惑主要是（可多选）	不敢交往		0.108 0
			缺乏交往技巧		0.104 4
			过度在意他人看法		0.368 6**
			无困惑		-0.158 2
	q25	在校期间，您认为在以下方面存在的困难程度分别为	经济方面	0.299 4	
			学业方面	0.025 5	
			与人社交方面	0.166 8　0.282 7	
			心理压力方面	-0.076 2	
			未来规划方面	0.302 6	
			学习方面		-0.101 0
			人际关系方面		-0.225 8
			婚恋方面		-0.071 3
	q26	在校期间，您最希望在以下哪些方面得到学校、家人、朋友的帮助	职业规划方面		0.486 2***
			生活费方面		-0.238 5
			参加实践活动方面		-0.168 2
			在各方面游刃有余		-0.844 3
			职业规划讲座		0.035 0
	q27	您在职业规划方面希望能够得到以下哪些具体帮助	增加实习名额		-0.114 9
			组织职业方面班会		0.194 1
			邀请行业人士讨论		0.008 3

注：***、**、* 分别表示在 1%、5%、10% 的显著性水平下显著。

在社会实践类活动中，第一代大学生相对于非第一代大学生表现出较差的积极性，对社团组织无兴趣的情况更多。然而，参加社团组织一方面可以增进同学之间的感情，提升自己的人际交往能力；另一方面可以提升自己遇到问题、解决问题的能力。第一代大学生在这方面的能力有所欠缺，可能是自己仍旧停留在以前的想法中，再加上自我不积极主动寻求老师和同学的帮助，导致他们在校期间无法进一步拓展自己，也有一部分第一代大学生勇于探索，提升自己的认知，但这一部分所占比例较小。

在发展规划板块中，第一代大学生对毕业后的规划安排中，出国留学项的系数为-0.580 8，直接就业项的系数为0.811 8，分别在5%和1%的显著性水平下显著，表明第一代大学生相对于非第一代大学生更倾向于直接就业，更不愿意出国留学。这与第一代大学生想尽快就业、工作赚钱的目的一致，他们更需要承载家庭的经济负担，因而以就业为导向的毕业规划将更加直接明了。第一代大学生在从事工作类型方面，互联网行业系数为-0.329 1、公共管理类系数为0.407 5、教育行业系数为0.016 0，且都在5%的显著性水平下显著，表明第一代大学生更倾向于稳定的公共管理类工作，符合他们追求稳定收入的想法。在校期间认为自身人际交往方面困惑主要源于过度在意他人的看法较为显著，系数为0.368 6，第一代大学生在心理方面存在一定的内向情况，过度在意他人对自身的评价和观点，反而会束缚他们的人际交往发展。在更希望得到学校、家人、朋友的帮助问题中，职业规划方面的影响显著，系数为0.486 2，表明第一代大学生更期望能够有一个好的工作帮助自己更好地生活。

在校表现和拓展性活动方面，第一代大学生和非第一代大学生的差异不显著。

（三）交互影响分析

交互作用是指一个因素各个水平之间反应量的差异随其他因素的不同水平而发生变化的现象，它的存在说明同时研究的若干因素的效应非独立。在此处重点考察基本信息中的性别、是否独生子女、父母是否从事过金融经济类工作、年级、专业五个方面与第一代大学生对各情况影响的交互作用。

1. 性别交互作用分析

在本研究中，男生赋值为1，女生赋值为0，在原本的模型中引入性别与第一代大学生变量的乘积交互项，考察性别与第一代大学生对各情况影响的交互作用。加入性别交互项的回归结果如表11所示。

表11 加入性别交互项的回归结果

板块	编号	题目		交互项系数	
	q1	报考大学时，父母对学校及专业选择的参与度			−0.018 2
	q2	是否认为学费太贵，为家庭带来了负担			−0.426 8
	q3	是否成功申请助学贷款			0.073 6
	q4	您在校期间是否有挂科			0.042 8
	q5	您在校期间是否获得学业奖学金			−0.022 1
在校表现	q6	您认为在学习以下课程中的难度如何	数理统计类		−0.034 4
			语言表达类		−0.677 9**
			拓展创新类	−0.415 3	−0.639 6**
			网络编程类		−0.276 6
			财经类		−0.447 9
	q7	您在学习财经类课程时，是否觉得自己平常对相关知识的积累欠缺，欠缺程度为			−0.128 4
	q_zx	在校表现			−0.060 3
	q_zxt	在校表现-调整			−0.722 3*
拓展性活动	q8	您是否会在课余时间去了解财经类知识			−0.068 7
	q9	您对于英语的学习情况是如何的			−0.138 9
	q10	您会主动进行英语以外的语言学习吗			0.028 6
	q11	您在校期间会辅修第二学位吗			−0.128 9
	q12	您是否会关注考证等相关事宜并为之努力			0.187 8
	q_tz	拓展性活动			−0.159 7
	q_tzt	拓展性活动-调整			−0.389 2
研究相关性活动	q13	您在校期间参加过各类学术、专业、创业和设计竞赛吗			0.126 0
	q14	您是否经常主动与老师沟通交流学业、学术问题等			0.126 0
	q_yj	研究类相关性活动			−0.120 8
	q_yjt	研究类相关性活动-调整			−0.470 8
社会实践类活动	q15	您在校期间是否参加过志愿者活动			0.061 4
	q16	您如何看待在校期间参加学校内的社团学生组织			0.094 6
	q17	您在课余时间或寒暑假会主动寻找兼职或实习工作吗			0.703 4*
	q18	您寻找兼职或实习工作时			0.050 5
	q_sh	社会实践类活动			0.055 5

表11（续）

板块	编号	题目		交互项系数	
	q_sht	社会实践类活动-调整		0.023 4	
	q19	您目前对自己毕业后的规划是	继续深造		0.475 7
			出国留学		0.128 5
			直接就业		−0.404 2
			暂无规划		−0.378 6
	q20	您打算以后从事哪方面的工作（可多选）	金融业		0.263 4
			互联网行业		−0.012 1
			公共管理类		−0.409 7
			教育行业		−0.413 5
			实体行业		0.022 3
			其他行业		−0.389 7
	q21	您选择该职业规划的想法主要源于（可多选）	本身兴趣		0.001 1
			父母等经验		−0.000 1
			咨询校内的建议		0.911 9 **
			新闻、行业发展		0.709 4 **
发展规划	q22	您是否考虑以后回自己的家乡发展		−0.042 4	
	q23	您在校期间学习过程中哪些方面存在困惑（可多选）	学习与工作、生活		0.554 0
			不愿与老师等沟通		−0.196 2
			课程学习方面疑惑		0.164 9
			课程与预期不符		−0.058 0
			无困惑		−1.163 8 ***
	q24	您在校期间认为自己在人际交往方面存在的困惑主要是（可多选）	不敢交往		−0.207 5
			缺乏交往技巧		0.052 7
			过度在意他人看法		0.088 4
			无困惑		−0.273 6
	q25	在校期间，您认为在以下方面存在的困难程度分别为	经济方面		−0.169 6
			学业方面		0.345 9
			与人社交方面	−0.213 8	−0.313 2
			心理压力方面		−0.473 1
			未来规划方面		−0.459 1

表11（续）

板块	编号	题目		交互项系数
q26		在校期间，您最希望在以下哪些方面得到学校、家人、朋友的帮助	学习方面	0.335 4
			人际关系方面	-0.025 3
			婚恋方面	0.886 7**
			职业规划方面	0.283 5
			生活费方面	-0.469 0
			参加实践活动方面	-0.085 7
			在各方面游刃有余	0.469 4
q27		您在职业规划方面希望能够得到以下哪些具体帮助	职业规划讲座	0.326 0
			增加实习名额	-0.603 1
			组织职业方面班会	-0.607 6
			邀请行业人士讨论	1.107 2***

注：***、**、*分别表示在1%、5%、10%的显著性水平下显著。

在加入性别和第一代大学生乘积交互项后，在校表现板块中，q_zxt 结果显著，系数为-0.722 3，表明男性第一代大学生相对于女性第一代大学生和非第一代大学生的在校表现情况更糟糕，其中主要表现在学习课程中。由表11的结果可知，所有课程都是负系数，而在语言表达类和拓展创新类结果显著，表明在要求学生有更强的表达能力和创新能力的拓展性课程中，男性第一代大学生表现出更多的困惑之处，这可能是因为男生本身在语言表达方面存在一定的弱项，以及其第一代大学生长期以高分为主的学习变换为创新的学习存在不适应的情况。

在社会实践类活动参与板块中，在寻找兼职或者实习工作的意愿方面性别交互结果系数为0.703 4，且在10%的显著性水平下显著，表明男性第一代大学生相对于女性第一代大学生和非第一代大学生更倾向于在大学阶段寻找实习或兼职工作，大多数是为了能够赚取一定的生活费，或者提前步入社会感受工作，为了之后能够尽快地进入工作状态，这与其家庭经济环境等有一定的联系。

在发展规划板块中，对于职业规划想法来源，男性第一代大学生更倾向于咨询校内老师、辅导员的建议以及自我关注新闻行业发展来确定自己的职业规划，这两项在5%的显著性水平下显著，系数分别为0.911 9和0.709 4，他们更希望老师以及导师给予一定的指导帮助，表明他们对自身规划需要多寻求他人的帮助和建议来构建。在职业规划方面希望得到的具体帮助中，男性第一代大学生更倾向于邀请行业人士开展沙龙讨论活动来获取自身所想得到的职业发展信息，该项的系数为1.107 2，且在1%的显著性水平下显著。

在大部分问题中，性别与第一代大学生的交互影响作用不明显，性别的差异在第一代大学生对其他问题的影响效果比较小。

2. 独生子女项的交互作用分析

在本研究中，将独生子女赋值为 1，非独生子女赋值为 0，在最初的模型中引入独生子女与第一代大学生变量的乘积交互项，考察独生子女与第一代大学生对各种情况影响的交互作用。加入独生子女项的交互作用回归结果如表 12 所示。

表 12　加入独生子女项的交互作用回归结果

板块	编号	题目	交互项系数	
在校表现	q1	报考大学时，父母对学校及专业选择的参与度	0.122 7	
	q2	是否认为学费太贵，为家庭带来了负担	0.020 0	
	q3	是否成功申请助学贷款	−0.008 3	
	q4	您在校期间是否有挂科	−0.030 7	
	q5	您在校期间是否获得学业奖学金	0.160 9	
	q6	您认为在学习以下课程中的难度如何	−0.080 8	数理统计类 −0.296 2
				语言表达类 −0.177 4
				拓展创新类 −0.079 4
				网络编程类 0.333 3
				财经类 −0.184 2
	q7	您在学习财经类课程时，是否觉得自己平常对相关知识的积累欠缺，欠缺程度为	0.097 2	
	q_zx	在校表现	0.090 6	
	q_zxt	在校表现-调整	0.163 7	
拓展性活动	q8	您是否会在课余时间去了解财经类知识	0.170 3	
	q9	您对于英语的学习情况是如何的	−0.032 1	
	q10	您会主动进行英语以外的语言学习吗	−0.074 4	
	q11	您在校期间会辅修第二学位吗	0.143 3	
	q12	您是否会关注考证等相关事宜并为之努力	−0.695 5	
	q_tz	拓展性活动	0.030 1	
	q_tzt	拓展性活动-调整	0.675 9*	
研究相关性活动	q13	您在校期间参加过各类学术、专业、创业和设计竞赛吗	−0.300 4	
	q14	您是否经常主动与老师沟通交流学业、学术问题等	−0.125 1	

表12(续)

板块	编号	题目		交互项系数	
社会实践类活动	q_yj	研究类相关性活动		-0. 183 8	
	q_yjt	研究类相关性活动-调整		-0. 508 0	
	q15	您在校期间是否参加过志愿者活动		0. 038 1	
	q16	您如何看待在校期间参加学校内的社团学生组织		0. 381 0**	
	q17	您在课余时间或寒暑假会主动寻找兼职或实习工作吗		0. 571 5	
	q18	您寻找兼职或实习工作时		-0. 029 1	
	q_sh	社会实践类活动		0. 497 6**	
	q_sht	社会实践类活动-调整		0. 818 2**	
发展规划	q19	您目前对自己毕业后的规划是	继续深造	-0. 084 2	0. 131 3
			出国留学		0. 486 8
			直接就业		-0. 395 2
			暂无规划		-0. 595 7
	q20	您打算以后从事哪方面的工作（可多选）	金融业		0. 170 2
			互联网行业		0. 306 8
			公共管理类		-0. 815 2*
			教育行业		-0. 674 8
			实体行业		-0. 191 3
			其他行业		0. 049 3
	q21	您选择该职业规划的想法主要源于（可多选）	本身兴趣		-0. 258 0
			父母等经验		-0. 192 2
			咨询校内的建议		0. 261 6
			新闻、行业发展		0. 339 5
	q22	您是否考虑以后回自己的家乡发展		-0. 230 9	
	q23	您在校期间学习过程中哪些方面存在困惑（可多选）	学习与工作、生活		0. 072 7
			不愿与老师等沟通		0. 276 1
			课程学习方面疑惑		-0. 020 9
			课程与预期不符		-0. 245 6
			无困惑		-0. 794 0
	q24	您在校期间认为自己在人际交往方面存在的困惑主要是（可多选）	不敢交往		0. 019 2
			缺乏交往技巧		-0. 391 0
			过度在意他人看法		-0. 202 7
			无困惑		0. 345 9

表12(续)

板块	编号	题目		交互项系数
q25		在校期间，您认为在以下方面存在的困难程度分别为	经济方面	−0.722 5
			学业方面	0.089 4
			与人社交方面	−0.269 7 −0.688 2*
			心理压力方面	0.141 9
			未来规划方面	−0.169 3
q26		在校期间，您最希望在以下哪些方面得到学校、家人、朋友的帮助	学习方面	0.065 0
			人际关系方面	0.143 7
			婚恋方面	−1.145 0
			职业规划方面	−0.161 2
			生活费方面	−0.926 3
			参加实践活动方面	−0.063 3
			在各方面游刃有余	1.189 2
q27		您在职业规划方面希望能够得到以下哪些具体帮助	职业规划讲座	−0.514 1
			增加实习名额	0.122 8
			组织职业方面班会	−0.007 0
			邀请行业人士讨论	−0.117 7

注：***、**、*分别表示在1%、5%、10%的显著性水平下显著。

由表12中的结果可知，加入独生子女与第一代大学生的乘积交互项后，在拓展性活动板块有着比较突出的表现，其中 q_tzt 项系数结果为 0.675 9，且在10%的显著性水平下显著。即独生子女第一代大学生相对于非独生子女第一代大学生和非第一代大学生更加倾向于参加拓展性活动（如主动进行英语学习、关注考证等），表明他们对自我规划有一定的认知，更喜欢通过学习相关技能来提升自我能力。

同时，他们在社会实践类活动中也有更高的积极性，参加社团项的系数为0.381 0，q_sh 项的系数为 0.497 6，q_sht 项的系数为 0.818 2，它们都在5%的显著性水平下显著。对于参与社会实践类活动，独生子女的第一代大学生更爱参加，说明相对于非独生子女的第一代大学生，在现今社会中，他们受到父母的关心相对更多一些，因而会更有自己的主见和认知；相对于独生子女的非第一代大学生，他们不会受到太多父母的约束和限制，有更多的自我发挥空间，因而展示出更高的自我能动性。

在发展规划板块中，从事工作方向的选择上，独生子女第一代大学生对公共管理类呈现出显著的不喜欢，该项的系数为-0.815 2，其在10%的显著性水平下显著。除以上表现外的其他大多数问题选择中，是否独生子女对第一代大学生各方面的影响情况不显著，表明是否独生子女对第一代大学生和非第一代大学生选择的影响效果有限。

3. 父母从事工作交互项作用分析

在本研究中引入父母是否从事过金融经济类工作与第一代大学生的乘积交互项，父母从事过金融经济类工作赋值为1，未从事过金融经济类工作赋值为0。考察父母从事过金融经济类工作与第一代大学生对各种情况影响的交互作用，其回归结果如表13所示。

表13　父母从事工作交互项作用回归结果

板块	编号	题目		交互项系数	
	q1	报考大学时，父母对学校及专业选择的参与度		0.251 7**	
	q2	是否认为学费太贵，为家庭带来了负担		-0.866 2	
	q3	是否成功申请助学贷款		-0.123 2	
	q4	您在校期间是否有挂科		-0.198 6**	
	q5	您在校期间是否获得学业奖学金		0.020 4	
在校表现	q6	您认为在学习以下课程中的难度如何	数理统计类	0.020 4	-0.487 0
			语言表达类		-0.431 3
			拓展创新类		-0.295 9
			网络编程类		-0.182 0
			财经类		-0.314 4
	q7	您在学习财经类课程时，是否觉得自己平常对相关知识的积累欠缺，欠缺程度为		-0.400 1***	
	q_zx	在校表现		-0.593 0***	
	q_zxt	在校表现-调整		-1.081 2**	
拓展性活动	q8	您是否会在课余时间去了解财经类知识		-0.077 2	
	q9	您对于英语的学习情况是如何的		-0.135 6	
	q10	您会主动进行英语以外的语言学习吗		0.123 4	
	q11	您在校期间会辅修第二学位吗		0.422 0	
	q12	您是否会关注考证等相关事宜并为之努力		0.936 7	
	q_tz	拓展性活动		0.000 3	
	q_tzt	拓展性活动-调整		-0.235 8	

表13（续）

板块	编号	题目		交互项系数
研究相关性活动	q13	您在校期间参加过各类学术、专业、创业和设计竞赛吗		−0.138 7
	q14	您是否经常主动与老师沟通交流学业、学术问题等		−0.088 4
	q_yj	研究类相关性活动		−0.116 8
	q_yjt	研究类相关性活动−调整		−0.453 1
社会实践类活动	q15	您在校期间是否参加过志愿者活动		0.024 2
	q16	您如何看待在校期间参加学校内的社团学生组织		0.084 0
	q17	您在课余时间或寒暑假会主动寻找兼职或实习工作吗		−0.242 5
	q18	您寻找兼职或实习工作时		0.037 8
	q_sh	社会实践类活动		0.097 6
	q_sht	社会实践类活动−调整		0.241 4
发展规划	q19	您目前对自己毕业后的规划是	继续深造	−0.106 1
			出国留学	−0.075 5
			直接就业	0.882 8
			暂无规划	−0.141 3
	q20	您打算以后从事哪方面的工作（可多选）	金融业	0.006 7
			互联网行业	0.605 7
			公共管理类	1.111 9 **
			教育行业	−0.172 7
			实体行业	1.108 4 **
			其他行业	−0.569 0
	q21	您选择该职业规划的想法主要源于（可多选）	本身兴趣	−0.124 5
			父母等经验	0.415 3
			咨询校内的建议	0.949 2 *
			新闻、行业发展	0.220 2
	q22	您是否考虑以后回自己的家乡发展		0.260 6
	q23	您在校期间学习过程中哪些方面存在困惑（可多选）	学习与工作、生活	−0.232 9
			不愿与老师等沟通	−0.047 3
			课程学习方面疑惑	−0.483 8
			课程与预期不符	0.083 8
			无困惑	0.389 2

注: q19的交互项系数 0.062 7 对应该题目整体。

表13（续）

板块	编号	题目		交互项系数	
	q24	您在校期间认为自己在人际交往方面存在的困惑主要是（可多选）	不敢交往		−0.660 1
			缺乏交往技巧		−0.360 6
			过度在意他人看法		−0.197 5
			无困惑		−0.132 1
	q25	在校期间，您认为在以下方面存在的困难程度分别为	经济方面		−1.284 1***
			学业方面		−0.104 5
			与人社交方面	−0.344 4	−0.612 3
			心理压力方面		0.281 7
			未来规划方面		−0.003 0
	q26	在校期间，您最希望在以下哪些方面得到学校、家人、朋友的帮助	学习方面		0.105 1
			人际关系方面		−0.237 3
			婚恋方面		0.844 7
			职业规划方面		0.092 2
			生活费方面		−0.977 0
			参加实践活动方面		0.036 8
			在各方面游刃有余		−15.571 8
	q27	您在职业规划方面希望能够得到以下哪些具体帮助	职业规划讲座		0.039 6
			增加实习名额		−0.187 4
			组织职业方面班会		0.560 1
			邀请行业人士讨论		−0.050 3

注：***、**、*分别表示在1%、5%、10%的显著性水平下显著。

在父母是否从事过金融经济类工作与第一代大学生的交互影响结果中，父母从事过金融经济类工作的第一代大学生在父母对学校及专业参与度系数为 0.251 7，显著性水平为 5%；在校表现板块中，挂科项的系数为 −0.198 6，对相关知识的欠缺程度项的系数为 −0.400 1，q_zx 项的系数为 −0.593 0，q_zxt 项的系数为 −1.081 2，分别在 5%、1%、1%、5% 的显著性水平下显著。即对父母从事过金融经济类工作的第一代大学生相比于未从事过以及非第一代大学生而言，他们的父母参与孩子学校及专业的情况更多，挂科更少，对相关财经知识的欠缺程度更低。父母从事过金融行业的孩子在校表现情况相对来说要更好些，对金融经济了解程度也更深刻，更有利于他们在本专业的学习。

在发展规划板块，打算从事哪方面的工作选择中，父母有从事过金融行业的第一代大学生更倾向于选择公共管理类和实体行业，这两项的系数分别为 1.111 9 和 1.108 4，且都在 5% 的显著性水平下显著。在职业规划想法的产生来源中，更倾向于选择咨询校内的建议，其系数为 0.949 2，且在 10% 的显著性水平下显著。他们在经济方面的困惑显著弱于非金融经济类行业父母的子女以及非第一代大学生，其系数为 -1.284 1，且在 1% 的显著性水平下显著。他们的父母从事过金融经济类行业，大多数经济状况可观，因而孩子在经济方面的困惑相对来说要少很多。

4. 年级交互项作用分析

在本研究中引入年级与第一代大学生的乘积交互项，年级数值从 1 到 7 分别表示大一、大二、大三、大四、研一、研二、研三七个年级。考察年级与第一代大学生对各情况影响的交互作用，其回归结果如表 14 所示。

表 14　年级交互项结果

板块	编号	题目	交互项系数	
在校表现	q1	报考大学时，父母对学校及专业选择的参与度	-0.036 2*	
	q2	是否认为学费太贵，为家庭带来了负担	0.101 9	
	q3	是否成功申请助学贷款	0.006 6	
	q4	您在校期间是否有挂科	0.014 1	
	q5	您在校期间是否获得学业奖学金	-0.319 2*	
	q6	您认为在学习以下课程中的难度如何	数理统计类	-0.073 9	-0.033 8
			语言表达类	0.111 8***	-0.142 1
			拓展创新类		-0.025 7
			网络编程类		-0.073 3
			财经类		-0.094 4
	q7	您在学习财经类课程时，是否觉得自己平常对相关知识的积累欠缺，欠缺程度为		
	q_zx	在校表现	0.084 3*	
	q_zxt	在校表现-调整	0.234 7**	
拓展性活动	q8	您是否会在课余时间去了解财经类知识	0.029 7	
	q9	您对于英语的学习情况是如何的	-0.023 9	
	q10	您会主动进行英语以外的语言学习吗	-0.145 2	
	q11	您在校期间会辅修第二学位吗	-0.212 4*	
	q12	您是否会关注考证等相关事宜并为之努力	0.095 3	
	q_tz	拓展性活动	-0.041 5	
	q_tzt	拓展性活动-调整	-0.084 3	

表14（续）

板块	编号	题目		交互项系数
研究相关性活动	q13	您在校期间参加过各类学术、专业、创业和设计竞赛吗		−0.149 8
	q14	您是否经常主动与老师沟通交流学业、学术问题等		0.019 8
	q_yj	研究类相关性活动		0.000 7
	q_yjt	研究类相关性活动-调整		−0.157 1
社会实践类活动	q15	您在校期间是否参加过志愿者活动		−0.061 0 **
	q16	您如何看待在校期间参加学校内的社团学生组织		−0.015 2
	q17	您在课余时间或寒暑假会主动寻找兼职或实习工作吗		−0.039 9
	q18	您寻找兼职或实习工作时		0.017 2
	q_sh	社会实践类活动		−0.067 3
	q_sht	社会实践类活动-调整		−0.194 1 **
发展规划	q19	您目前对自己毕业后的规划是	继续深造	−0.038 8 **
			出国留学	0.001 3
			直接就业	0.034 6 **
			暂无规划	0.002 9
				0.079 2 **
	q20	您打算以后从事哪方面的工作（可多选）	金融业	0.033 5
			互联网行业	−0.094 7
			公共管理类	−0.048 1
			教育行业	0.019 5
			实体行业	−0.015 8
			其他行业	−0.064 7
	q21	您选择该职业规划的想法主要源于（可多选）	本身兴趣	0.102 6
			父母等经验	−0.021 9
			咨询校内的建议	−0.008 5
			新闻、行业发展	−0.044 5
	q22	您是否考虑以后回自己的家乡发展		0.011 2
	q23	您在校期间学习过程中哪些方面存在困惑（可多选）	学习与工作、生活	−0.019 1
			不愿与老师等沟通	−0.061 8
			课程学习方面疑惑	−0.132 6
			课程与预期不符	−0.049 9
			无困惑	0.199 8

表14(续)

板块	编号	题目		交互项系数	
	q24	您在校期间认为自己在人际交往方面存在的困惑主要是（可多选）	不敢交往		-0.097 0
			缺乏交往技巧		0.045 9
			过度在意他人看法		-0.184 8**
			无困惑		0.072 4
	q25	在校期间，您认为在以下方面存在的困难程度分别为	经济方面		0.006 2
			学业方面		-0.110 2
			与人社交方面	-0.116 0	-0.106 1
			心理压力方面		-0.081 4
			未来规划方面		-0.288 4***
	q26	在校期间，您最希望在以下哪些方面得到学校、家人、朋友的帮助	学习方面		-0.011 7
			人际关系方面		0.114 2
			婚恋方面		0.253 2*
			职业规划方面		-0.090 1
			生活费方面		-0.185 2
			参加实践活动方面		-0.054 4
			在各方面游刃有余		-0.294 0
	q27	您在职业规划方面希望能够得到以下哪些具体帮助	职业规划讲座		-0.111 2
			增加实习名额		-0.017 3
			组织职业方面班会		-0.195 9**
			邀请行业人士讨论		-0.019 3

注：***、**、*分别表示在1%、5%、10%的显著性水平下显著。

在年级与第一代大学生的交互影响结果中，年级越高，父母对学校及专业选择的参与度越低，其系数为-0.036 2，且在10%的显著性水平下显著。这表明，年级越高的第一代大学生大多数都是来自自己的想法进行专业和学校的选择报考，家长所能够提供的建议很少。

在校表现板块中，奖学金的获取问题上，年级越高的第一代大学生获得奖学金却越少，其系数为-0.319 2，且在10%的显著性水平下显著，这进一步说明他们在学业上存在逐渐吃力的状态，年级越高，自身无法及时获得父母的建议和帮助，因而在相关专业的选择上存在一定的误判，可能导致学业成绩降低。同时在学习财经类课程时，年级越高的第一代大学生所感受到自身对相关知识的欠缺程度越低，其系数为0.111 8，且在1%的显著性水平下显著。在q_zx 和 q_zxt 项中，其系数分别为 0.084 3 和 0.234 7，且在 5%的显著性水平下显著，因而虽然在奖学金方面处于不利状态，但在整体的在校表现中，年级越高的第一代大学生表现的情况越好，可能是他们随着年级的提升，自身也在不断努力。

在拓展性活动的辅修第二学位中，年级越高的第一代大学生越不愿意辅修第二学位，其系数为-0.212 4；在社会类实践活动中，其系数为-0.061 0，q_sht 项系数为-0.194 1，且都在 10%的显著性水平下显著，表明年级越高的第一代大学生对于社会实践类活动越不关注，可能是因为学业压力以及就业压力，没有更多的时间放在社会类实践活动中。

在发展规划板块，高年级的第一代大学生更不愿意继续深造，更倾向于直接就业，这两项选择的系数分别为-0.038 8 和 0.034 6，且在 5%的显著性水平下显著；在职业规划方面更不想通过职业发展方面的班会来获得帮助，其系数为-0.195 9，且在 5%的显著性水平下显著。这表明，高年级的第一代大学生表现出更希望能够获得一些实际的就业帮助，更倾向于尽快就业等特征。

5. 专业交互作用分析

在本研究中引入专业与第一代大学生的交叉乘积项，由于主要研究的是西南财经大学，主要考察经管类专业与其他专业在第一代大学生上影响的不同之处，因而在此将专业划分为经管类和非经管类，其中经管类赋值为 1，非经管类赋值为 0。以此来考察专业与第一代大学生对各情况影响的交互作用，其回归结果如表 15 所示。

表 15　专业交互项结果

板块	编号	题目	交互项系数	
	q1	报考大学时，父母对学校及专业选择的参与度	0.055 5	
	q2	是否认为学费太贵，为家庭带来了负担	0.120 5	
	q3	是否成功申请助学贷款	0.283 6	
	q4	您在校期间是否有挂科	-0.608 4 ***	
	q5	您在校期间是否获得学业奖学金	-0.164 7	
在校表现	q6	您认为在学习以下课程中的难度如何	数理统计类　-0.192 9	0.472 5
			语言表达类　0.224 7	-0.569 4
			拓展创新类	-0.594 4
			网络编程类	-0.166 5
			财经类	-0.106 6
	q7	您在学习财经类课程时，是否觉得自己平常对相关知识的积累欠缺，欠缺程度为		

表15(续)

板块	编号	题目		交互项系数
	q_zx	在校表现		−0.344 4
	q_zxt	在校表现−调整		−0.252 6
	q8	您是否会在课余时间去了解财经类知识		−0.123 2
拓展性活动	q9	您对于英语的学习情况是如何的		0.215 6
	q10	您会主动进行英语以外的语言学习吗		1.104 0*
	q11	您在校期间会辅修第二学位吗		−0.786 4
	q12	您是否会关注考证等相关事宜并为之努力		0.267 0
	q_tz	拓展性活动		0.243 1
	q_tzt	拓展性活动−调整		0.573 3
研究相关性活动	q13	您在校期间参加过各类学术、专业、创业和设计竞赛吗		−0.387 6
	q14	您是否经常主动与老师沟通交流学业、学术问题等		0.043 2
	q_yj	研究类相关性活动		−0.012 0
	q_yjt	研究类相关性活动−调整		−0.639 3
社会实践类活动	q15	您在校期间是否参加过志愿者活动		0.081 7
	q16	您如何看待在校期间参加学校内的社团学生组织		0.039 0
	q17	您在课余时间或寒暑假会主动寻找兼职或实习工作吗		−0.382 2
	q18	您寻找兼职或实习工作时		0.067 3
	q_sh	社会实践类活动		0.109 8
	q_sht	社会实践类活动−调整		−0.028 6
发展规划	q19	您目前对自己毕业后的规划是	继续深造	0.904 3
			出国留学	0.582 3
			直接就业	−0.395 9* 0.140 8
			暂无规划	−15.831 3
	q20	您打算以后从事哪方面的工作（可多选）	金融业	0.431 8
			互联网行业	−0.799 1
			公共管理类	−0.799 4
			教育行业	−0.151 9
			实体行业	−0.293 4
			其他行业	0.205 3

表15(续)

板块	编号	题目		交互项系数
	q21	您选择该职业规划的想法主要源于（可多选）	本身兴趣	−0.501 5
			父母等经验	−0.267 9
			咨询校内的建议	0.051 4
			新闻、行业发展	0.077 5
	q22	您是否考虑以后回自己的家乡发展		−0.053 4
	q23	您在校期间学习过程中哪些方面存在困惑（可多选）	学习与工作、生活	0.153 1
			不愿与老师等沟通	−0.699 0
			课程学习方面疑惑	0.266 2
			课程与预期不符	0.171 5
			无困惑	0.552 9
	q24	您在校期间认为自己在人际交往方面存在的困惑主要是（可多选）	不敢交往	−0.638 0
			缺乏交往技巧	0.179 7
			过度在意他人看法	0.383 1
			无困惑	0.132 5
	q25	在校期间，您认为在以下方面存在的困难程度分别为	经济方面	0.235 0
			学业方面	−0.118 1
			与人社交方面 −0.110 9	−0.097 2
			心理压力方面	−0.275 7
			未来规划方面	−0.298 5
	q26	在校期间，您最希望在以下哪些方面得到学校、家人、朋友的帮助	学习方面	0.931 8
			人际关系方面	−0.604 8
			婚恋方面	−1.230 3
			职业规划方面	0.862 7
			生活费方面	−0.014 8
			参加实践活动方面	0.445 7
			在各方面游刃有余	−0.383 7
	q27	您在职业规划方面希望能够得到以下哪些具体帮助	职业规划讲座	−0.786 3
			增加实习名额	−0.134 0
			组织职业方面班会	−0.930 0
			邀请行业人士讨论	−1.037 0*

注：***、**、* 分别表示在1%、5%、10%的显著性水平下显著。

由专业与第一代大学生的交互结果可知，在校表现板块中，挂科项的系数为 -0.608 4，且在 1% 的显著性水平下显著，即对经管类第一代大学生来说更容易挂科，可能是因为经管类学科比较复杂，需要更新自己的学习方法，而经管类的第一代大学生无法及时调整好自己的状态或者本身在填报专业时对信息了解不够而填报，导致自身对所学专业产生抵触，挂科严重。

在拓展性活动板块，经管类第一代大学生更倾向于主动进行英语以外的语言学习，该项的系数为 1.104 0，且在 10% 的显著性水平下显著，交互效应显著，表明经管类学生相对于非经管类学生在语言学习中有更强的主观能动性。

在发展规划板块，经管类学生更倾向于选择继续深造，更不倾向于选择直接就业，该项的系数为 -0.395 9，且在 10% 的显著性水平下显著，相对于其他专业，经管类学生更重视自我知识量提升到一定程度后再就业；在职业规划方面希望能得到的帮助中，经管类学生更不倾向于选择邀请行业人士讨论，该项的系数为 -1.037 0，且在 10% 的显著性水平下显著。

在其他问题上，专业与第一代大学生的交互影响不显著，因此不予以重点讨论分析。

六、研究结论与建议

（一）研究结论

本研究主要通过对财经类第一代大学生基本信息板块、学费贷款情况、在校表现板块、拓展性活动板块、研究类相关性活动板块、社会实践类活动板块、发展规划板块等几部分的情况进行分析，得到财经类第一代大学生的特征表现，结论如下：

第一，第一代大学生的经济基础普遍薄弱。相对于非第一代大学生，第一代大学生认为学费较贵，给家庭生活带来了一定的负担，因而大多选择申请助学贷款，第一代大学生在经济层面的劣势地位是普遍的。

第二，第一代大学生在课程学习方面的能力更强或者说付出的精力更多，但对财经知识的欠缺程度更高。在交互效应中，性别、父母从事金融经济类工作与否、年级三项的交互作用显著，男性相对于女性整体在校表现情况更糟糕；相对来讲，父母从事过金融经济类工作，参与孩子学校及专业的情况更多，孩子挂科更少，对相关财经知识的欠缺程度更低。年级越高整体表现的情况越好，可能是他们随着年级的提升，自身也在不断努力，取得了较好的学习效果。

第三，在拓展性学习活动中，第一代大学生对语言的学习重视程度低于非第一代大学生。在交互效应中，独生子女项、年级项以及专业项的交互作用显著，即独生子女相对于非独生子女更加倾向于参加拓展性活动，年级越高对于社会实践类活动越不关注，经管类学生相对于非经管类学生在语言学习中有更强的主观能动性。

第四，在研究类相关性活动中，非第一代大学生在参加各类竞赛以及与老师沟通学业、学术方面比第一代大学生更热衷些，他们在研究类相关性活动上更加有兴趣。财经类第一代大学生相对于非第一代大学生在研究类相关性活动中的表现弱一些，第一代大学生在主动积极参与研究活动、与老师沟通方面较少。各交互作用项在统计意义上不显著，没有明显差异。

第五，在社会实践类活动中，第一代大学生相对于非第一代大学生表现出较差的积极性，对社团组织无兴趣的情况更多，尽管第一代大学生中很多同学也在积极参与各类社团活动以提升自我能力、拓展交际能力，而在实习兼职方面，第一代大学生的积极性较高，其对于经济的看重程度高于非第一代大学生。在交互效应中，性别项、独生子女项、年级项差异显著，即表现为男性相对于女性更倾向于在大学阶段寻找实习或兼职工作，参与社会实践类活动，独生子女更爱参加社会实践活动以及高年级更不乐于参加社团活动等。

第六，在发展规划板块中，工作岗位选择上，选择公共管理、社会保障和社会组织岗位的第一代大学生占比最高，且第一代大学生更多倾向于毕业后直接就业，尽快带来经济收益，在职业规划方面的迷茫也更强烈。在人际交往发展中，第一代大学生在沟通交流、处理学习、学生工作和个人生活方面感到困惑的比例要高于非第一代大学生，主要在于缺乏交往技巧，不知如何交往以及拓展自己的朋友圈上存在困难。在交互影响中，性别项在选择职业规划想法来源、独生子女项在与人社交方面的困难以及从事工作类型方面、父母从事金融经济类工作与否项在学生选择工作类型和职业规划想法、年级和专业在对毕业后具体规划方面交互效应均显著。

（二）建议

入学前，政府部门针对第一代大学生的经济压力、报考信息缺失问题等，尽可能设立相关机构完善助学贷款、助学金等经济支持，以及在学生填报志愿前开展讲座或设立宣传点等对各类型报考专业进行说明，帮助学生能够及时了解自己的兴趣爱好，填报适合自己的专业。

学生在校时，学校尽可能设置一些勤工助学岗位，解决部分同学的生活经济需求，让其更好地将精力放在学业中。同时，完善高校转专业机制，更公平、更高效地实现学生对自我方向的确定；从低年级开展扎实必要的职业规划，让学生能够尽早了解自己的职业方向，以便于及时调整自己的规划。

在科研兴趣方面，高校可设置宣传角、开展趣味科研小活动等来吸引学生的关注，让学生能够深入感受科研，更好地培养科研型人才。在各学院可适当增设科研小组，吸引学生参与进来，定期展开科研探究、课题讨论分析等内容，促进学生科研能力提升。

参考文献

[1] NUÑEZ, ANNE-MARIE, VANESSA A. Earning and learning：Exploring the meaning of work in the experiences of first-generation Latino College Students [J]. The review of higher education, 2016, 40：91-116.

[2] COX B E, OREHOVEC E. Faculty-student interaction outside the classroom：A typology from a residential college [J]. The review of higher education, 2007, 30 (4)：343-362.

[3] BRYAN E, SIMMONS L A. Family involvement：Impacts on post-secondary educational success for first-generation Appalachian College students [J]. Journal of college student development, 2009, 50 (4)：391-406.

[4] PIKE G R, KUH G D. First and second-generation college students：A comparison of their engagement and intellectual development [J]. The journal of higher education, 2005, 76 (3)：276-300.

[5] TERENZINI P T, SPRINGER L, YAEGER P M, et al. First-generation college students：Characteristics, experiences, and cognitive development [J]. Research in higher education, 1996, 37 (1)：1-22.

[6] PASCARELLA E T, PIERSON C T, WOLNIAK G C, et al. First-generation college students：Additional evidence on college experiences and outcomes [J]. The journal of higher education, 2004, 75 (3)：249-284.

[9] FRANKLIN M. The effects of differential college environments on academic learning and student perceptions of cognitive development [J]. Research in higher education, 1995, 36 (2)：127-153.

[10] ROKSA J, KINSLEY P. The role of family support in facilitating academic success of low-income students [J]. Research in higher education, 2019, 60 (4)：415-436.

[11] 曾东霞. "斗室星空"：农村贫困家庭第一代大学生家庭经验研究 [J]. 中

国青年研究，2019（7）：38-43.

[12] 张华峰，郭菲，史静寰. 促进家庭第一代大学生参与高影响力教育活动的研究 [J]. 教育研究，2017，38（6）：32-43.

[13] 张华峰，赵琳，郭菲. 第一代大学生的学习画像：基于"中国大学生学习发展和追踪调查"的分析 [J]. 清华大学教育研究，2016，37（6）：72-78，94.

[14] 郭啸，杨立军，刘允，等. 第一代大学生的学习特征差异分析 [J]. 高教发展与评估，2020，36（3）：90-97，113-114.

[15] 刘进，马永霞，庞海芳. 第一代大学生职业地位获得研究：基于 L 大学（1978—2008 年）毕业生的调查分析 [J]. 教育学术月刊，2016（2）：3-11.

[16] 鲍威. 第一代农村大学生的升学选择 [J]. 教育学术月刊，2013（1）：3-11.

[17] 熊静. 第一代农村大学生的学习经历分析：基于结构与行动互动的视角 [J]. 教育学术月刊，2016（5）：74-81.

[18] 王兆鑫. 寒门学子的突围：国内外第一代大学生研究评述 [J]. 中国青年研究，2020（1）：94-104，48.

[19] 郭娇. 基于调查数据的家庭第一代大学生在校表现研究 [J]. 中国高教研究，2020（6）：13-19.

[20] 鲍威，陈亚晓. 经济资助方式对农村第一代大学生学业发展的影响 [J]. 北京大学教育评论，2015，13（2）：80-96，190.

[21] 龙永红，汪雅霜. 生师互动对学习收获的影响：第一代与非第一代大学生的差异分析 [J]. 高教探索，2018（12）：32-39.

[22] 陆根书，胡文静. 师生、同伴互动与大学生能力发展：第一代与非第一代大学生的差异分析 [J]. 高等工程教育研究，2015（5）：51-58.

[23] 黄维，要攀攀，李凡. 助学贷款对中国第一代大学生学业发展的影响 [J]. 中国高教研究，2016（9）：77-82.

新商科复合型人才培养研究报告

陈　佳　田晓丽

摘　要： 党的二十大报告指出，我国高等教育需要全面提质创新，"推动数字经济和实体经济深度融合"，积极推进"四新"建设。新商科作为新文科的重要组成部分，以培养跨学科的复合型人才为目标。本文以数字经济时代对新商科复合型人才培养的客观需求为出发点，分析目前人才培养中存在的问题，有针对性提出了有关新商科复合型人才的培养路径。通过问卷调查了解学生对新商科复合型人才培养的认知以及高校面临的挑战，在此基础上，提出了新商科复合型人才培养的相关建议。在新商科复合型人才培养目标上要注重融入新知识、新思维、新能力、新技术，并依此进行教学革新。在师资方面要扩充具有跨专业背景的师资队伍，培训教师多元化素养。在课程设置方面要立足于"五个新"，突出"交叉融合"特征，激发企业建设实践平台的积极性。在质量评价方面提出了建立可持续改进与标准化的质量保障体系等建议。

关键词： 新商科；复合型人才培养；教学改革；多元化师资

一、导言

（一）研究背景和意义

党的二十大报告指出，加快发展数字经济，促进数字经济和实体经济深度融合，打造具有国际竞争力的数字产业集群。由此可见，数字经济已经成为我国经济发展的重要动力。为了进一步促进数字经济发展，我国先后发布《数字经济发

【作者简介】陈佳，西南财经大学工商管理学院，副教授；田晓丽（通讯作者），西南财经大学工商管理学院，副教授。

展战略纲要》《中共中央 国务院关于构建数据基础制度更好发挥数据要素作用的意见》《"十四五"数字经济发展规划》等政策，进一步肯定了数字经济的重要地位。随着人工智能、5G 技术、物联网等新兴技术的快速发展，数字技术正推动经济社会向"新领域、新赛道""新动能、新优势"发展，未来数字经济发展将在我国经济社会的发展中发挥更加重要的作用。

数字经济时代，经济、社会以及高校的形态都在不断地发生变化，知识的获取方式和传授方式、教学关系等也发生了翻天覆地的改变。为此，我国高等教育亟待进行全方位的提升和创新。2018 年 8 月，中共中央提出了"新文科"的发展要求。2019 年 4 月，教育部发布了"六卓越一拔尖"计划 2.0，对"四新"（新工科、新医科、新农科、新文科）进行了详尽的部署。次年，教育部进一步针对"新文科"建设发布了《新文科建设宣言》。2021 年 4 月，习近平总书记在清华大学考察时发表重要讲话，强调学科交叉融合的重要性，要通过打破学科专业壁垒，实现对学科专业的体系升级，推进"四新"建设。"四新"建设是我国应对新的一轮科学技术与产业变革、社会主义现代化建设、世界高等教育发展中做出的回应，它是教育回应、时代回应、主动回应以及中国回应，成为"从全局看教育、从长远看教育"的生动体现，正慢慢转变着中国的高等教育面貌。

新商科是新文科的重要组成部分，是经济与管理类教育在新文科理念引导下所提出的新概念。所谓新商科，是指基于传统商科，通过对学科的交叉融合，将新技术和商科有机地结合起来，以新的理念、新的模式以及新的方法，实现对学生的跨学科交叉融合培养。数字经济在中国呈现蓬勃发展之势，新的业务模式和新的岗位不断涌现，原有的产业和岗位逐渐消失或被替代。产业和企业急需具有全面理解新产业、新业态和新模式背后内在规律的新型商科人才。在新形势下，人才培养目标的再定位和人才培养模式的重构迫在眉睫。

因此，在数字经济背景下，以新商科理念为指导，培养跨学科的复合型人才，是非常有必要的。然而，我国商科教育在较长一段时间内重点关注培养单一学科人才，忽视跨学科交叉人才的培养；人才培养理念比较陈旧，与新商业、新业态的要求不相适应；过分强调理论教学，忽视社会实践教育和技能培养；课程设置、教学内容滞后于产业技术发展，师资力量薄弱；人才同质化现象严重，专业特色不明显，就业难等问题越发突出。目前，高等院校尤其是财经类院校，正面临由传统商科向新商科的转变，新商科复合型人才培养以及相应的教育教学改革问题引起广泛关注。

（二）国内外研究现状

1. 国外研究现状

国外对复合型人才培养虽然没有准确定义，但是早在 20 世纪，跨学科人才培养的观念在国外高校中就已开始萌芽。跨学科人才定义类似于复合型人才，即拥有两种或两种以上学科（专业）的基础知识和能力的人才，打破了各学科专业、人才类型之间的壁垒，强调人才的知识、能力和素质等复合型的特点（侯佛钢 等，2018）。

（1）跨学科人才培养发展历程

20 世纪初期，在批判美国高校过分专业化教育的背景下，通识教育应运而生，提出培养全面发展的人才这一命题。1959 年，英国物理学家斯诺提出了著名的"斯诺命题"，认为高等教育过于精细化的专业化设置，将造成青年学生消极地接受"学科文化"的割裂，很难形成对社会实际问题的整体解决能力。通识教育源于博雅教育，继承了西欧中世纪以来的博雅七艺。通识教育项目整合了过于分化的学科知识，致力于培养全面发展的人才，该思想促进了跨学科教育的发展。于是，在 19 世纪 20 年代，美国社会科学理事会上首次提出"跨学科"这一概念。

20 世纪 60 年代，二战促进美国高等教育革新，带来了跨学科教育的二次发展。美国出于确保在全球范围内的霸主地位的政治动机，需要了解不同地区的政治经济文化形态，地区研究蓬勃发展，各高校中跨学科研究和课程成为教学中不可或缺的组成部分，也因此培养了大量该领域的人才。尤其是 60 年代，由于战争、种族人口、犯罪及社会福利等社会问题已无法用单一学科做出解释，跨学科研究和跨学科课程迎来了发展高潮。

20 世纪 80 年代以后，新技术革命浪潮推动跨学科人才培养向转折点进发。Gibbons 等（1994）把知识生产模式划分为面向单一学科，在认知语境中进行知识生产。随后，Etzkowitz 等（2017）提出产业—政府—大学的三螺旋模型，认为产业、政府和大学应该是知识应用、契约关系的基础以及新知识的来源。跨学科人才培养跳出传统模式，外部利益相关者介入，大学需要重新思考在人才培养过程中，学生需要学习哪些知识和技能来处理日益复杂的问题。培养具有广阔学科视野、能够解决实践问题的跨学科人才，变成后工业时代高等教育改革与发展的必然。

（2）跨学科人才培养项目概况

美国在二战后成立了许多跨学科的研究机构，进行跨学科人才培养实践。21世纪以来，《促进跨学科研究》《跨学科专题报告》等文件进一步鼓励高校推动跨学科教学与研究的改革发展。各大美国高校在跨学科人才培养方面进行了有效的探索。例如，哈佛大学通过提供多个跨学科跨学院的双学位、联合学位或者博士学位，进行跨学科人才的培养。

剑桥大学在跨学科教育方面也进行了积极探索。在英国经济与社会研究委员会的资助下，剑桥大学围绕社会科学研究方法，展开跨学科研究，以培养一些跨学科的社会科学博士。

日本政府颁布了多项法律、政策和措施，有力地促进高校跨学科的发展。例如，2002 年日本颁布的《21 世纪卓越研究教育中心计划》和《全球化卓越教育中心计划》，都对高校跨学科人才培养工作的开展起到了积极的促进作用。东京大学早在 1949 年就成立了教养学部以管理本科低年级学生，进行文科与理科交叉、多种不同学科交叉的通识教育。新领域创成科学研究生院是东京大学一所典型的跨学科学院，重视学科间的跨越重组，从而形成了三个校区新学科、跨学科以及传统学科错综排列的学科布局。

2. 国内研究现状

（1）新商科复合型人才培养的内涵

新商科，一个数字经济下诞生的新概念，实质上就是采用新的理念、技术以及方法改造传统商科，核心是将商科与其他学科进行交叉重组、整合以及创新，从而构建出新商科下的人才培养体系，培养复合型人才以满足新时代所需（徐欣萌 等，2022）。

新商科主要体现在五个"新"。与传统商科不同，新商科的"新"主要体现在：新的环境、新的变革、新的思维、新的理论以及新的方法。所谓新的环境，意味着由技术革命和产业变革所带来的数字经济时代已经到来；新的变革，就是新技术应用于高等教育而带来的改变；新的思维，就是商科人才应该具备的计算、信息等方面的思维方式；新的理论，指在数字经济时代对传统商科理论进行革新；新的方法，就是要求商科人才掌握技术工具解决现实的商业问题（张庆亮 等，2020）。

新商科的目标是培养复合型人才。数字经济时代下涌现出许多复合型新职业、新岗位及新工种，对商科人才提出了能将技术和商科有机结合起来，具备复合型知识、能力及思维的要求。新商科的主要任务是培养复合型人才，即培养的人才需要融会贯通多种专业知识，掌握如何将大数据、云计算以及人工智能等信息技术应用于商业领域，具有较强的创造力，能够解决各种商业问题（张国平 等，2022）。

（2）新商科复合型人才培养现状

新商科实质上是结合当前社会对商科人才的需求，建立适合数字经济发展的人才培养模式。目前，商科的教学范式和认知范式需要重建，人才培养模式及教学体制面临重塑，学生的团队合作及管理能力、创造性思维及终身学习能力还存在不足（王雅鹏 等，2020）。数字经济的发展对新商科复合型人才提出了更高的要求，但目前培养出的复合型人才无法适应社会需求。对问题的研究和实践能力培养方面仍有所欠缺；互联网、云平台、大数据等平台资源和技术的更新与使用相对滞后；商科与其他学科的交叉融合存在一定难度（徐欣萌 等，2022）。具体来说，跨学科课程开设不足，不能满足社会对复合型人才的需求；实践教学环节薄弱，大部分实践活动在校内进行，校企合作以参观和讲座形式为主；教师缺乏实践经验，教授知识偏理论化（韩平 等，2021）。在新商科复合型人才培养中，信息化能力的培养是其中较为重要的一环，目前实践中还存在一定问题，信息课程设置缺位，商科与信息化交叉学科的教材和师资等资源短缺，信息技术与教学过程融合不够，教师运用互联网平台为学生提供自主和个性化学习资源上，还存在着更大的发展空间（金春花 等，2023）。

（3）新商科复合型人才培养模式

数字经济的发展促进了新商科复合型人才培养的改革。有学者指出，应从教学内容、手段、学习方式等维度进行改革探索，通过加强建立"跨学科"知识体系、有效利用教育和产业两种不同资源、发挥线上与线下融合教学的优势以及积极促进国内外交流合作，重构新商科人才的培养计划（宣昌勇 等，2020）。在新商科教育的理念中，要对"创新型、复合型、应用型"的人才培养目标进行准确的定位；科学制定培养方案，尤其是在课程设置方面，重构专业基础课、选修课、实践性课程；建设"双师"型教师队伍，加大对复合型教师人才的引进力度；建立起一套行之有效的实践性教育体系，强化校企之间的合作关系，加强实践教学（曹朝洪，2020）。培养新商科人才，要以社会需求为指引、学生成长为中心，构建"双轮驱动、分层递进、学科融合、合力育人"的四位一体化人才培养模式，重构课程体系，促进学科融合，加强政、企、校合作（孟毅 等，2021）。除上述提到的课程体系、师资队伍、实践教育以及教学改革等内容外，有学者指出还需建立新商科复合型人才培养的质量保障体系，以学习成果评价教学质量，通过评价结果提升教学质量，最终形成学校、学院以及专业的三级质量保障体系。并通过召开毕业生和企业座谈会，获取关于就业方面的意见，改进人才培养方案（张国平，2021）。

二、新商科复合型人才培养现状分析

（一）新商科复合型人才培养的认知度调查

1. 新商科丰富内涵的认知

学习兴趣的产生源于认知。新商科具有丰富的内涵，即新的环境、新的变革、新的思维、新的理论以及新的方法，了解学生对新商科的认知程度，有利于帮助学生弥补认知缺陷，提高对新商科的学习兴趣。

调查发现，绝大部分学生能够意识到新商科复合型人才培养是在数字经济的新环境下展开的，通过学习新商科可以掌握如数据挖掘等新技术，获得适合新时代要求的新思维。但仍有少部分学生还没有意识到培养新商科复合型人才是科学新技术对传统商科发起的颠覆式变革，技术与商科的深度融合重新塑造了传统商科理论。

2. 新商科复合型人才培养的必要性认知

在新商科复合型人才培养的必要性上，绝大多数学生认为新商科复合型人才的培养是有必要的，其中大部分学生认为新商科复合型人才的培养具有以下必要性：一是掌握更广的知识面，对于就业更有利。二是有利于培养交叉思维逻辑。三是可以带来更多就业的可能性与试错空间。除此之外，半数以上的学生还认为复合型人才的培养可以给予学生更大的选择自由性，有助于激发学生的积极性与创造力。

3. 新商科的学习兴趣

布鲁纳的内在动机理论认为，对所学内容感兴趣，才是对学习最大的激励。学习兴趣能促进学生思考能力的提升，调动学生学习的主动性与积极性。在新商科的学习兴趣方面，超过90%的学生对学习新商科有兴趣，其中超过30%的学生表现出非常浓厚的学习兴趣。可以看出，学生对于新商科复合型人才的培养具有极高的积极性。

4. 当前新商科复合型人才培养的情况

目前半数以上被调查学生就读的学科已经开展复合型人才的培养，在已开展培养的学生中，只有极少数学生认为当前的开展情况很理想，多数学生认为当前的培养效果一般，还有超过10%的学生认为当前培养的效果并不理想。该结果说明当前新商科复合型人才的培养工作还有很大的改进空间。下面本文将探讨当前新商科复合型人才培养存在的问题，并提出可行的培养模式。

（二）新商科复合型人才培养的现实挑战

了解当前新商科复合型人才培养存在的困难，有利于对症下药，解决问题。

通过对问卷结果进行分析，发现当前新商科复合型人才的培养具有以下困境：

1. 商科专业与其他专业难以交叉融合

如何将两个学科有机融合而非生硬拼凑是新商科复合型人才培养的难点。在数字经济的驱动下，新商科的人才培养更加重视学科的交叉和综合能力，但是，传统商科的人才培养仍然存在各自为政的情况。具体来说，大学在设置二级学院时，一般都会按照专业的分类来划分教学部门或系部，这在某种意义上可以保障专业发展的质量。然而，随着数字经济的兴起，商科专业下属的众多专业也呈现出不同专业相互融合的形势，要求在专业和课程设置上做出相应调整。

2. 高校教师队伍培养单一

相较于培养单一学科人才，要培养具有复合知识、复合能力及复合思维的新商科人才，需要教师队伍具有强大的跨学科知识储备和较强的教学能力。数字经济飞速发展，科技创新突飞猛进，商科教师更难与时俱进，及时拓展和更新知识结构。兼具商科专业背景与交叉学科领域知识储备的新商科教师相对缺乏，影响了教学的质量和效率。当前，高校的师资队伍中缺乏具有多学科背景的人才，如何将具有不同学科背景的老师组建成一个师资团队、让团队内学科多元化是新商科复合型人才培养的难点。

3. 企业参与高校人才培养的积极性不高

虽然目前较多商科专业都已经开展校企合作，但是由于缺少利益的驱动，企业方与学校合作对学生进行教育的动力不足，很少有商业精英和杰出的企业家直接参与人才的教育培养。由于企业与高校分别处于两个不同的社会体系，二者在运行中具有不同的价值取向，大多数企业更愿意直接从高校获取所需人才，缺乏参与高校人才培育的积极性。如何激励企业参与高校人才培养是当下的一个难点。

三、新商科复合型人才培养路径探析

（一）面向新商科复合型人才的培养目标

1. 知识培养

在知识培养方面，绝大部分学生认为新商科复合型人才除应当掌握商科知识外，还应具备一些数字技术知识和统计学知识。除此之外，半数以上学生还认为学习一些社会法律知识也很有必要。

在数字经济背景下，新商科人才不仅需要掌握和熟练运用商科领域的专业知识，还应重点关注数字技术相关的知识，能够娴熟应用数据分析、计算机编程等知识，将商科领域的知识和理工科领域的知识有机结合起来，构建一套复合型、综合型和应用型的知识体系，从而在商业领域和其他技术领域的知识之间搭建一座桥梁。

2. 思维培养

在数字经济的推动下，社会各个领域之间的交叉融合不断深化，信息化、数字化程度不断提升，同时人们获取知识的渠道更加丰富。信息技术的迅速发展，知识的快速更新，对高校学生的学习能力提出了更高的要求。新商科教育应该以数字经济为基础，在此基础上，建立起基本的思维逻辑。

调查结果表明，绝大部分学生认为新商科复合型人才应具有四种思维，即数据思维与新商业思维、计算思维与逻辑思维、人文修养与财经素养、批判思维与交互思维。以多元化的思维能力为培养目标，有利于拓宽学生的思维界限，在面对复合型实际问题时具有更开阔的解决思路。

3. 能力培养

新商科复合型人才的能力培养更注重学科交叉和综合能力。调查结果显示，绝大部分学生认为具备数据处理能力和沟通协调能力是必需的，有利于学生在数字经济的新环境下立足，具备处理新环境下产生的复合能力。除此之外，管理执行能力、创新能力和自主学习能力的培养也很重要，可以帮助学生不断适应环境的变化，有助于学生的长远发展。

4. 技术培养

在数字经济时代，数据已经变成一种最常见、使用最广泛的生产资源，同时也是一种新的稀有资源，一个企业的竞争力和竞争优势一定程度上可以通过掌握的数据数量来反映。因此，新商科人才的培养应注重数据抓取、数据挖掘以及数据分析等技术手段的学习，利用这些技术将所得的数据转换为有价值的资源，实现数据资源的增值。新商科复合型人才还应充分认识到技术对企业的运营会带来重大的影响和变革，要对新技术，如区块链、人工智能等，始终保持敏感度，尝试利用新技术改进现有工作方式，提升工作效率，从而获得一种以数据为基础的洞察力。

（二）面向新商科复合型人才的教学革新

1. 师资队伍

调查结果显示，相较于由不同专业背景的老师组成师资团队，学生们更希望师资团队内的老师具有多学科的学习背景。

第一，进一步加强对教师的培训，提升教师多元化素养。在数字经济的推动下，知识的更新速度加快，技术的发展日新月异，学校应根据发展趋势与时俱进地制订培训计划。在知识层面上，主要包括商科最前沿知识、数据科学和信息科学，通过培训让教师具备更加多元化的知识储备；在实践层面上，设立教学支撑和服务部，让商科老师能够更好地到企业、产业中去，跟踪新技术的发展，掌握最新的商业趋势，并通过挂职或与企业合作，实现把理论知识变成实际操作能力的转变。

第二，进一步优化师资结构。在高校内部，应整合经济与管理学院、计算机科学学院和数学与科学学院的课程开发，壮大新商科复合型人才的师资力量，实现人力资源的价值最大化。在校外，要建立与当地企业的人才交流制度，通过客座教授和人才库等吸引企业人才来校授课，为学生提供实践指导。在人才招聘方面，应根据具体的课程要求，加大力度引进具有大数据分析与挖掘、人工智能、机器学习等专业背景的高级人才，壮大师资队伍，满足新商科复合型人才培养的需求。

第三，创新教师教学方式，推动新商科人才培养智慧化、智能化。在数字经济的大环境中，教学方式应该随着时间的推移而不断更新。在教学资源上，在对数字教学资源进行开发的基础上，对教学内容进行再设计，以专业课程、公共课程、核心课程和选修课程之间的协调与关联为原则，进行教学资源的管理和个性化开发，构建一个教学资源库，让学生可以便捷地获取学习资源。

2. 课程设置

调查结果显示，大部分学生希望课程能够与企业互动，如邀请行业专家授课、参观企业等。学生们认为通过与企业的互动，他们将更加了解行业从业者需要具备的能力，积累更加丰富的专业知识，以及提升新商业思维。

第一，立足"五个新"，匹配新商科复合型人才培养的要求。高校新商科课程体系的构建应立足"五个新"（新环境、新思维、新理论、新技术、新变革），在核心课程的设置上追求"实战化"和"精品化"。如营销管理专业中的消费者行为学等课程，应以国家一流课程建设标准为基础，与数字经济对新商科复合型人才培养的需求相适应，将新的理论知识、新的环境变化和新技术的发展引入其中，确保课程与时俱进。

第二，激发企业合作的积极性，搭建实践平台。高校可以充分利用校内教师的科研优势，与企业展开合作。通过与企业合作提高高校对经济发展形势和企业运作模式的认识，更具有针对性地进行新商科人才的培养。比如，高校可以商学院、管理学院为依托，与企业共同建立企业创新发展研究中心，利用科研项目和科技成果转化的形式，吸引更多的企业参与进来，在解决企业实际问题的同时，为学生搭建新的实践平台。

第三，相对于传统的商科教育，课程设置上突出跨学科的"交叉融合"特征。高校在构建新商科人才培养课程体系的过程中，需要突破各学科、各专业之间的知识屏障，将大数据、云计算、人工智能等多种学科知识纳入新商科课程知识体系。高校应注重对学生复合能力的培养，有效衔接理论教学与实践教学。基于此，高校应该逐渐突破商业专业的界限，积极地将商业专业与其他专业相结合，整合商业模式、产业链和生态圈等新型商业要素与学科前沿模块，以综合创新能力培养为主要目标，匹配新商科人才素质结构。在这一思想指导下，高校应对传统商科专业课程进行全面改革，开设以专业课程模块、学科交叉课程模块、素质拓展课程模块为核心的新商科专业课程，从而对专业课程进行重组。

3. 实践活动

调查结果表明，与单一学科的竞赛活动相比，为学生举办复合型竞赛活动有利于学生提升交叉学科的实践运用能力、不同学科知识融会贯通能力、形成多学科交叉的知识结构以及积累更丰富的专业知识。

除此之外，学校还应当鼓励学生参加复合型人才分享交流会。大部分学生认为通过参加复合型人才分享交流会，可以更加了解复合型人才的成长和发展路径、了解复合型人才需要掌握哪些知识和具备哪些能力以及收获一些复合型人才适用的学习技巧。

（三）新商科复合型人才培养的质量评价

质量评价对于提高新商科复合型人才培养质量具有重要意义。在新商科复合型人才质量评价研究及现实需求的基础上，构建了新商科复合型人才培养质量评价体系框架。质量评价旨在提高新商科复合型人才的培养质量，以学生为中心，以结果为导向，形成"评价—反馈—分析—持续改进"的质量评价闭环，构建持续改进机制，并建立了一套标准化评价指标体系，从而为新商科复合型人才质量的提升提供了强有力的保障。

1. 构建持续改进机制

以 OBE 教育理念为指导，重视过程监管，将结果反馈与持续改进结合起来，形成"评价—反馈—分析—持续改进"质量评价闭环模式，见图 1。每年对在读学生和毕业学生进行问卷调查、访谈等，每隔一段时间收集一次关于培养目标达成度的评价，以及进行课程设置、师资队伍和实践平台的合理性评价，就评价结果邀请企业、学校共同参与，及时了解社会需求和学科前沿变化情况，形成持续改进机制。

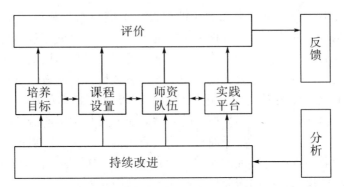

图 1 新商科复合型人才培养质量持续改进闭环

2. 建立评价指标体系

形成符合评价的一级指标、二级指标及观测点促成的量化指标体系，制定定量化、多元化、精准化的综合性评价流程，对新商科复合型人才培养质量进行标准化的评价。

新商科复合型人才培养质量评价指标体系被划分为 3 个层级，每个层级的评价指标都会受到下一层级指标的影响，且隶属于上一个层级，见图 2。目标层为新商科复合型人才培养质量评价。一级指标包括知识体系、综合能力、教学资源、就业评价以及利益相关者满意度等。二级指标是指一级评价指标下的定量评价指标，构成最底层，如一级指标知识体系包含 3 个二级指标，即专业理论水平、现代技术掌握程度以及行业发展了解。

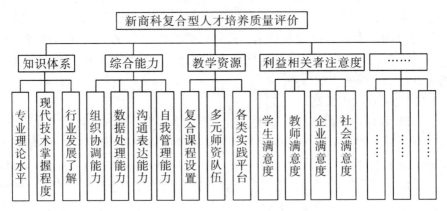

图 2 新商科复合型人才培养质量评价指标体系

四、结论与启示

(一) 新商科复合型人才培养总结

数字经济时代，跨学科、应用性的新商科复合型人才成为当前企业的一大诉求。目前，新商科复合型人才的培养面临商科专业与其他专业难以交叉融合、高校教师队伍培养单一和企业参与高校人才培养积极性不高的现实问题。

基于以上问题，本文从以下三个方面提出了对新商科复合型人才培养的建议：一是在培养目标上注重融入新知识、新思维、新能力、新技术；二是在教学革新上，壮大具有跨专业背景的师资队伍，通过培训提升教师多元化素养，在课程设置方面立足"五个新"，突出"交叉融合"特征，激发企业合作的积极性；三是建立新商科复合型人才培养质量评价体系，形成"评价—反馈—分析—持续改进"的质量评价闭环，构建一套标准化的评价指标体系，对新商科复合型人才培养质量进行评价，不断完善人才培养方案。

(二) 新商科复合型人才培养启示

在新一轮科技革命的背景下，兼具商科专业素养与信息技术的复合型人才成为企业竞争力的重要资源（胡清华 等，2022）。新商科复合型人才培养，是顺应新商科建设与数字经济发展，立足学校建设高水平的新财经大学的发展目标，从而开展的培养商科人才的实践探索。

随着数字经济时代的发展，技术快速进步，商业模式不断改变，人们的生活方式、工作模式、学习形式发生了很大的变化。传统商科教育已无法满足新时代对于商科人才的需求，新时代迫切需要大量的新商科复合型人才。因此，进一步了解新商科复合型人才培养的现状、存在的阻碍以及未来发展路径的探析具有重大意义。

在新商科复合型人才培养的探索中，外部环境在不断变化，新商科的建设也是一个不断变化的过程，本研究仅在有限时间内进行调研，未来的研究可以根据环境的变化不断更新复合型人才的培养路径，不断完善其培养体系。除此之外，本文的调研视角仅为学生视角，未来的研究可以从更多的视角出发调研新商科复合型人才培养的路径。

参考文献

[1] 侯佛钢，张学敏. 地方高校跨学科复合应用型人才培养的学科集群探究 [J]. 清华大学教育研究，2018，39（3）：99-104.

[2] 文雯，王嵩迪. 知识视角下大学跨学科课程演进及其特点 [J]. 中国大学教学，2022（4）：75-82，96.

[3] 姬紫婷，崔迎春. 世界一流大学跨学科人才培养模式比较及启示 [J]. 世界教育信息，2021，34（7）：44-49.

[4] 徐欣萌，朱琪，徐向龙，等. "新商科"复合型人才产学研协同培养研究：来自华南师范大学的探索与实践 [J]. 岭南师范学院学报，2022，43（4）：1-7.

[5] 张庆亮，杨莲娜. 高等教育变革中的高校新商科发展思考 [J]. 山东高等教育，2020，8（2）：7-12.

[6] 张国平，王开田，施杨. "四位一体、四维融合"的新商科复合型人才培养模式探析 [J]. 中国高等教育，2022（11）：50-52.

[7] 王雅鹏，胡柳波，吕丹. 关于新商科发展的思考 [J]. 高等农业教育，2020（4）：25-29.

[8] 韩平，王晓玲，孙晴. 新商业背景下新商科人才培养对策研究 [J]. 商业经济，2021（2）：92-93，114.

[9] 金春华，张满. 新商科专业人才信息化能力培养模式的探索与实践 [J]. 高教探索，2023（1）：51-56.

[10] 宣昌勇，晏维龙. "四跨"融合培养新商科本科人才 [J]. 中国高等教育，2020（6）：51-53.

[11] 曹朝洪. "新商科"理念下的商科专业人才培养策略 [J]. 高教学刊，2020（9）：152-154.

[12] 孟毅，陈臻，许抄军，等. 数字经济时代新商科人才培养模式探索与实践 [J]. 岭南师范学院学报，2021，42（4）：24-31.

[13] 张国平. 新商科人才培养模式与实现路径 [J]. 中国高等教育，2021（2）：43-44，50.

[14] 刘伟. 校企合作和就业满意度视阈下新工科人才培养质量追踪和评价体系建设 [J]. 中国大学生就业，2019（22）：59-64.

［15］钱方兵，李政，钱桂芳. 基于 FAHP 分析的高校创新创业人才培养质量评价体系构建与实证分析［J］. 思想教育研究，2022（10）：151-158.

［16］胡清华，王国兰，王鑫. 校企深度融合的人工智能复合型人才培养探索［J］. 中国大学教学，2022（3）：43-50，57.

［17］朱玮玮. 基于"产教、专创"双融合的新商科应用型人才培养路径研究［J］. 江苏科技信息，2022，39（32）：7-9.

［18］蔡雅端. 数字经济驱动下地方本科院校新商科人才培养研究［J］. 赤峰学院学报（自然科学版），2022，38（12）：110-113.

［19］梁梓潞，于佳弘，梁运吉. 数字经济时代新商科实践型人才培养路径研究［J］. 对外经贸，2022（12）：154-157.

［20］陈芹，郑月龙. "互联网+"背景下新商科创新复合型人才培养模式的构建［J］. 西部素质教育，2022，8（16）：117-120.

［21］GIBBONS M, LIMOGES C, NOWOTNY H, et al. The new production of knowledge：The dynamics of science and research in contemporary societies［M］. London：SAGE Publications Ltd, 1994.

［22］HENRY ETZKOWITZ, CHUNYAN ZHOU. The Triple Helix：University-Industry-Government Innovation and Entrepreneurship［M］. London：Routledge, 2017.

专业学位研究生学位论文质量探析

吕　莉

摘　要：本文以我国西南地区某"211 工程"财经类院校 2016—2020 年专业学位研究生学位论文抽检专家评阅结果为研究对象，从论文总体质量和论文二级评价分项指标对专业学位研究生学位论文质量进行了分析。研究结果表明：样本学校近五年专业学位研究生学位论文抽检的合格率为 92.36%，学位论文质量总体表现良好；对于不同学科以及不同学习方式，专业学位研究生学位论文的质量存在显著差异；从论文二级评价分项指标来看，优秀率由高到低分别为选题、知识运用、论文规范和研究能力。基于分析结果，本文对如何提高专业学位研究生学位论文质量提出几点建议。

关键词：专业学位研究生；学位论文质量；论文抽检

一、引言

自 1990 年我国正式设置专业学位以来，专业学位研究生招生数量逐年增长。中国教育在线发布的《2021 年全国研究生招生调查报告》显示，我国专业学位研究生招生规模已经占硕士研究生招生总量的 60%以上。国务院学位委员会、教育部发布的《专业学位研究生教育发展方案（2020—2025）》明确提出，到 2025 年专业硕士比例将达到 66.67%，专业学位研究生在硕士层次的主体地位将进一步提升，聚焦高层次应用型人才培养，满足社会经济发展需求。这标志着专业学位研究生教育逐步成为我国研究生教育的主流。《教育部 人力资源和社会保障部关于深入推进专业学位研究生培养模式改革的意见》中明确提出："专业学位论文选题应源于应用课题或现实问题，要有明确的职业背景和行业应用价值。"专

【作者简介】吕莉，西南财经大学研究生院，助理研究员。

业学位研究生学位论文在写作格式、选题、评价指标等方面与学术型研究生学位论文存在很大不同，因此，其学位论文存在的问题与学位论文质量的评价也不应与学术型研究生完全一致。

随着教育部和社会对专业学位研究生培养质量的重视，越来越多的学者开始对专业学位研究生教育进行相关分析和研究。黄宝印等人（2017）介绍了我国专业学位研究生教育的发展历程，并提出专业学位研究生教育须围绕服务需求、提高质量的核心任务，进一步深化改革。高耀等人（2014）认为，基于 Y 市 2014年硕士学位论文抽检数据研究结果，专业学位论文质量整体上有保障，但专业学位研究生论文在学位类别、生源类型及论文选题上存在显著差异，而在性别和论文类型上不存在显著差异。陈怡琴（2020）提出，专业学位研究生学位论文分类指导体系不健全、导师指导偏重学术性等问题影响了其学位论文质量。程永波等人（2021）针对商科类专业学位研究生培养的要求，借鉴国外专业学位研究生培养模式，总结了南京财经大学在践行专业学位研究生"324"培养模式中的有效举措和具体成效，并以此探讨如何提高商科类专业学位研究生的培养质量。

限于评价机制的不完整和专业学位研究生的学位论文数据的可得性，现有的研究成果主要集中在理论探讨层面，而如何提升专业学位研究生的学位论文质量，还需要进行深入的系统研究。基于当前我国专业学位研究生的学位论文面临的实际问题以及研究现状，本研究选取某财经类院校 2016—2020 年专业学位研究生的学位论文专家评阅结果作为样本数据，进行定量统计分析，探析论文质量情况，并对提高专业学位研究生的学位论文质量提出一些思考和建议。

本研究的意义主要有以下三个方面：一是由于现有文献对专业学位研究生学位论文质量的研究比较有限，但如何提高其学位授予质量是当前我国研究生教育发展中面临的一个重要问题。本文聚焦专业学位研究生的学位论文，进行了较为深入的数据分析。二是本研究取样的高校具有一定的代表性。本研究的样本学校属于国家"211 工程"院校，是一所以经济学管理学为主体、金融学为重点的全国重点大学。该高校有 19 个硕士专业学位授权点，专业学位学科比较全面。三是本研究的样本学校从 2016 年开始实行抽取一定比例的硕士学位论文送教育部学位中心论文送审平台评阅，该中心通过专家库进行网上匿名评阅。相较于传统的邮寄纸质送审评阅，教育部专家对外审的学位论文更加谨慎和严格，论文匿名评审更具客观性和公正性。因此，本研究的数据质量较高。通过对此数据进行分析，其研究结论有较高的可信度和参考价值。

二、研究方法

（一）数据说明

本文的样本学校 2016—2020 年采用事前抽检和事后抽检相结合的方式共抽取了 956 篇论文进行评审，涉及 18 个专业学位类别，分别为工商管理硕士、公共管理硕士、法律硕士、会计硕士、工程硕士、农业推广硕士、金融硕士、保险硕士、应用统计硕士、税务硕士、国际商务硕士、社会工作硕士、资产评估硕士、旅游管理硕士、翻译硕士、审计硕士、体育硕士、新闻与传播硕士。每篇论文均送 3 位同行专家进行评审，最终专家评阅意见为 2 868 份。本研究的样本源于学校专业学位研究生学位论文的专家评阅意见和评分表，数据真实有效。

（二）评价指标体系构成

样本学校专业学位论文评阅意见评价指标体系主要由以下四个部分构成：选题 20%，知识运用 30%，研究能力 40%，论文规范性 10%。评阅专家根据各项指标权重及参考标准对每项指标评级，并对论文按照优秀（85~100 分）、良好（75~84 分）、一般（60~74 分）、不合格（小于 60 分）四个等级做出定性评价，给出百分制总评成绩，提供详尽的评阅意见和建议。专业学位研究生学位论文评审指标体系简表见表 1。

表 1　专业学位研究生学位论文评审指标体系

评议项目	评价要素	优秀	良好	一般	不合格
选题（20%）	选题合理，属于该专业学位领域研究范畴；基于作者工作或实际调研，有明确的现实背景；研究目的明确，研究具有实用价值或现实意义				
知识运用（30%）	较好应用专业原理或理论，体现专业视角；较好运用专业研究方法或工具进行研究；有足够的实证材料和论据支撑，案例与数据丰富、可靠				
研究能力（40%）	从提出、分析问题到解决问题过程完整；研究思路清晰，有一定的提炼、分析和归纳能力，具有独立见解；研究方法规范，研究方案或对策具有可操作性；研究工作量饱满，有一定的研究难度				
论文规范性(10%)	论文总体结构合理，重点突出，逻辑清晰；资料引证、图表展示规范；学风严谨，格式规范，文字表述准确、流畅				
总体评价，给出百分制总评成绩（100~85 分为优秀；84~75 分为良好；74~60 分为一般；60 分以下为不合格）					

三、专业学位研究生学位论文质量现状

（一）总体质量

1. 不同等级论文占比情况分析

本文首先从专业学位研究生学位论文的总分来分析数据样本的结构分布状况。在 2016—2020 年样本学校抽检的 2 868 份专业学位研究生学位论文中，抽检量超过 400 份的专业学科类别包括工商管理（522 份）、金融（450 份）、会计（450 份），抽检量超过 200 份的专业学科类别包括农业（297）、公共管理（252）、法律（225），抽检量超过 100 份的专业学科类别包括工程（159 份），其他专业学科类别抽检量均在 100 份以下。如表 2 所示，从总体得分结构来看，在样本所涉及的 2 868 份专业学位研究生的学位论文中，达到优秀水平的占比为 9.45%，达到良好水平的占比为 48.12%，达到一般水平的占比为 34.80%，不合格的占比为 7.64%。

表 2　专业学位研究生学位论文评阅分数分布情况统计

论文等级	份数	比例/%
85~100 分（优秀）	271	9.45
75~84 分（良好）	1 380	48.12
60~74 分（一般）	998	34.80
低于 60 分（不合格）	219	7.64
总计	2 868	100.00

如图 1 所示，80~82 分的频率最高，说明大多数专业学位研究生的学位论文质量处于良好水平及以上区间。因此，总体来说，该样本高校专业学位研究生的学位论文质量良好。从得分结果看，专业学位研究生的学位论文质量由高到低呈现两头小、中间大的格局，良好和一般水平论文占很大比重，基本呈正态分布。

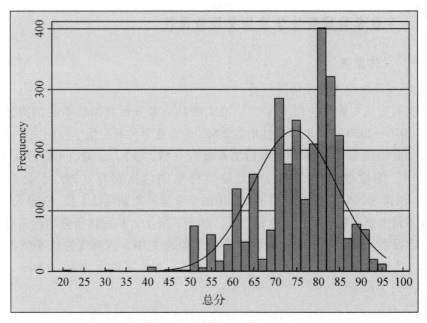

图1　专业学位研究生的学位论文评阅分数分布

2. 按学科评阅平均分分析

从论文评阅的平均分数看，2016—2020年样本学校专业学位研究生的学位论文的平均分为74.58分，达到良好及以上水平的超过57%。但查看评阅分数可以发现，近五年专业学位研究生的学位论文评阅最低值为20分，最高值为96分，分差达76分（见表3）。这说明，虽然评阅结果带有一定的主观性，个体差异比较大，但也从一定程度上说明专业学位研究生的学位论文质量参差不齐。考虑到学科差异，平均分最高的三个学科分别是旅游管理、审计和保险，平均分最低的三个学科分别是软件工程、体育和工程。

表3　专业学位研究生学位论文平均分数统计（按学科）

学科名称	份数	比例/%	平均分	最大值	最小值
工商管理	522	18.20	73.93	95	40
金融	450	15.69	76.25	95	49
会计	450	15.69	75.36	96	47
农业	297	10.36	72.97	95	40

表3（续）

学科名称	份数	比例/%	平均分	最大值	最小值
公共管理	252	8.79	71.25	94	40
法律	225	7.85	75.44	96	50
工程	159	5.54	70.19	90	20
资产评估	78	2.72	74.88	90	50
国际商务	66	2.30	78.08	92	50
审计	66	2.30	78.80	93	56
税务	57	1.99	76.77	90	50
保险	54	1.88	78.59	92	61
应用统计	51	1.78	76.94	92	58
翻译	45	1.57	77.49	90	60
社会工作	36	1.26	74.86	93	50
新闻与传播	24	0.84	74.29	84	45
旅游管理	18	0.63	81.22	88	70
体育	15	0.52	64.27	84	50
软件工程	3	0.10	58.00	70	50
总计	2 868	100.00	74.58	—	—

通过进一步的方差分析，可以发现论文评阅分数在不同学科之间存在显著的差异（p 值<0.0001）。

3. 按学科总体评价等级分布情况分析

为深入分析专业学位研究生学位论文质量等级分布情况，继续依据专家评阅意见分类汇总。如表4所示，在优秀率方面，审计、国际商务与保险学科的优秀率均超过20%；新闻与传播、体育和软件工程的优秀率均为0，表现最差。在不合格率方面，除保险、旅游管理、翻译学科外，其他16个专业学位类别的学位论文均存在不合格现象，其中不合格比率高于10%的专业学位类别包括软件工程、体育、工程、农业和公共管理。

表4 专业学位研究生学位论文评阅结果（按学科分类）

学科名称	论文等级								总份数
	优秀		良好		一般		不合格		
	份数	比例/%	份数	比例/%	份数	比例/%	份数	比例/%	
工商管理	35	6.70	258	49.43	189	36.21	40	7.66	522
金融	52	11.56	247	54.89	128	28.44	23	5.11	450
会计	36	8.00	233	51.78	160	35.56	21	4.67	450
农业	29	9.76	125	42.09	105	35.35	38	12.79	297
公共管理	11	4.37	91	36.11	121	48.02	29	11.51	252
法律	23	10.22	110	48.89	76	33.78	16	7.11	225
工程	6	3.77	66	41.51	61	38.36	26	16.35	159
资产评估	13	16.67	29	37.18	30	38.46	6	7.69	78
国际商务	15	22.73	32	48.48	17	25.76	2	3.03	66
审计	17	25.76	32	48.48	14	21.21	3	4.55	66
税务	7	12.28	30	52.63	17	29.82	3	5.26	57
保险	11	20.37	28	51.85	15	27.78	0	0.00	54
应用统计	7	13.73	24	47.06	19	37.25	1	1.96	51
翻译	4	8.89	26	57.78	15	33.33	0	0.00	45
社会工作	4	11.11	18	50.00	11	30.56	3	8.33	36
新闻与传播	0	0.00	15	62.50	7	29.17	2	8.33	24
旅游管理	1	5.56	15	83.33	2	11.11	0	0.00	18
体育	0	0.00	1	6.67	10	66.67	4	26.67	15
软件工程	0	0.00	0	0.00	1	33.33	2	66.67	3

4. 按学习方式分析

专业学位研究生有两种学习方式：全脱产和在职。全脱产的学生在校内进行全日制学习，而在职攻读的学生在从事工作的同时也要完成学习。在本研究的样本中，2016—2020年样本学校共计抽取专业学位研究生的学位论文2 868份，其中全脱产的学生论文1 938份，平均分75.84分，优秀率11.82%，不合格比率5.42%；在职攻读的学生论文930份，平均分71.94分，优秀率4.52%；不合格比率12.26%。图2展示了全脱产和在职两种学习方式下的评阅结果对比。通过t-检验可以发现，在职攻读的学生学位论文的平均分比全脱产的学生学位论文的平均分低3.90分，差距显著（p值<0.000 1）。

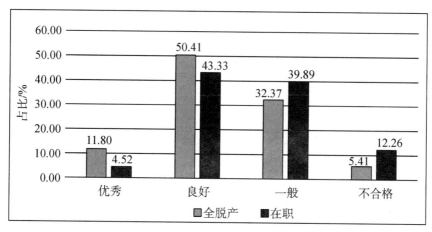

图2 专业学位研究生的学位论文结果统计（按学习方式分类）

（二）论文二级指标专家评价等级分布情况

在总体质量分析的基础上，本文进一步对4个二级评价指标评阅结果等级分布情况进行分析，具体参见表5和图3。由表5可见，二级评价指标优秀率按照由高到低进行排序，分别为选题、知识运用、论文规范、研究能力；良好率的排序规律和优秀率一致；在四个评价指标中，"选题"的优秀和良好比例均超过30%，而不合格率，排序由高到低依次为研究能力、论文规范、知识运用和选题，其中研究能力和论文规范不合格率均超过30%。从专业学位研究生的学位论文评价指标体系的权重分布来看，"研究能力"这一指标的权重高达40%，是所有四个指标中占比最高的，该指标得分对最终的总体成绩影响最大。专业学位研究生的学位论文在这项指标的表现垫底，这在很大程度上影响了专业学位研究生的学位论文的总体得分及论文质量。

表5 专业学位研究生的学位论文评价指标体系各部分评价比例　　单位：%

指标	优秀	良好	一般	不合格
选题	44.3	31.3	12.9	5.1
知识运用	20.1	24.4	27.0	27.3
研究能力	17.3	20.5	32.2	35.1
论文规范	18.3	23.7	27.8	32.5

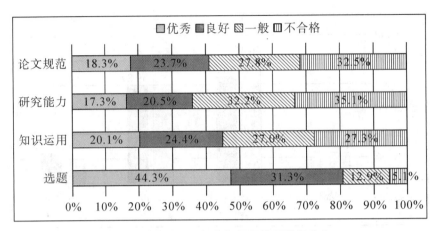

图3 抽检论文二级指标评阅结果等级分布

四、结论与建议

通过上面的数据分析，本文得出以下四点主要结论：

第一，专业学位研究生的学位论文总体质量良好，但个体差异较大。2020年，样本学校共计抽检 2 868 份专业学位研究生的学位论文。专家评阅结果显示，合格学位论文数量为 2 649 份，占总数的 92.36%，不合格学位论文为 219 份，占总数的 7.64%；学位论文最高评阅分为 96 分，最低评阅分为 20 分，相差76 分。

第二，专业学位研究生学位论文质量在学科类别方面存在显著差异。全部抽检论文评阅结果平均得分为 74.58 分，其中，有 12 个专业学位类别的平均得分超过全体样本平均得分，按照平均得分由高到低进行排序，分别为旅游管理、审计、保险、国际商务、翻译、应用统计、税务、金融、法律、会计、资产评估、社会工作。有 7 个专业学位类别的平均得分低于全体样本平均得分，按照平均得分由高到低进行排序，分别为新闻与传播、工商管理、农业、公共管理、工程、体育和软件工程。

第三，在学习方式上，全脱产攻读的学生学位论文质量显著高于在职攻读的学生学位论文。全脱产专业学位研究生学位论文平均分显著高于在职专业学位研究生的学位论文平均分。全脱产专业学位研究生的学位论文平均分为 75.84 分，在职专业学位研究生的学位论文平均分为 71.94 分。

第四，专业学位研究生论文二级评价指标在论文评价等级方面存在差异。只有选题的优秀率超过 40%，其余三项的优秀率均在 20% 左右，而研究能力的优秀率最低，仅有 17.3%。这一方面说明样本学校专业学位研究生能够及时了解和跟踪社会经济发展的最新动态和发展方向，因此，在选题方面表现不错。另一方面，评价结果也反映出样本学校专业学位研究生围绕论文选题开展研究工作的能力仍然不够，这也是制约专业学位研究生的学位论文质量提升的关键因素。

基于以上的分析结果，本文针对如何提高专业学位研究生的学位论文质量，提出以下三点建议：

第一，进一步优化学科专业结构，健全动态调整和退出机制，构建优良学科生态体系。研究结论表明，专业学位研究生的学位论文质量在学位类别方面存在较大差异。深刻把握我国专业学位研究生教育发展的大方向，着力推进由量到质的发展方式的转变。建议在专业学位研究生招生中，进一步增加优势学科招生数量，对连续 3 年抽检均有"不合格论文"且比例较高或篇数较多的专业，减少其招生计划，并限期整改或直接撤销学位授权点，进一步加强学位授权点自身建设，为提高专业学位研究生的教育质量创造条件。

第二，进一步完善专业学位研究生课程体系。研究结论表明，专业学位研究生在研究能力和写作规范两个指标上表现最差。在课程设置上应重视和加强专业学位研究生的科研基本知识学习与基本技能训练，并应把论文写作指导课程作为研究生的必修课，强化学术规范教育，形成科学严谨的学术氛围，才能真正保障专业学位研究生的学位论文质量和提高个人学术水平。

第三，进一步细化和完善专业学位研究生的论文评价指标体系与评价方式。研究结论表明，在职专业学位研究生的学位论文质量显著低于全脱产专业学位研究生的学位论文质量。一个可能的原因是，现行的学位论文评价指标体系和评价方式不太适合在职学生。杜尚荣等人（2017）提出，突出的实践实习能力是专业学位不同于学术学位的显著特征，也是专业学位研究生培养的关键目标。建议根据在职专业学位研究生的特质，专业学位各学科门类可以根据不同的培养目标、论文类型设计各具特点的评价体系，以保证论文评价的质量和水平。如针对不同类别的研究生，鼓励采用调研报告、案例分析及企业实际问题研究等多种形式撰写学位论文，重点考查学生运用专业理论、方法解决实际问题的能力，提高专业学位研究生的培养质量，逐步为社会发展提供更多优秀的高层次应用型人才。

参考文献

[1] 黄宝印，唐继卫，郝彤亮. 我国专业学位研究生教育的发展历程 [J]. 中国高
    等教育，2017（2）：2.

[2] 高 耀，陈洪捷，沈文钦. 专业硕士学位论文质量监测评估报告：基于 Y 市
    学位论文抽检结果的量化分析 [J]. 复旦教育论坛，2017（1）：3-5.

[3] 陈怡琴. 加强学位论文质量监控 提高专业学位硕士研究生人才培养质量
    [J]. 教育科研，2020（5）：51-54.

[4] 程永波，秦伟平. 生态系统视角下商科类专业学位研究生培养模式研究与实
    践 [J]. 学位与研究生教育，2021（2）：10.

[5] 杜尚荣，施贵菊，朱毅. 专业学位研究生培养的实践指向性教学模式建构研
    究 [J]. 研究生教育研究，2017（1）：8.

"大""智""会" 教育路径探析
——基于 USEM 模型的会计大数据人才就业力提升

任　虹　王诗逸　秦艺萍

摘　要： 本文立足大学生就业能力的 USEM 模型，通过问卷分析、走访调研等方式，了解数字经济时代用人单位视角下会计专业毕业生应具备的专业知识的理解力，个休掌握的学科知识、专业素养以及个体知识迁移能力，实践技能，运用所学通用技能和专业技能分析问题、解决问题的能力；通过问卷调查，了解学生自身视角下的自我效能感，即个体胜任工作的自信心评价，元认知，即对自身认知能力的认知，是个体自我检验、评估、调整的能力评价。通过对 USEM 就业能力模型相关板块的数据分析，提出数字经济时代大数据会计学生提升就业力的对策建议。

关键词： 会计；大数据人才；就业力

一、绪论

在数字经济时代下，财经行业之间的交叉领域日益增多，人工智能、区块链、云计算和大数据等新兴信息技术与财经行业的融合不断加深，出现了许多新财经领域。这些领域呈现出深度科技化、商业高度智能化、学科交叉融合化、学科集群复合化等发展趋势。

行业的急剧变化，要求未来的财经从业人员要能够融会贯通专业体系内外的各类知识和技能。新财经教育改革工作的一个重要任务是要通过重塑财经人才培养体系，适应行业发展趋势，加快现代信息技术与财经教育教学的深度融合，切

【作者简介】任虹，西南财经大学会计学院，讲师；王诗逸，西南财经大学中国金融研究院，讲师；秦艺萍，西南财经大学马克思主义学院，助理研究员。

实提升财经类高校学生在就业市场中的核心竞争力。优化人才培养方案和课程设置，培养就业核心竞争力一直是财经类高校适应市场变化的主要途径。

西南财经大学将大数据、人工智能等信息技术融入会计教育，积极探索新技术背景下智能财经人才培养新模式。"大数据+会计"智能财经人才的培养，已成为新技术重塑新财经教育改革的前沿，引起全国财经类高校和会计行业的关注。尤其是"3+1"的会计人才培养的"西财模式"，即熟练掌握会计与财务、数据分析、计算机编程三种逻辑，并同时具备战略思维的人才培养方式，充分体现了会计学科与计算机、信息科学等多学科的交叉融合。先进的课程设置、成功的学科融合，有力地促进了复合型高层次会计人才的培养。与此同时，我们注意到，一方面，大数据、人工智能等新技术方兴未艾，这些信息技术本身的发展与迭代速度极快；另一方面，会计与财务行业同这些新技术的融合日趋深入与复杂，对智能财经人才的需求也在不断变化中。所以，在智能财经人才的就业端，我们需要面对新时代大学生的特点，如何立足数字经济时代快速变化的行业用人需求，更有针对性地提升大数据会计学生的就业力，做好智能财经人才的高质量就业工作，显得十分迫切与必要。

二、基于 USEM 模型的数据分析

本文基于 USEM 模型进行问卷设计和数据分析。USEM 模型系英国学者 Mantz York 和 Peter T Knight 从认知社会心理学的角度剖析就业能力的内部结构。该模型由四部分组成：专业知识的理解力（understanding），即个体掌握的学科知识、专业素养以及个体知识迁移能力；实践技能（skills），即运用所学通用技能和专业技能分析问题、解决问题的能力；自我效能感（personal qualities），即个体胜任工作的自信心；元认知（metacognition），即对自身认知能力的认知，是个体自我检验、评估、调整的能力。本文从用人单位和学生两个视角围绕模型进行分析。

（一）用人单位对西南财经大学会计专业学生相关"U"和"S"能力的评价数据分析

1. 问卷设计

用人单位问卷主要包括单位行业类型、每年大概在西南财经大学会计学院招录毕业生的人数、招聘学历要求、对西南财经大学会计学院毕业生整体满意度及对具体能力的满意度评价。

2. 数据搜集

本次共发放了 48 份单位问卷，回收 48 份有效问卷。其中，金融行业和制造业占比较高，金融业 11 家单位，制造业 13 家，信息传输、计算机服务和软件业6 家。

3. 研究结果与分析

（1）金融业和制造业为西南财经大学会计学院学生主要就业行业

本文调研了长期到西南财经大学会计学院招聘的 48 家单位，在用人单位行业分布上，制造业和金融业占比最高，这也与西南财经大学会计学院毕业生的就业去向相符。信息传输、计算机服务和软件行业位居本次调研单位行业的前三位。调研单位行业分布见图 1。

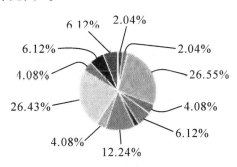

图 1 调研单位行业分布

<table>
<tr><td>● 农、林、牧渔业</td><td>● 采矿业</td></tr>
<tr><td>● 制造业</td><td>● 电力、燃气及水的生产和供应业</td></tr>
<tr><td>● 建筑业</td><td>● 交通运输、仓储和邮政业</td></tr>
<tr><td>● 信息传输、计算机服务和软件业</td><td>● 批发和零售业</td></tr>
<tr><td>● 住宿和餐饮业</td><td>● 金融业</td></tr>
<tr><td>● 房地产业</td><td>● 租赁和商务服务业</td></tr>
<tr><td>● 科学研究、技术服务和地质勘查业</td><td>● 水利、环境和公共设施管理业</td></tr>
<tr><td>● 居民服务和其他服务业</td><td></td></tr>
</table>

（2）不同行业在学历层次要求上无显著差异

本次数据结果显示，除电力、燃气及水的生产和供应业调查公司只招硕士外，其他行业公司要求本科以上。金融行业相对于硕士的需求量高于本科，金融业、制造业、房地产行业、科学研究、技术服务和地质勘查业少数单位对博士生有需求。调研单位对学历的需求见图 2。

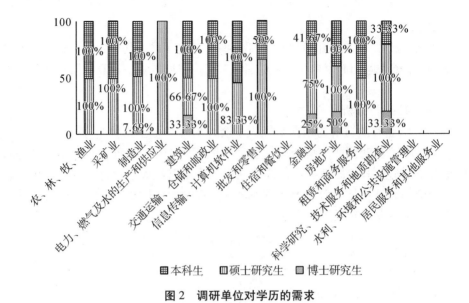

图 2　调研单位对学历的需求

（3）用人单位对西南财经大学会计学院学生能力评价较高，行业间无显著性差异

根据数据分析，调研单位对西南财经大学会计学院毕业生的需求量每年较为稳定，用人单位招聘人数与能力评价没有显著的差异和相关关系，用人招聘单位行业与能力评价也没有显著的差异和相关关系。用人单位对西南财经大学的学生专业理论知识、再学习的意识和能力、创新意识和能力、动手实践能力、团队合作意识、吃苦耐劳精神、责任意识、人际交流能力、组织管理能力、外语应用能力、计算机应用能力、数理能力，即"U"和"S"方面的评价均较高，均值都高于 4 分。调研单位对学生能力的评价见表1。

表 1　调研单位对学生能力的评价

行业上的差异度分析				
行业	个案数	平均值	标准偏差	F	显著性
制造业	13	51.92	13.181		
电力、燃气及水的生产和供应业	2	53	7.071		
建筑业	3	56.33	3.512		
信息传输、计算机服务和软件业	6	51.83	6.706	0.531	0.825
批发和零售业	2	47	2.828		
金融业	11	54.27	8.211		

表1(续)

行业上的差异度分析				
房地产业	2	60	0	
租赁和商务服务业	3	48	0	
科学研究、技术服务和地质勘查业	3	48.67	3.055	

(二) 会计专业学生本人对自身相关"E"和"M"能力的评价数据分析

1. 问卷设计

关于大学生就业能力的现状调查主要包括三个板块:一是基本信息;二是自我效能感,包括"我能接纳自己生活中的各种变化、我能有效处理学习和生活中的变化、我能很好地适应不断变化的环境、我对自己持肯定态度、我感到自己是一个有价值的人,至少与其他人在同一水平上"等相关问题;三是职业认同感的元认知,包括"我能够说出与自己专业有关的职业的主要工作内容、我了解与自己专业有关的职业对雇员的基本素质要求、我很清楚与自己专业有关的职业在社会发展中的重要作用"等相关问题。

2. 数据搜集

本问卷共发放了203份,回收203份有效问卷。受调查的学生相关变量频率分析如表2所示。

表2 受调查的学生相关变量频率分析

变量频率分析			
变量	选项	频率	百分比/%
性别	男	48	23.6
	女	155	76.4
年级	大二	11	5.4
	大三	82	40.4
	研究生	110	54.2
政治面貌	党员	44	21.7
	团员	152	74.9
	民主党派	1	0.5
	群众	6	3
家庭所在地	城镇	153	75.4
	农村	50	24.6

3. 研究结果与分析

（1）自我效能感分析

第一，自我效能感的描述性分析。

如图3、图4所示，从自我效能感的数据可以看出，在自我效能感部分，符合和非常符合占比较高，非常不符合基本为0。总体来说，受访学生自我效能感较强。

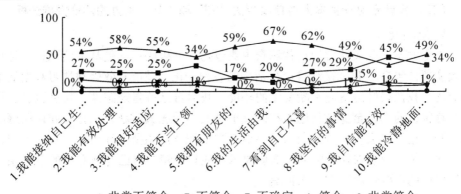

图3 受访学生自我效能感1

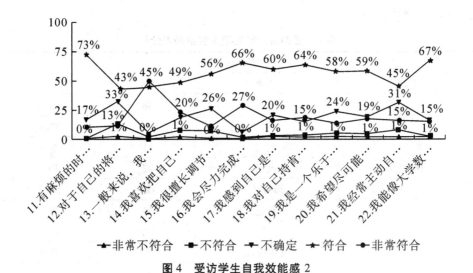

图4 受访学生自我效能感2

第二，自我效能感的差异性分析。

如表3所示，在自我效能感部分，从性别上看不存在显著的差异。

表3　自我效能感性别差异分析

性别上的差异分析（加总）						
变量	性别	个案数	平均值	标准偏差	t	显著性
自我效能感	男	48	38	5.885	1.279	0.202
自我效能感	女	155	36.92	4.875		
自我效能感	男	48	47.46	6.175	1.303	0.194
自我效能感	女	155	46.18	5.859		

从均值看，自我效能感部分，男生普遍高于女生。在"我能接纳自己生活中的各种变化""我能有效处理学习和生活中的变化""对于自己的将来，我总是很乐观"等几个问题上，男女生有显著差异。

如表4所示，从年级上看，研究生的自我效能感高于大三，大三的自我效能感高于大二，也就是年级越高，自我效能感越强。

表4　自我效能感年级差异分析

年级上的差异度分析（加总）						
变量	选项	个案数	平均值	标准偏差	F	显著性
自我效能感	大二	11	31.18	6.178	11.007	0.000
	大三	82	36.63	4.539		
	研究生	110	38.17	5.024		
自我效能感	大二	11	39.91	10.568	8.893	0.000
	大三	82	46.11	5.482		
	研究生	110	47.42	5.25		

如表5所示，在家庭所在地方面，城镇学生的自我效能感优于农村学生。

表5　自我效能感家庭所在地差异分析

家庭所在地差异性分析（加总）						
变量	家庭所在地	个案数	平均值	标准偏差	标准误差平均值	t	显著性
自我效能感	城镇	153	37.37	5.26	0.425	0.939	0.349
	农村	50	36.58	4.743	0.671		
自我效能感	城镇	153	46.68	6.361	0.514	0.825	0.41
	农村	50	45.88	4.438	0.628		

（2）职业认同感的元认知分析

第一，职业认同感的元认知描述性分析。对于职业认同感的均值，明显低于自我效能感部分，符合及非常符合的占比约为60%，在"我还没有想好是否从事与自己专业有关的职业""想到毕业后从事与自己专业相关的工作，我感到很快乐""我经常关注与所学专业相关的行业热点和前沿动态""我已考取与自己专业相关工作所需要的相关证书"等几个方面，符合及以上比例低于50%，见表6。

表6　职业认同感频率分布

题目	非常不符合	不符合	不确定	符合	非常符合
1.我能够说出与自己专业有关的职业的主要工作内容	0 (0%)	7 (3.45%)	62 (30.54%)	116 (57.14%)	18 (8.87%)
2.我了解与自己专业有关的职业对雇员的基本素质要求	3 (1.48%)	8 (3.94%)	52 (25.62%)	124 (61.08%)	16 (7.88%)
3.我很清楚与自己专业有关的职业在社会发展中的重要作用	1 (0.49%)	4 (1.97%)	60 (29.56%)	119 (58.62%)	19 (9.36%)
4.我认为与自己专业有关的职业在社会中受人尊敬	3 (1.48%)	8 (3.94%)	66 (32.51%)	107 (52.71%)	19 (9.36%)
5.我还没有想好是否从事与自己专业有关的职业	13 (6.4%)	52 (25.62%)	42 (20.69%)	76 (37.44%)	20 (9.85%)
6.我担心选择与自己专业相关的工作不能帮助我成为想做的那个人	9 (4.43%)	51 (25.12%)	40 (19.7%)	81 (39.9%)	22 (10.84%)
7.想到毕业后从事与自己专业相关的工作,我感到很快乐	4 (1.97%)	28 (13.79%)	91 (44.83%)	71 (34.98%)	9 (4.43%)
8.尽管现在我还是个学生,但我对自己将来的工作充满期待	5 (2.46%)	25 (12.32%)	63 (31.03%)	87 (42.86%)	23 (11.33%)
9.我经常向他人了解与自己专业相关职业的情况	2 (0.99%)	23 (11.33%)	48 (23.65%)	101 (49.75%)	29 (14.29%)
10.我已考取与自己专业相关工作所需要的相关证书	13 (6.4%)	51 (25.12%)	46 (22.66%)	79 (38.92%)	14 (6.9%)
11.我经常关注与所学专业相关的行业热点和前沿动态	4 (1.97%)	30 (14.78%)	68 (33.5%)	88 (43.35%)	13 (6.4%)
12.对于学校安排的实习或实践活动,我会认真对待,积极参与	2 (0.99%)	8 (3.94%)	31 (15.27%)	129 (63.55%)	33 (16.26%)
13.我结交了一些对未来职业发展有帮助的朋友	8 (3.94%)	22 (10.84%)	62 (30.54%)	85 (41.87%)	26 (12.81%)

第二，职业认同感的元认知差异性分析。

如表7、表8所示，在职业认同感部分，从性别上看不存在显著差异，年级和家庭所在地上存在显著差异。

表7　职业认同感性别差异分析

性别上的差异分析（加总）						
变量	性别	个案数	平均值	标准偏差	t	显著性
职业认同感	男	48	46.31	5.593	1.012	0.313
	女	155	45.34	5.866		

表8　职业认同感年级差异分析

年级上的差异度分析（加总）						
变量	选项	个案数	平均值	标准偏差	F	显著性
职业认同感	大二	11	39.09	5.991	9.027	0.000
	大三	82	45.22	5.471		
	研究生	110	46.48	5.632		

从职业认同感上看，年级越高，职业认同感越强。大二同学的职业认同感明显偏低，在"想到毕业后从事与自己相关的工作，我感到很快乐""尽管现在我还是个学生，但我对自己将来的工作充满期待""我经常向他人了解与自己专业相关职业的情况""我已考取与自己专业相关工作所需要的证书""我经常关注与所学专业相关的行业热点和前沿动态""我结交了一些对未来职业发展有帮助的朋友"等问题的分值均低于3。

在职业认同感方面，城镇学生与农村学生存在显著差异，见表9。

表9　职业认同感家庭所在地差异分析

家庭所在地差异性分析（加总）						
变量	家庭所在地	个案数	平均值	标准偏差	标准误差平均值	t	显著性
职业认同感	城镇	153	45.92	6.145	0.497	1.729	0.087
	农村	50	44.52	4.496	0.636		

三、提升会计专业学生就业力路径的建议

从问卷分析中，我们可以看出，除电力、燃气及水的生产和供应业调查公司只招硕士研究生外，其他行业公司均需本科以上，对本科及硕士研究生没有明显

学历限制；用人单位对会计专业学生的专业知识的理解力，即个体掌握的学科知识、专业素养以及个体知识迁移能力；实践技能，即运用所学通用技能和专业技能分析问题、解决问题的能力评价较高，且不同行业对西南财经大学会计学院学生能力评价无显著差异。

从自我效能感和职业认同感数据分析可以看出，西南财经大学会计学院学生自我效能感均较强，从性别和家庭所在地上看不存在显著差异，年级上存在显著差异；对于职业认同感元认知的均值，明显低于自我效能感部分，在职业认同感元认知部分，从性别上看不存在显著差异，年级和家庭所在地上存在显著差异。

从供需双方数据对比可知，提高西南财经大学会计学院学生就业力，主要是在职业认同感部分做工作，更加关注低年级同学的自我效能感和职业认同感与认知相关提升。

（一）加大对外部职业的探索力度

1. 建立职业信息数据库

近五年连续到西南财经大学会计学院招聘的单位，建立了职业信息数据库，为同学们提供各个单位的详细介绍，包括单位简介、工作地点、组织架构、核心品牌以及组织文化等，帮助大家更加深入、全面地了解各个单位的情况。通过职业信息数据库，同学们可以得到最新最全面的招聘信息，包括招聘情况、员工培训体系、职业发展路径等。通过这种方式，帮助同学们了解自己的专业未来对口行业的详细情况。

2. 职场人士进课堂

邀请对口行业职场人士进课堂，一方面，可以通过大一开设的学科导论课程，让刚刚进入大学学习的新生对自己的专业未来从业内容有个大致了解，帮助指导未来的专业学习；另一方面，可以引入职场人士开设短期课程，重点针对硕士研究生或高年级本科生，有一定专业基础后，结合实操进行对外部职场应用的理解。

3. 丰富职业生涯探索活动载体

因为学生的职业认同感元认知不高，出现了本科生盲目继续深造比例高、研究生公招及选调生意向比例逐年提高、整体更偏向国企、央企、事业单位等职业规划现象。所以，学院应继续积极做好学生的分类指导工作，针对考研的学生举办考研经验交流会和主题讲座，针对出国学生举办出国经验交流会，针对拟就业的同学进行面试、简历辅导等，对创业的同学做好创业的一对一交流和指导工作。

4. 充分调动校友资源

学校可以选聘优秀校友担任职业发展导师，开展个性化、专业化、全程化咨询辅导。可以邀请不同领域的优秀前辈、资深校友举办经验分享会、职场交流会、"校友大讲坛"和求职沙龙，组织学生到会计师事务所、房地产、互联网等行业企业进行实地职业拓展体验。积极发挥校友资源优势，构建"校内导师+实践导师+学长导师"即"三师协同育人"机制。

学校也可以每年组织教师、辅导员及学生，利用假期，走访校友单位，实地了解市场。

（二）针对不同群体提升自我效能感

根据数据分析，低年级同学、女生、农村同学的自我效能感相对较低。因此，本课题组认为，可以通过相关群体团体辅导提升就业层面的自我效能感。针对低年级群体、农村学生群体，开展包括自我认知团体辅导、公众演讲团体辅导、人际沟通和互动团体辅导等。通过练习、反馈、透析、解疑等方式，采用积极心理学导向，提高同学们在公众面前表达的能力、人际沟通和互动的能力，明确个人定位和在团队中的角色，强调发现自身潜力，突破个人过去角色束缚等。通过深入的探索，提升自我效能感。

综上，在关注内在自我效能感提升和拓展外部职场的元认知外，还需要优化人才培养方案和课程设置，培养就业核心竞争力、完善通识教育，提升会计人才就业力。

参考文献

[1] 柏思萍，刘思雨，陆子平，等.高校管理会计人才培养与企业需求差异探究 [J].广西教育，2019（47）：110-112.

[2] 陈锦仪，胡永铨.人工智能及智能会计冲击下的传统会计 [J].中国经贸导刊（中），2021（04）：171-173.

[3] 陈舒，倪民军.智能化对我国会计教育的冲击思考：以财务机器人为例 [J].国际商务财会，2020（01）：61-64.

[4] 何银铃.会计本科毕业生就业问题探讨 [J].现代职业教育，2021（15）：192-193.

[5] 梁慧丽，于威防.大数据背景下会计学专业大学生数字素养提升探究 [J].会计师，2021（13）：96-97.

［6］王馨苒，程翠翠，杨书想. 人工智能时代财会专业本科生就业竞争力提升策略研究 ［J］. 中外企业家，2019（15）：175-176.

［7］熊会兵，郭文婷. 以就业能力开发为导向的工商管理专业培养模式优化研究：基于 USEM 模型 ［J］. 高等继续教育学报，2014（6）：67-71.

［8］张晓娜. 基于 USEM 模型的大学生就业能力培养策略研究 ［J］. 长春教育学院学报，2014（9）：105-106.

协同共治视野下我国高校教师评价体系改革的制度逻辑与优化路径研究

王思懿

摘　要： 随着"双一流"建设的推进，如何以教育评价改革激发师资队伍的活力已成为我国一流大学面临的关键挑战。本文对十所"双一流"建设高校的教师评价制度改革方案进行了文本分析，从岗位分类改革、聘任与晋升评价标准改革、聘任与晋升评价程序改革三个维度对其评价改革的实施现状进行了深入的调查研究。研究发现，师资岗位分类改革初具成效，但不同岗位的晋升渠道和转换通道仍有待完善。随着评价标准改革的推进，同行评议和学术代表作制度得到重视，评价标准逐渐从推崇量化向定性与定量结合转变。在评价程序方面，院系的评审自主权进一步扩大，但教师的参与权和知情权仍未得到充分保障。基于此，在深化高校教师评价体系改革的过程中，一是应进一步简政放权，落实高校人事和财务自主权，赋予院系在聘任与晋升事务方面的实质决策权，在协同共治理念指引下促进高校教师评价主体从单一化转向多元化；二是应以科研成果的创造性和实用性以及对立德树人的贡献为导向建立评价激励机制，实现从量化考核到内涵式评价的转型；三是在开展高校教师评价时，还需注重教学和科研标准的平衡，通过强化教学评价标准来重塑大学的教学文化。

关键词： 协同共治；高校教师评价；岗位分类；制度逻辑

【基金项目】本研究报告系西南财经大学 2022 年度高等财经教育研究项目"协同共治视野下我国高校教师评价体系改革的制度逻辑与优化路径研究"（项目编号：JKB22FG05）的结项成果。

【作者简介】王思懿，西南财经大学公共管理学院，副教授。

一、研究背景和意义

教育评价是教育改革发展的"风向标"和"指挥棒"，而教师评价是教育评价改革的重中之重。近年来，在高等教育领域"放管服"改革稳步推进的背景下，深化高等教育评价体系改革已经成为加快推进我国一流大学和一流学科建设、有效推动我国高等教育治理体系与治理能力现代化、实现高等教育内涵式发展的重要着力点。2020 年 10 月，中共中央、国务院印发的《深化新时代教育评价改革总体方案》明确提出，以立德树人为主线，以破除唯分数、唯升学、唯文凭、唯论文和唯帽子（以下简称"五唯"）为导向，改进高等学校评价，推进高校分类评价，并首次提出"改进结果评价，强化过程评价，探索增值评价，健全综合评价"，强调构建符合中国实际、具有世界水平的教育评价体系。在文化强国、教育强国、人才强国、体育强国的国家重大战略部署下，如何以评价制度改革为契机激发学校和教师的活力、提高教育质量和科研水平，已成为影响我国教育和科技事业长远发展的关键议题。鉴于此，本文拟以新制度主义理论为指导，从分类评价、评价主体、评价标准、评价程序等维度出发，深入揭示我国高校教师评价体系的制度逻辑及其改革实践，并系统分析和比较高校教师评价的应然与实然主体、标准及程序，以期为我国高校教师评价体系的改革和优化提供切实可行的对策建议。

本文的理论价值包括两个方面：一是深化有关教育评价的理论认识。目前，学术界有关教育评价的研究大多拘泥于激励理论、利益相关者理论、场域理论等传统视角，研究视野相对较窄且单一，缺乏整体和系统的研究脉络。本文以新制度主义理论为指导，将"理论、实践、制度"相结合，对我国高校教师评价标准趋同的制度根源进行了系统分析，为分类评价的开展提供了理论指导，拓展了该领域研究的深度与广度。二是丰富中国特色学术话语体系。教师评价不仅是教育评价的重要研究领域，还是中国特色教育话语体系的有机组成部分。本文秉承"坚持扎根中国与放眼世界相统一"的理念，立足当前高校教师评价标准改革实践中出现的现实问题，紧密结合我国国情、高校校情和不同学科的特点，旨在构建兼具战略价值、理论内涵与本土适用性的高校教师评价体系，并进一步丰富中国特色学术话语体系。

本文的实践价值包括两个方面：一是落实破"五唯"政策要求，探索扎根中国大地的学术评价体系。近年来，在高等教育领域"放管服"改革和"双一流"建设深入推进的背景下，高校教师评价体系改革已经成为"双一流"建设的重要发力点和高校综合改革的关键突破口。本文旨在对我国不同类型和层次高校教师评价标准趋同化的深层动因、现实表征及其破解路径进行研究，有效呼应高等教育多元化发展的现实需求与破"五唯"的政策要求，为进一步优化我国高校教师评价体系提供实证依据与政策建议。二是加强高校师资队伍建设，推进高校学术治理体系和治理能力现代化。作为大学治理体系与治理能力现代化的组成部分与重要内容之一，高校教师学术评价体系改革对于实现我国高等教育内涵式发展的意义重大。本文以当前我国不同高校教师评价的应然与实然标准以及二者间的偏差为切入点，围绕完善岗位分类评价体系、拓展评价主体、健全评价标准、创新评价机制，逐步构建起科学合理、竞争择优、运行有效的学术评价体系，有效推进高校学术治理体系和治理能力现代化。

二、文献综述

（一）国外相关研究

国外主流的评价理论源自西方，已经历多次更迭，形成了相对成熟的研究范式和理论。其中，第一代评价理论将评价定义为一种对知识记忆和掌握程度的测量，第二代评价理论侧重描述（预先设定的教育目标实现的程度），第三代评价理论强调评价的本质是判断（优点和价值），第四代评价理论则奉行多元价值取向，将评价定义为多元利益相关者通过价值协商"共同建构"评价结果的活动。当前，随着多元价值观的广泛兴起，第四代评价理论已成为世界各国教育评价改革的主流理念之一。在此基础上，不同研究者对评价的本质和内涵进行了探讨，将评价视为一种意义建构的过程，或视为一种确定事物的优点、价值或意义的实践活动。评价标准也是国外学者关注的重点领域。在美国大学教授协会提出的集学术、教学和服务于一体的教师评价标准基础上，1990 年，博耶（Boyer）提出集探究的学术、整合的学术、应用的学术和教学的学术于一体的多元学术观，引发了关于教师评价标准重构与反思的热潮。

（二）国内相关研究

在我国，自中华人民共和国成立以来很长一段历史时期内，我国高校教师身份都属于国家任命的"体制内"干部，其评审主要看重资历而非能力。改革开放以后，教师职务任命制开始转向教师职务聘任制和岗位聘用制，教师评价才开始进入制度化和规范化发展阶段，相关研究才陆续展开。许多学者注意到评价标准模糊和主观化的问题，提出引入多层次、全渠道的量化考核指标体系。20 世纪末，随着评价制度改革的推进，学术界对量化标准的探讨也进一步深入。如解飞厚运用科学计量学对我国高校教学和科研评价中各指标所包含的要素及其赋分方法进行了探索。侯英彩运用引文分析理论对学术著作、论文、科研项目和获奖成果进行了分级量化，提出采用国际通行的 SCI 等引文目录作为量化科研成果的主要依据。此后，不少学者重点探讨了教师评价实践中教学与研究标准的关系。当前，随着表现主义导向的学术评价制度备受诟病，许多研究对现有评价体系的"破"与"立"进行了反思，完善同行评审机制、探索学术代表作制度、实行发展性评价、依据学科特点开展分类评价等议题也开始得到广泛讨论。

（三）研究述评

基于对国内外相关文献的分析可以发现，谁来评（评价主体）、评什么（评价内容）和怎么评（评价方式）是高等教育评价领域备受关注的热点议题。相比之下，国外学者的研究视角和方法较为多元，以实证研究或混合研究为主，多数结论有翔实的数据支持。而国内研究更注重经验描述和分析，理论深度和现实观照还有待提升，这为本文的开展提供了研究空间。据此，本文基于新制度主义理论，以我国不同类型和层次高校教师评价的应然与实然标准以及二者间的偏差为切入点，通过将"理论、实践、制度"相结合，深入揭示教师评价体系改革的实施现状及其政策效应，为构建具有中国特色、中国风格和中国气派的学术评价体系提供新思路。

三、理 论 基 础

和传统的制度分析理论相比，制度逻辑理论提出了一种新的定义制度内容和意义的方式，它将社会视为一种具有多种理性来源的跨制度体系，任何情境均可能受到不同社会领域的竞争逻辑的影响，并侧重从不同制度秩序逻辑的矛盾冲突中对社会和组织进行研究，因而能够更精确地分析不同制度逻辑的相互冲突和整合如何影响组织行为。"制度逻辑"（institutional logics）的概念由 Alford 和 Friedland 于 20 世纪 80 年代提出，主要指向当代西方社会存在的许多相互矛盾的实践和信念，如资本主义、国家官僚、政治民主制度等。这几种相互竞争的制度秩序都有其核心的逻辑，它们是物质实践和符号系统的集合，构成了每种制度秩序的组织原则并指导组织与个体行动。随后，许多学者对场域和组织层面的制度逻辑的复杂性和竞争性进行了研究。如 Thornton 和 Ocasio 对近几十年高等教育出版行业的制度逻辑如何从编辑主导转向市场主导进行了研究。Kitchener 研究了大学管理逻辑和专业逻辑对学术机构合并的影响，发现制度逻辑通常是相互冲突的，竞争性的逻辑导致了不同组织实践的差异性。根据场域层面的资源流动、机会和限制等因素，Thornton 和 Ocasio 进一步概括出七种社会层面的制度秩序以及相关逻辑的理想类型,分别是国家逻辑、专业逻辑、家庭逻辑、市场逻辑、企业逻辑、宗教逻辑和社区逻辑。周雪光等人以一个乡镇村庄选举制度近九年的演变历程为例,提炼出三类主要行动主体——国家及其相应政策、基层政府官员、作为选民的村民,以及由其所塑造的制度逻辑——国家逻辑、科层制逻辑、乡村的逻辑。该研究从动态的视角出发,关注到多重制度逻辑相互作用下微观层次社会群体间的互动,引导我们从更为广阔丰富的社会背景来认识和理解制度变迁,为制度逻辑理论在中国社会背景下的运用提供了典范。

借鉴制度逻辑的理论基础,我们发现在当前我国高校教师人事制度改革过程中,国家、大学行政管理系统、大学学术组织、学术劳动力市场共同构成了一个动态的组织场域,并形塑了相互竞争的几种制度秩序,包括国家逻辑、大学管理逻辑、学术逻辑、市场逻辑。以此为基础,本文尝试构建起分析我国高校教师人事制度改革的竞争性制度逻辑分析框架。该框架对于分析多重制度逻辑相互竞争的复杂场域内所发生的制度变革具有较强的适用性。其中,国家逻辑具有高度集权和计划管理等典型特征,其影响主要体现在聘任与晋升名额控制、评价过程监督与结果审查等方面,以从中央到地方各级立法机构颁布的法律以及各级政府和教育行政部门出台的各类文件为载体。大学管理逻辑是国家治理的制度逻辑嵌入大学治理的体现,但与此同时,大学组织自身的意志和利益又使得这种嵌入表现出一定的自主性。它以官僚组织为基础,崇尚理性权威和法律权威,其管理实践涉及目标管理、绩效评估以及问责、审计等外部规制形式,并通过组织内部一系列标准化的控制程序得以实现。学术逻辑主要基于专业共同体内成员所拥有的知识与技能而产生,具有学术认同、专业知识、社团关系等典型特征,通过被广泛认可的学术惯例和道德规范对学术工作进行专业控制。市场逻辑建立在自由交易和供需平衡的基础上,强调自愿、自由和共赢,具有崇尚利润、竞争和效率的特征。随着高等教育全球化的深入发展和新公共管理主义的兴起,市场逻辑开始成为影响高等教育发展的重要力量,私人部门以成本—效益比为核心的管理技术逐渐在高等教育领域得到普及和应用。

四、研究结果

(一) 教师评价制度改革的制度逻辑

高等教育评价改革受国家逻辑、大学管理逻辑、专业逻辑、市场逻辑等多重制度逻辑的影响,它们相互竞争和合作,为协同共治视野下的教育多元化发展提供了制度空间。其中,政府部门作为行政监管评价的实施主体,是引导我国构建中国特色高等教育评价体系的权威指导者。政府主导有利于把握高校教师评价的正确政治方向，但政府力量过于强大容易加剧评价制度行政化，最终导致评价流于形式。近年来，在简政放权和鼓励创新的制度环境下，大学管理系统获得国家下放的大部分自主权。随着人员编制、人员退出和流动、收入分配制度的完善，许多高校争先探索教师聘任制改革。在"放管服"改革背景下，国家通过权力下放和提供支持性的政策环境鼓励大学和专业协会积极参与高等教育评价。对国家经费及资源的高度依赖也使得大学管理逻辑响应国家政策要求，将破"五唯"作为评价制度改革的目标，探索建立完善的评价机制。

市场逻辑的影响也日益凸显，"世界一流""学术卓越"等带有强烈管理主义色彩的政策话语开始在我国高校迅速流行，以激发教师的活力和提高学术产出为目标、以目标管理和绩效考核为方式，许多高校开始陆续探索以科研产出为主的绩效评价体系。新公共管理理念的传播使得质量认证、审计以及大学排名被广泛应用，尤其是近年来大量备受关注的第三方排名（如软科大学排名）和教育评价机构（如麦可思研究院）的兴起，在提高评价效能的同时也诱发了一系列制度风险，如重科研轻教学、学术锦标赛等。在利好性的国家政策下，专业逻辑得以快速发育，如中国工程教育认证协会、中国高等教育学会等第三方的专业协会组织在高等教育评价中发挥着日益重要的作用，有力推进了中国特色、世界水平的高等教育质量保障体系建设。但在我国特殊的社会文化背景下，第三方机构的独立性还较弱，对政府的依赖性较强。在协同共治视野下，亟须构建各制度行动者之间平等、弹性、扁平的网络结构，促使协作与激励取代命令与控制，主动参与取代被动接受，进而为高等教育多样化发展提供制度基础。

（二）教师评价制度改革的实施现状

近年来，国内高校陆续启动教师评聘制度改革，引发了社会各界广泛关注。那么，作为改革的直接利益相关者和受改革影响最大的群体，教师对改革的关注、了解和参与情况如何？本研究将文本分析法、问卷调查法、半结构化访谈法相结合，选取了我国10所"双一流"高校，对其近年来出台的具有代表性和影响力的教师评聘制度改革方案进行梳理，同时结合教师手册、校内人事管理政策等资料，对其近年开展教师评聘制度改革的目标、内容、方式及其具体举措进行整体把握。在文本资料的基础上，笔者还自主编制了有关我国高校教师评聘制度改革的调查问卷，通过问卷星制作问卷链接。问卷发放的对象为10所案例高校的全职教师，调查采用随机抽样的方式，先通过网络获得教师的通讯录和邮箱等信息（约1 300位）。再对其基本信息进行整理，在综合了学科、职称、学校等因素后选取其中1 200名教师作为调查样本。共发放约1 200份问卷，回收545

份，回收率约为 45.4%，在剔除信息填写不完整、答题时间过短、不同题目答案无差异、正反向题项上存在明显矛盾回答的问卷之后，只剩 505 份可供分析的问卷，最终的有效回收率约为 42.1%。尽管样本规模不大，但无论在性别、年龄、学历、职称、学科类型方面，样本的人口和组织特征基本与当前我国一流大学教师的总体结构特征相符。在此基础上，本文还聚焦当前"五唯"难破的制度困境，在综合考虑年龄、职称、学科、是否有行政职务等因素的基础上，选取了 30 名人事部门管理人员、基层院系学术领导以及普通教师，进行了半结构引导性的深度访谈，以获取改革重要利益相关者对高校教师评价改革实践的认知和意义解读。

1. 岗位分类评价

合理设置岗位是开展岗位考核评价、落实岗位聘任的基础。岗位设置的概念最早出现于"教师专业技术职务岗位设置"中，在很长一段时间内，职称即岗位。以 1986 年颁布的《高等学校教师职务试行条例》为依据，教师岗位被划分为助教、讲师、副教授、教授四个职务岗位，并规定了相应的职责和仕职条件。而在高校教师聘用制改革的背景下，这种较为笼统和模糊的岗位划分已经无法适应岗位聘用的要求。由于大学面临日益复杂和多样化的社会需求，结构单一的师资队伍已经难以承载起大学多元使命和组织目标的实现，而解决这一结构性不平衡的思路恰好在于师资分类发展改革。以 2006 年国务院发布的《事业单位岗位设置管理试行办法》及实施意见为指导，2007 年，原人事部、教育部颁布《关于高等学校岗位设置管理的指导意见》，为教师岗位类别和等级划分及其岗位任职条件提供了政策依据，成为高校教师岗位分类改革的行动指南。具体而言，岗位类型划分由笼统的"专业技术岗位"拓展为专业技术、管理、工勤三个岗位大类，每个大类下又设置了二级岗位类别，其中专业技术岗位的等级可划分为高、中、初级共三级十三等。

此外，该意见还赋予了高校在二级岗位类别下进行岗位分类设置和管理的自主权。依据实际校情，高校既可采用文件中推荐的"教学为主岗、教学科研岗和科研为主岗"的岗位划分方式，也可根据校情自行设计岗位类别。从各高校的改革方案中可以发现，大部分高校从教学和科研的关系出发，将教师岗位划分为教学为主岗、教学科研岗和科研为主岗三类，也有高校结合实际校情单独设置了社会服务岗位、以医疗为主的教师岗位和思想政治教育教师岗位等。以岗位分类设置、管理和评价为基础，相应的管理和评价规则进一步细化。关于不同类型岗位的转换，部分高校也在相关政策中有所提及，但转岗方向通常是从专职教师队伍转向教辅或管理岗，或从教学科研岗位转向其他岗位。例如，北京大学教师聘任和职务晋升制度改革方案中提到，"教学科研系列教师符合学校规定的聘任条件可以申请应聘专任教师系列、实验技术系列、管理系列等岗位，获得批准后应办理相应的转聘手续"。中南大学的人事制度改革方案中提到，"建立非升即走（转）、优胜劣汰的退出机制，对不适应教师岗位工作的人员实行转岗分流，转岗人员视情况转入教辅类、管理类岗位"。以岗位分类设置、管理和评价为基础，相应的管理和评价规则进一步细化。同时，固定编制管理开始向岗位动态编制管理转变，国家先期审批并核定高校岗位设置数量及结构比例，以岗位为基础支付财政经费，而岗位的具体聘用和管理则由高校负责，即先由国家"定编到岗"，再由高校"以岗定人"，以岗位为链条，国家完成了与教师的分离。固定编制管理模式下的"国家与教师对应"逐步过渡到岗位动态编制管理模式下的"国家与岗位对应"，这极大地扩大了高校的用人自主权，使得科层制逻辑进一步得到强化。

从问卷调查结果来看，58.1%的教师认同岗位分类改革，认为岗位分类有利于教师根据自身兴趣选择适合自己的职业发展路径。但与此同时，接近一半的教师认为，岗位分类可能导致不同类型岗位教师之间的差距进一步拉大，这说明岗位分类改革在实际操作中出现了某种偏差，由于不同类型岗位在经费、名额和声望等资源方面的差异，改革可能带来政策预期以外的负效应。39.1%的教师认同当前校内不同类型的岗位均有畅通的晋升通道，36.2%的教师表示不确定，且部分教师在开放式问题中反映，许多长期从事本科教学的老师缺乏发展平台和晋升机会，教学型岗位的晋升名额较少且标准严苛。关于不同类型岗位之间的转换通道是否畅通这一题项，仅有18%的教师认为校内不同类型岗位之间的转换通道较为畅通，高达48.9%的教师对此表示不确定，见表1。这表明，大部分教师对于岗位转换政策普遍缺乏了解和认同，可能恰好反映出学校在岗位转换方面的政策尚不清晰，或仅制定了指导性文件。总体来看，当前我国"双一流"高校的师资岗位分类改革还存在一系列问题，如不同岗位类型的薪酬、资源和晋升机会存在一定差异，不同岗位类型之间转换通道不畅且相关政策不明确等。

表1　岗位分类制度改革各项目的均值和标准差

项目	非常不同意/%	比较不同意/%	不确定/%	比较同意/%	非常同意/%	均值	标准差
岗位分类改革有利于教师个性化发展	6.3	11.3	24.4	43.8	14.3	3.48	1.07

表1(续)

项目	非常 不同意 /%	比较 不同意 /%	不确定 /%	比较 同意 /%	非常 同意 /%	均值	标准差
岗位分类改革加大了不同类型岗位教师之间的差距	3.0	11.7	32.3	41.4	11.7	3.47	0.95
不同类型的岗位均有畅通的晋升通道	7.1	17.6	36.2	34.9	4.2	3.11	0.98
不同类型岗位之间的转换通道比较畅通	9.1	24.0	48.9	16.0	2.0	2.78	0.89

2. 评价标准

受"单位制"传统影响，一直以来，我国高校教师聘任和晋升评价更多依据教师的年龄和资历，导致论资排辈的现象十分普遍。自1986年《高等学校教师职务试行条例》及实施意见颁布以后，教师聘任与晋升标准开始向规范化和量化的方向发展，依据"德、能、责、勤、绩"以及"教学、科研、服务"对教师进行精确化的量化考核成为普遍趋势。这一阶段，我国大部分高校都陆续采取全省统一组织、集中评议的评审形式，计量模型、模糊评价、层次分析、均衡理论、系统理论等评价技术助推了量化考核的兴起。同一时期，在国际学术界备受推崇的《科学引文索引》(Science Citation Index, SCI) 和《社会科学引文索引》(Social Science Citation Index, SSCI) 开始被引入我国高校教师学术评价体系，成为评价教师研究成果的重要依据。2000年，由南京大学中国社会科学研究评价中心开发研制而成的《中文社会科学引文索引》(Chinese Social Sciences Citation Index, CSSCI) 诞生，填补了我国长期没有客观、量化的社会科学研究成果质量评价指标的空白。随后，科研成果尤其是论文发表的等级和数量成为教师聘任与晋升评价的关键指标。为了在资源竞争中积累优势，高校和科研人员不得不将更多精力投入在短期内能够创造强绩效信号的任务中。作为高校保持组织竞争优势与可持续发展能力、展示绩效能力的有力工具，量化的科研评价制度在提升我国科研论文发表数量的同时，也诱发了学术功利化乃至学术造假等不良现象。

近年来，在促进高等教育内涵式发展、深化学术评价制度改革的背景下，单纯以论文数量和计算影响因子的量化评价方式的弊端日益凸显，以同行专家评议为核心的定性评价机制重新得到重视，部分高校如复旦大学开始在人文社会学科尝试推行以定性评价为主的学术代表作制度，高校教师聘任与晋升评价标准逐渐从推崇量化向定性与定量相结合转变。当前，在以"有限聘期"和"非升即走"

为典型特征的聘用制改革情境下，教师没有内部劳动力市场所隐含的长期雇佣承诺，能否续聘存在较高的不确定性。在强竞争和绩效导向的新管理主义的影响下，为了提升师资队伍的整体水平和学校的人才竞争力，高校不断提高教师聘任和晋升标准与要求，学术劳动力市场呈现出由学校主导的"卖方市场"特征。"在聘任制改革背景下，我国各高校在进行'表现主义指标'竞赛过程中，不断提高教师进入门槛，加重晋升砝码，风向标指向的几乎都是论文发表、项目经费和政府获奖等数字化的'卓越'。"

从具体的聘任与晋升标准来看，几乎所有高校都将获得博士学位作为基本的应聘条件，当然由于历史条件限制，对部分年龄较大的教师学校适当放宽了对于学历的要求，如北京大学的改革方案中规定新进教师原则上必须拥有博士学位或本学科最高学位。浙江大学的改革方案中要求评聘高校教师教授、副教授职务的原则上应具有博士学位，对公共外语、公共体育和公共艺术等少数特殊学科以及1958年以前出生的教师可适当放宽为具有硕士学位。除学历标准提高以外，许多高校还将海外研修经历作为聘任或晋升的重要考察标准，通过聘任和晋升标准的导向性作用鼓励教师积极参加国际学术交流与合作。例如，西北工业大学要求所有参与专业技术岗位评聘的教师都要有国际合作经历，副教授聘任标准要求具有出国（境）留学、进修或工作经历，或至少参加国（境）外国际会议一次并作学术报告。教授聘任标准要求具有连续一年以上出国（境）留学、进修或工作经历，并参加国（境）外国际会议一次并做大会报告或分会主席，或用外文讲授课程一门，或主持国际合作研究项目一项，或指导留学研究生等。武汉大学要求申报高级岗位的教师应具有连续一年（理工科）或六个月（人文社科）以上在国（境）外高水平大学或研究机构学习工作经历，部分特殊专业如军事、艺术、体育等专业类教师不做要求。

伴随岗位分类设置，不同岗位类型的聘任和晋升标准、考核办法以及评审重点呈现出差异化和多样化的特征，但基本都包括教学、科研和服务三个大的方面。所有类型的岗位都需要参与学校建设和承担社会服务性工作，主要差异体现在教学和科研方面的要求。相比于教学科研型岗位，教学为主的岗位的科研标准有所降低，但教学方面的要求更高，不仅要求完成较大的教学工作量，还对教学质量、课程体系建设、教学研究以及教学获奖提出了较高的要求，而对于科研为主的岗位，一般不要求从事教学或仅需完成较小的教学工作量，但对于学术发表和科研项目的要求较高。对于占据主体地位的教学科研并重型岗位，以论文发表尤其是国际期刊发表为主的科研标准呈持续强化趋势。例如，西安交通大学在副教授的评聘标准中强调必须要有以第一作者身份发表的5篇及以上高水平论文，其中应有一定数量的国外 SCI、SSCI 论文。浙江大学要求第二次申报晋升正高职务的教师应在项目、论文等方面取得重要成果，论文方面即体现为作为第一作者或通讯作者在本学科 TOP 期刊上发表 SCI 收录论文（理工科），或作为第一作者或通讯作者在本学科 SSCI、AHCI 收录期刊或权威期刊发表论文（人文社科）。

此外，评价标准开始更多关注学术成果的质量。许多高校在教师聘任与晋升条件中仅要求受聘人提交具有代表性的高水平论文或其他成果，对于成果数量没有硬性要求，试图以此扭转过去职称评审中过于重视数量而忽视质量的弊病。例如，武汉大学提出对发表高水平论文、取得重大科研突破、获得重要教学科研奖励以及在社会服务中有突出贡献（须权威部门认定）的应聘者可适当降低"量"的要求，教学工作除对"量"的考核外，还注重"质"的要求，应聘教师近三年学生评教结果平均排名应位于学院前 60%，对教学工作业绩突出者在同等条件下可优先考虑。大连理工大学提出建立科学合理的评价指标体系，评议内容包括教学工作的质和量、科研工作的质和量、获奖和专利的质和量、人才培养的质和量、社会工作的质和量五个方面。浙江大学在教师职务晋升条件中以"标志性成果"替代了原来的量化指标。最后，从案例高校的改革方案中还可以看出，基层院系在标准制定方面的自主权增加，学校层面仅从教学、科研、社会服务等方面制定框架性的标准或学术要件，不同院系可依据学科特点制定相应的细化标准，如北京大学的改革方案规定，教师聘任与晋升以学术标准为主，具备优秀的教学、科研和社会服务业绩，新聘讲师须有相关专业领域扎实、系统的基础理论并得到研究方法的严格训练，有希望成为本领域的杰出学者和优秀教师；晋升或新聘副教授须有重要的、有影响的学术论文或专著，是本领域国内优秀的青年学者，达到相应年龄段所从事研究领域国内的前列，圆满完成教学工作量，教学效果优良；晋升或新聘教授须是国内或国际同行公认的所从事学科领域有杰出成就的学者，有标志性的重要研究成果，圆满完成教学工作量，教学效果优良。

与此同时，从改革文本来看，随着对人才培养质量和教学质量的重视逐渐加强，教学也成为重要的考核方面。例如，西北工业大学要求晋升教授的教师须主讲过 2 门以上本科生（或研究生）课程，每学年讲授至少 1 门本科生（或研究生）课程，每年不少于 32 学时，且教学状态评估为"良好"及以上。中南大学也将本科课堂教学工作量、教学综合质量考评结果作为申报正高职务的必备条件，并实行一票否决制。但问卷调查结果显示（见表 2），60% 的教师不认同"当前的评价较以往更重视教学"，近一半的教师不认同"当前的评价标准更好地平衡了教学与科研"。这表明，尽管近年来学校政策不断释放出加强教学的信号，但在实际评价过程中，以科研成果为主导的评价模式仍然未发生根本转变，重科研轻教学的情况仍然存在。学校对学院和学科的考评依旧以论文发表、科研项目和研究经费为主，教学在其中的贡献度极为有限，当考评体系没有发生根本变化时，对教学的强调也只能停留在政策层面，难以落到实处。此外，关于"当前的评价标准更好地平衡了数量与质量"，44.7%的教师选择了不同意，31.3%的教师表示不确定，仅有24%的教师选择了同意。这说明，改革后的评价标准在数量和质量的平衡方面变化不大，大部分学校依然会在考评体系中设定一些量化的标准，对发表论文的期刊等级、科研项目的级别、研究经费的数量做出硬性规定，在此基础上再提出更高的质量要求。总体来看，尽管各校的改革方案和人事政策都或多或少体现了教学要求，以及学术评价的质量要求有所提高，但实际上，科研能力和潜力仍然是教师聘任与晋升评价中的核心竞争力，重科研轻教学的情况仍然未发生根本转变。并且，由于教师聘任与晋升评价中同行评议制度尚不完善，同时受管理主义的影响，量化的评价方式仍然存在。

表2　聘任与晋升标准改革各项目的均值和标准差

项目	非常不同意/%	比较不同意/%	不确定/%	比较同意/%	非常同意/%	均值	标准差
当前的评价标准较以往更重视教学	25.1	34.9	23.4	14.3	2.4	2.34	1.08
当前的评价标准较更好地平衡了教学与科研	20.0	29.5	27.9	19.2	3.4	2.56	1.11
当前的评价标准更好地平衡了数量与质量	16.8	27.9	31.3	20.4	3.6	2.66	1.09

3. 评价程序

从各校的教师聘任与晋升制度改革方案来看，聘任与晋升的组织和程序也是改革的重点，组织程序方面的变化主要体现在院系自主权得到强调，多数院系可自行组织并决定副高及以下职务的评审。例如，武汉大学的人事制度改革方案中明确规定，除正高级推荐人选还须上报至学校专业技术岗位学科评议组审定以外，各院系在经过专业技术岗位聘任分委员会议定以后，可直接决定副高及以下岗位拟聘人选。上海交通大学的长聘教职制度实施办法中也提到，各院系可决定副教授及以下教师岗位的评审，在经院系专业技术职务聘任小组或长聘教职评审小组评审投票通过后即可上报人事处签订合同。此外，凸显学术自主的教授会评议机制和"内行评价内行"的同行评议机制也得到广泛采用。例如，北京大学在改革方案中提出，建立由院系内全体教授参加的教授会（教授委员会）评议机制，充分发挥本学科同行在教师聘任与晋升评价中的作用，在院系教授会审议之前必须先送同行专家评审。武汉大学也强调充分发挥教授会和各级聘任组织在教师专业技术岗位聘任中的作用，完善校外同行评议制度，逐步加大海外同行专家评议的比例，同行评议结果不佳的应聘者则不能进入后续聘任程序。《西北工业大学教学科研系列教师准聘长聘管理办法》中提到，建立同行评议和长周期考核机制，逐步完善国际同行评议制度和海外专家评价机制。上海交通大学在长聘教职制度实施办法中明确提出，院系长聘教授会是聘任与晋升的执行主体，学校人事部门主要负责审查院系工作是否符合学校和院系的制度要求。此外，部分高校还在改革方案中完善了处理人事纠纷的调解机制，明确了处理申诉或投诉的责任主体，以及相应的调解程序。

尽管从各校的改革方案和人事政策来看，教师聘任与晋升程序正在逐步完善，但教师们的反馈并不乐观，如表3所示。在评审程序中备受关注的院系自主权和同行评议方面，48.1%的教师同意院系自主权在当前的评审程序中得到凸显，27.5%的教师表示不确定，可能原因在于尽管学校将部分评审权下放至院系，但在教师聘任与晋升评价实际过程中，决策权主要集中在系主任、院长等学术领导手中，普通教师在其中的参与权较小。在"当前的评审程序中同行评议得到重视"题项，44.3%的教师持肯定态度，表明当前的评审程序中同行评议结果确实对教师后续评审发挥了较大作用，而这种影响某种程度上得到了教师的认同，但接近1/3的教师回答不确定，可能原因在于同行评议主要由学校人事处或院系统一组织，许多教师对同行评议的内容及其组织、发放、回收等过程不甚了解，且较少有机会参与其中。关于当前评审程序中教师的参与权和知情权，教师的认同度则更低，同意当前的评审程序中教师的参与权得到强调的教师比例仅为21.2%，同意当前的评审程序中教师的知情权得到强调的教师比例仅为32.1%，这表明制度层面上许多增强基层学术自治和教师民主的措施尚未落到实处。如在后续访谈中，许多教师提到，尽管学校政策中规定教师本人在同行评议中可推荐评审专家，但实际操作中为了提高效率，大部分评审专家依然由系主任、院长直接确定，且教师很难通过正式渠道获知评审结果，这促使教师通过寻求人情关系了解评审结果，使得学术组织内部的人情网络进一步入侵教师的日常学术生活。最后，在"当前的评审程序完善了教师申诉机制"题项，仅有23%的教师选择了同意，高达47.5%的教师表示不确定。这一方面可能由于较少有教师曾借助申诉机制表达对评审结果的不满，因此对此缺乏了解；另一方面可能在于尽管在政策文本中设有教师申诉机制，但在实践中缺乏明确的实施细则和相关的责任主体，因此这类申诉程序常常沦为形式。

表3 我国高校教师评价程序改革各项目的均值和标准差

项目	非常不同意/%	比较不同意/%	不确定/%	比较同意/%	非常同意/%	均值	标准差
当前的评审程序中院系自主权得到凸显	10.1	14.3	27.5	42.4	5.7	3.19	1.08
当前的评审程序中同行评议得到重视	7.5	15.0	33.1	37.8	6.5	3.21	1.03
当前的评审程序中教师的参与权得到强调	15.8	25.7	37.2	19.4	1.8	2.66	1.02
当前的评审程序中教师的知情权得到强调	12.3	22.4	33.3	29.5	2.6	2.88	1.05
当前的评审程序完善了教师申诉机制	11.7	17.8	47.5	20.2	2.8	2.85	0.97

五、对策建议

第一，应构建指向高等教育实际和观照高校利益共同体实际发展需要的高校教师评价实践范式。淡化国家逻辑对高等教育评价事务的行政干预，进一步简政放权，推进"管办评分离"向"放管服"纵深发展，在协同共治理念指引下促进高校教师评价主体从单一化转向多元化，降低决策重心，赋予院系在聘任与晋升事务方面的实质决策权，发挥小同行评审在教师聘任与晋升评价中的作用，将具有特定学术领域的专业审查能力作为享有决策权的唯一正当理由。同时，引入兼具独立性、权威性与专业性的第三方评价机构，培育和鼓励社会中介机构开展多种形式的高校教师评价活动，建立多元参与的评价体系，提升社会评价的科学性与权威性。为防止人情等因素的影响，还须强化集体决策、信息公开、巡查制度、纪检监察、申诉复议等监督保障机制，通过书面政策明确申诉机构的主体、职责范围以及具体的申诉程序，厘清校内评审机构、监督机构和申诉机构的权责关系，当教师对自己的评审结果存在异议或不满时，可以通过申诉受理、重新评审、结果告知、再次申诉等程序进行申诉，申诉机构将重点审查评审执行主体的公正性、评审过程的规范性、评审材料的真实性、评审标准的合理性、评审程序的科学性等内容，以确保院系学术权力的规范化行使，维护教师的合法权益，保障制度的公平取向。

第二，应克服"唯学历""唯资历""唯论文"等倾向，注重内涵式评价，以科研成果的创造性和实用性以及对立德树人的贡献为导向建立评价激励机制。当前，我国高校普遍通过学术期刊认定和分级的方式对教师聘任与晋升标准制定及实施进行实质性的控制，这种划分主要借助行政权力、采用量化评估的思维方式，依据期刊影响因子进行，其中发表在学校认定的权威期刊或高被引期刊的论文才被认为是"高水平论文"。这种"借由行政权力操控的教师评聘机制将专业领域同行评议的功能弱化，进而将教师评聘这一重要的学术自治事项简化为论文、专著、奖项以及科研项目的量化评估"。过度看重学术论文发表促使不同岗位类型和职业发展阶段的教师都以论文发表为重心，诱发了短期化和功利化的"发表式科研"。实证研究表明，大部分教师认为当前教师聘任与晋升制度改革的难点集中在评价标准上，尤其是对于行政主导的过度注重论文数、期刊级别、影响因子以及经费数额的量化评估体系诟病较多。因此，亟须改进量化科研评价和教学评价等结果评价，试点实施增值评价，形成面向产出的综合评价。合理运用评价结果，发挥其导向、鉴定、诊断、调控与改进作用。探索建立符合高校自身发展目标和办学特色的质量标准，构建富有时代特征、彰显中国特色、体现世界水平的高等教育评价体系。

第三，还须注重教学和科研标准的平衡，重塑大学的教学文化。当前，我国高校教师评价制度带有注重科研、强调绩效的能者居上的导向，论文发表往往被默认为是最重要的标准，而教学能力常常被忽视。科研至上和量化导向的教师聘任与晋升评价体系进一步削弱了大学的教育使命，可能威胁大学的长远发展。因此，应反思大学教学的内在价值，将"教学相长"的理念嵌入大学教学实践中，承认教学活动的复杂性、实践性、相对模糊性、不易测量性等特征，避免简单移植和套用技术理性主导和功利主义取向的量化评价方式来衡量教学活动，克服因为过度追求外在价值而造成教学异化的弊病。鼓励教师关注学生学习体验的提升，通过教与学的有效互动促进教师德性、智慧与文化资本的增加，而非为了满足教学考核任务、获得教学认可一味地追逐显性的、可测量的教学成果，如发表教学论文、申请教改项目、参加教学比赛等。高校应加大对教学的支持和投入的力度，通过建立教学促进中心、教师教学中心、教学学术指导中心等组织，完善教学发展体系，借助教学方法研讨和试验、教学竞赛、教学工作坊、午餐会等方式逐渐搭建起教学研究与实践探索的平台。在引进人才的招聘和晋升方面，有必要加强对新聘教师的教学能力考察，应对其聘期内的教学能力、科研能力、团队合作能力进行综合考察后再决定是否给予其高级职称。此外，还可通过构建主体多元、形式多样的教学荣誉体系鼓励教师投入教学，在全校范围内营造支持和鼓励"教书育人"的文化氛围。

参考文献

[1] 何晓雷. 博耶的教学学术思想：内容、影响与局限 [J]. 高教探索，2018 (9)：60-65.

[2] 王希坤，岳毅. 教师职务聘任中的量化考核 [J]. 职业教育研究，1989 (2)：33-36.

[3] 解飞厚. 科学计量与专家评审：关于大学教师职称评审改革 [J]. 高等教育研究，2000 (3)：69-72.

[4] 侯英彩. 文献计量学理论在高校教师职称量化评审中的应用 [J]. 图书情报导刊，2005，15 (15)：270-271.

[5] 阎光才. 学者还是教师：关于研究型大学的学术聘任标准 [J]. 高等教育研究，2017，38 (4)：43-50.

[6] 陈斌. 从"表现主义"到"本质主义"：大学学术评价指标化的支配及其超越 [J]. 高等教育研究，2021，42 (5)：44-54.

[7] 周雪光，艾云. 多重逻辑下的制度变迁：一个分析框架 [J]. 中国社会科学，2010 (4)：132-150.

[8] 黄志丽，刘晓敏. 我国高校评聘政策研究的发展与现状 [J]. 高校教育管理，2016，10 (4)：98-104.

[9] 鲍威，戴长亮，金红昊，等. 我国高校教师人事制度改革：现状、问题与挑战 [J]. 中国高教研究，2020 (12)：21-27.

[10] 黄亚婷. 聘任制改革背景下我国大学教师的学术身份建构：两所研究型大学的个案研究 [M]. 杭州：浙江大学出版社，2019：5.

[11] 姚荣. 国家管制与市场调节之间：我国高校教师人事自主权行使的双重机制及其矫正 [J]. 湖南师范大学教育科学学报，2019，18 (2)：39.

[12] FRIEDLAND R, ALFORD R R. Bringing society back in：Symbols, practices, and institutional contradictions [M] // Walter W. Powell Paul J. DiMaggio. The new institutionalism in organizational analysis. Chicago：University of Chicago press，1991：233-258.

[13] THORNTON P H, OCASIO W. Institutional logics and the historical contingency of power in organizations：Executive succession in the higher education publishing industry，1958—1990 [J]. American journal of sociology，1999，105 (3)：809.

［14］ KITCHENER M. Mobilizing the logic of managerialism in professional fields：The case of academic health centre mergers ［J］. Organization studies, 2002, 23 （3）：391-420.

［15］ THORNTON P H, OCASIO W, LOUNSBURY M. The institutional logics perspective：A new approach to culture, structure, and process ［M］. Oxford：Oxford University Press, 2012：56.

［16］ EVETTS J. New professionalism and new public management：Changes, continuities and consequences ［J］. Comparative sociology, 2009, 8 （2）：247-266.

新财经引领下的校园文化
及西财精神传承创新研究

刘黄娟

摘　要：西南财经大学自 1925 年成立至今，经过近百年的沉淀，遵循"经世济民，孜孜以求"的大学精神，造就了"严谨、勤俭、求实、开拓"的西财人。2019 年，西南财经大学第十三次党代会全面部署"建设新文科、引领新财经、创造新优势"战略，以适应现代化经济体系为指向、以数字赋能为根本动力、以金融科技为战略高点，主动引领新时代高等财经教育创新发展。新财经正是西南财经大学根据高等财经教育发展阶段、环境、条件变化提出的。本文以西财校园文化的建设历程为切入点，通过采访各个校园文化建设的主体，结合校园文化形塑理论，来探讨西南财经大学的校园文化建设在新财经背景下是如何以及更好做到精神的传承与创新，并从中总结出校园文化的建设经验以及探究其是否具有可迁移性，以达到为同类院校校园文化的建设提供借鉴，并为社会主义文化的发展和传承注入新活力的目的。

关键词：新财经；校园文化；西财精神

一、西财精神与新财经建设背景

西南财经大学（以下简称"西财"）的校训"严谨、勤俭、求实、开拓"确立于 20 世纪 80 年代初。其内涵为：严谨为治学第一要义；西财历代师生勤俭治校，艰苦奋斗，当传承并永葆勤俭质朴的优良品质；做学问与做人、做事一样，均要以诚信为本，求真务实；发展离不开前人的奠基和创业，更需要后人的传承与开拓。

【作者简介】刘黄娟，西南财经大学公共管理学院，讲师。

历经数十载风雨洗礼，西财人关注经济，关切民生，执着追求，共同铸就了"经世济民，孜孜以求"的大学精神。"经世济民"是我国古代圣贤对"经济"一词的理解，是以探求经济运行规律为己任的经济学人不懈追求的目标，它将个人的知识、能力奉献社会，将个人的成才抱负融入为最广大人民造福之中。"孜孜以求"，孜孜者，汲汲也，勤勉，不倦、不息也，寓意孜孜不倦，自强不息，厚德载物，不贪图安逸享受。

新财经是西财根据高等财经教育发展阶段、环境、条件变化提出的。作为国家首批"双一流"建设高校，西财主动适应、把握和引领现代经济、科技和教育深刻变革的必然趋势，在新财经已有改革发展实践的基础上，2019 年，西财第十三次党代会全面部署"建设新文科、引领新财经、创造新优势"战略，以适应现代化经济体系为指向、以数字赋能为根本动力、以金融科技为战略高点，主动引领新时代高等财经教育创新发展（卓志，2019、2021）。

在此背景下，西财主动把握新经济、新科技、新业态引发的高等财经教育形态的深层次变革趋势，深化对高等教育领域尤其是新财经发展规律的认识，将与高等教育发展耦合的校园文化发展规律的研究探索置于新财经建设背景之中，将为学校科学决策提供扎实的理论支撑和科学的政策建议。

二、文献综述

（一）校园文化的内涵

文化是人类在处理人与世界关系中所采取的精神活动与实践活动的方式及其所创造出来的物质和精神成果的总和，是活动方式与活动成果的辩证统一（顾明远，2006）。文化可分为主文化和亚文化。校园文化是一种重要的亚文化，它以校园为中心，以师生的文化实践活动为载体，并受社会主流文化和其他亚文化的影响而形成（宋伟，2016）。三是校园文化由大环境和小环境塑造。校园文化是以校园为空间，以学生、教师为参与主体，以精神文化为核心的物质文化、制度文化、行为文化相统一的具有时代特征的一种群体文化（史洁 等，2005）。校园文化是指在学校环境中，由学校管理者和广大师生员工在教学、科研、生产、生活等各个领域的相互作用中所创造出来的一切物质的和精神的产物以及创造的过程（葛金国、石中英，1990）。综上，校园文化是由学校管理者和广大师生员工在教育、教学、管理、服务等活动中创造形成的一切物质、制度、精神的总和，以及创造形成过程的总和（孟秀霞、李久丽，2013）。

（二）校园文化的形成与演变

"校园文化"（school culture）一词最早由美国学者沃勒（Waller）于 1932 年在其《教育社会学》中使用。他指出：校园文化形成的来源之一就是年轻一代的文化，之二是成人有意安排的文化。前者由学生群体中的各种习惯传统、价值观念以及影响而产生的情感心理和表现行为等构成，后者则代表了教师的成人文化，由教师群体的各种习惯传统、规范准则、价值观念和心态行为等组成。这种将学校视为一个社会体系的在工具理性基础上的"结构-功能"研究被布鲁韦尔（Brouwer）和麦克顿（Mackerdon）等美国学者发扬和深化，他们认为，校园文化是由学校特有之价值、规范、传统、行为模式等构成的，具有社会控制和社会化的功能，限定教育内容，强烈地影响教师和学生的行动。

此外，沃勒从文化学角度对校园文化的传统性和时代性进行了分析，也给后续研究者提供了思路。苏霍姆林斯基（Suhomlinski）在学校文化建设方面特别注重学生集体和教师集体的人格培育，树立崇拜意识。Kuh 和 Whitt 继沃勒之后指出，一个学校的文化传达了一种"我们是谁"的认同感，以及我们标榜什么、怎样行事，并指导着我们理解事物的方式。Hoy 和 Kottkamp 则进一步指出，学校的文化是其成员共同的取向系统（包括规范、社会主义核心价值观和隐性假设），它维持了这个单位的整体性，并给它一个截然不同的身份（王俊有 等，2014）。

（三）校园文化与精神传承

文化是民族之血脉。无论是校园文化还是大众文化，都应当传承传统文化中的人文精神。中华优秀传统文化中体现出的人文精神具有丰厚的思想内涵，其精髓主要包括：重视人的道德修养，培养高尚、有理想、有民族气节的人；培育乐观旷达、坚忍不拔、敬老养老、勤俭治家治国、知耻慎行等美德；宣扬舍生取义的忠贞气节；强调修身养性等（刘明山、刘向红，2008）。因此，国内大多高校都将这些人文精神通过校园文化特别是以校训、校风、校园空间布局等多种方式传承下来，如清华大学"行胜于言"的校风，中山大学以《中庸》所倡扬的"博学之，审问之，慎思之，明辨之，笃行之"为校训，则是认识论的真理性要求和实践性要求的统一（胡显章，2014）。另外，国内外多所学校的空间布局，也体现了对传统文化的传承。如中国美术学院象山校区通过抽象的现代手法传达传统山水画的意蕴与气质，卡塔尔大学教学区吸取了中东地区的民居经验，形成网格单元式的遮阳院落，设置风塔引风降温，以适应当地气候的变化（刘万里、张伶伶，2009）。

（四）校园文化与精神创新

校园文化作为社会主义先进文化的重要组成部分，应当在新时代下发挥引领社会文化的功能与价值。大学文化必须与时俱进、传承创新，始终代表社会先进文化的发展方向。有学者提出，大学精神文化的创新有三个基本层面，即观念层面、制度层面和物质层面。其中，观念文化是核心，制度文化是保障，物质文化是基础（孙泊、陈瑶，2012）。如今，更多高校选择将具有时代价值的中华优秀传统文化与校园文化的塑造相结合。例如，西安交通大学"爱国爱校，顾全大局，乐于牺牲，无私奉献，尽职敬业，艰苦奋斗"的西迁精神，是对爱国爱校、顾全大局的革命精神的传承与创新；是对无私奉献、勇挑重担的创业精神的传承与创新；是西安交通大学尽职敬业，艰苦奋斗的务实精神的传承与创新（朱继洲等，2005）。另外，还有将"红船精神""雷锋精神""胡杨精神"等融入校园文化建设之中（肖明朗、邹建良，2016；马艳波、于丹，2015；司颖华，2014），使中华优秀传统文化焕发时代光彩，对提升学校文化软实力，丰富学校的内涵，增强学校整体育人功能，进一步提高学校办学品位和办学水平，提升学校竞争力和关誉度的意义深远而重大。

（五）国内外高校校园文化比较

国外高校校园文化见表1。

表1　国外高校校园文化

学校名称	学校性质	校园文化总结		资料来源
		校训	其他	
Harvard University（哈佛大学）	综合类研究型	与柏拉图为友，与亚里士多德为友，更要与真理为友	1. 提倡自主学习理念；2. 结合办学目标，建设人文艺术校园；3. 塑造校园文化品牌，打造历史特色学府	知网：陈友艳，2009；韩玉娜，2008；陈慧，2006
Massachusetts Institute of Technology（麻省理工学院）	综合类研究型	既学会动脑，也学会动手	1. 重通识教育和专业教育，培育学术自由氛围；2. 实施"校聘教授"制度，构建特色教师队伍；3. 创新人才培养机制，搭建全景式人才培养新框架	知网：梁瑞，2022；柏豪，2019；李志锋、汪洋，2018；沈梨勇等，2021
Stanford University（斯坦福大学）	综合类研究型	自由之风永远吹拂	1. 完善队伍结构，促进特色智库建设；2. 发挥榜样的力量，形成浓厚的学术氛围；3. 沉淀历史因素，构建特色校园景观	知网：邵琪、张义民，2022；ennead architects，2019；涂秀珍，2011

表1(续)

学校名称	学校性质	校园文化总结		资料来源
		校训	其他	
University of California-Berkeley（加州大学伯克利分校）	综合类研究型	愿知识之光普照大地	1. 崇尚包容精神，多方面建设包容性校园；2. 结合办学理念，建设特色学科；3. 形成独特建筑风格，象征自由思想	知网：王银花，2014；谷贤林，2005；屈张，2017
University of Oxford（牛津大学）	综合类研究型	上主乃吾光	1. 继承学术传统，制定特色学院制、导师制培养模式；2. 重视人文教育，完善学科设置；3. 坚持依法治校，构建科学体系	知网：常顺利、王立，2020；彭道林、曹丽梅，2018；薛青，2016
Columbia University（哥伦比亚大学）	综合类研究型	借汝之光，得见光明	1. 讲求依法治校，规范管理；2. 兼容并蓄，积极对外交流；3. 推进制度建设，选聘优质教师	知网：韩玉娜，2008
University of Washington（华盛顿大学）	综合类研究型	要有光	1. 继承历史因素，建设特色校园景观；2. 完善课程设置，推行顶峰课程；3. 营造创新氛围，培养全方位人才	知网：Perkins Eastman，2022；程帆，2019；黄云志，2009
University of Cambridge（剑桥大学）	综合类研究型	此地乃启蒙之所和智慧之源	1. 构建导师制，提高学术水平；2. 实行学院制独立管理；3. 开设特色课程，促进教师职业发展	知网：胥秋，2022；罗朗，2022；陶丽丽，2021
California Institute of Technology（加州理工学院）	理工类研究型学院	真理使人自由	1. 发展特色人文教育，多途径创新人才培养机制；2. 构建师生为本的教学支持系统，实现一流教学；3. 继承发展传统，实行精英教育	知网：郭航，2018；嵇艳、汪霞，2015；李敏、周朝成，2006
Johns Hopkins University（约翰霍普金斯大学）	综合类研究型	真理必将使你自由	1. 实行学院管理分权体制和教授会制度，实现高效率管理；2. 重视学术自由，建设持续革新的课程体系；3. 推进制度建设，重视教师选聘工作	知网：威廉·布罗迪、王晓阳，2009；王绽蕊，2004；王旭燕，2015；周婕等，2022
University of California—San Francisco（加利福尼亚大学旧金山分校）	医药类研究型	让光明普照	1. 运行系统高效，人力投入充足，各司其职；2. 教学气氛浓郁，教学活动充实；3. 紧跟社会需求，提高学术水平	知网：江伟，2013；耿景海等，2008

表1（续）

学校名称	学校性质	校园文化总结		资料来源
		校训	其他	
Yale University（耶鲁大学）	综合类研究型	光明和真理	1. 注重人文教育，打造校园文化品牌；2. 搭建"教与学中心"平台，促进教学融合；3. 贯彻绿色发展理念，建设绿色校园	知网：韩玉娜，2008；陆道坤，2017；周娅娜、王旭峰，2019
University of Pennsylvania（宾夕法尼亚大学）	综合类研究型	法无德不立	1. 人才管理实行"双轨制"；2. 坚持交叉融合，建设特色学科；3. 构建"创业生态系统"，为学习创业者提供多种支持资源	知网：罗中枢，2004；柯洪霞，2007；姬红兵、王磊，2005；张常勇、郭梦娇，2018
University of California–Los Angeles（加州大学洛杉矶分校）	综合类研究型	让光明普照	1. 继承历史因素，建设优美校园；2. 完善基础设施，提供便捷式服务；3. 打造校园品牌，促进校园文化传播	知网：李宏明、李承宇，2018；罗良清，2015
University of Chicago（芝加哥大学）	综合类研究型	益智厚生	1. 重视人文环境，建设特色校园；2. 以学术为本，创新和发展管理制度；3. 建设特色学科，形成群体优势	知网：潘力、乐丽君，2021；陈亭竹，2020；别敦荣、陶学文，2011；陈文斌、刘学，2007
Princeton University（普林斯顿大学）	综合类研究型	她以上帝的名义而繁荣	1. 立足本校，形成特色自治结构；2. 继承学术传统，提高学术能力；3. 多方位推进学科建设	知网：李晓燕，2020；杨旭莹，2019；刘爱生、刘佳玲，2021
University College London（伦敦大学）	公立联邦制大学	我们为至高荣誉齐聚在此	1. 完善组织结构，促进特色制度建设；2. 注重学术自主，夯实研究基础	知网：左宇希，2009；郑雅倩，2019
University of Toronto（多伦多大学）	综合类研究型	百年树人	1. 强调创业精神和技能培养，鼓励师生创新性科学研究；2. 完善教学管理机制，提高学术水平；3. 多方位建设道德教育，规范师生行为	知网：黄艳辉等，2019；王光森，2007
University of Michigan—Ann Arbor（密歇根大学安娜堡分校）	综合类研究型	艺术、知识、真理	1. 成立密歇根学习与教学研究中心；2. 多方面建立教师教学评价体系	知网：武岳，2019

表1(续)

学校名称	学校性质	校园文化总结		资料来源
		校训	其他	
Imperial College London（伦敦帝国理工学院）	研究型大学	科学是帝国的荣耀和庇护	1. 重视学术自由，强调自主学习；2. 设置学习小组，促进师生交流	知网：王玲等，2012

国内高校校园文化见表2。

表2　国内高校校园文化

财经类高校	校训理念	校园文化总结	资料来源
上海财经大学	厚德博学经济匡时	1. 优化校园环境，突出历史沉淀；2. 加强"三风"建设，传播主流价值观念；3. 科学化顶层设计，提高服务水平和管理效率，提倡风清气正	上海财经大学官网——大学文化
中央财经大学	忠诚、团结、求实、创新	1. 合理规划校园布局，建设多功能校园；2. 创办宣传刊物，发挥舆论阵地引领作用；3. 开展系列主题活动，丰富校园精神生活；4. 开展评选活动，引导学生行为规范	知网：李志军、黄明伟，2010
对外经济贸易大学	博学、诚信、求索、笃行	1. 推动多元文化发展，与主流文化保持平衡；2. 改革育人机制，探索创新型经贸人才培养模式；3. 完善活动设施与经费配置，建设特色网络资源；4. 构建安全体系，推进平安校园建设	知网：王宇航，2010；刘洁、梁尔华、张旭东，2013
中南财经政法大学	博文明理厚德济世	1. 深入挖掘校史，传承红色基因，打造校园文化地图；2. 贯彻可持续发展理念，实现校园景观绿色化；3. 搭建文化交流平台，促进师生全方位发展	知网：高丽红、刘伟，2020；蔡静康，2015；耿少哲，2022
东北财经大学	博学济世	1. 推进第二课堂建设，完善组织与制度体系；2. 开展红色文化传承活动，夯实高校思想政治教育工作；3. 聚焦学科特色，强化新文科建设	知网：毕克贵、潘婷，2020；孙怡琳，2021；王维国、徐健、盖印，2021

表2(续)

非财经类高校	校训理念	校园文化总结	资料来源
北京大学	爱国、进步、民主、科学	1. 建设特色标识系统，助力校园文化传播；2. 构建学术科创体系，夯实学术发展根基；3. 策划各类学生活动，建设特色校园品牌；4. 保留历史底蕴，构建特色校园景观	知网：郭丛斌、孙启明，2015；北京大学官网——学术科创；杨芬，2017；马卓然，2022
清华大学	自强不息厚德载物	1. 传承文化基因，打造特色校园；2. 创新传播媒介，加强"三风"建设；3. 实施人才培养模式改革，建设有温度的校园文化；4. 加强顶层设计，推进绿色大学建设	知网：刘芳，2020；清华大学官网——清华新闻
复旦大学	博学而笃志切问而近思	1. 推广特色文创产品，促进校园文化传播；2. 贯彻核心价值理念，构建特色后勤文化；3. 创新阅读品牌，推动第二课堂建设；4. 开发特色校本资源，指导师生树立正确的"三观"	知网：高俊芹，2019；刘建峰、肖永春，2011；成俊颖，2022；任帅军，2019
同济大学	同舟共济	1. 聚焦思政教育重难点，实现各部门互联互通；2. 树立统筹协调观念，实现信息共建共享；3. 形成特色教育思想，创新人才培养模式；4. 探索多校区管理路径，形成多校区共同管理模式	知网：牛英辉、王丽娜、杨焕，2020；叶明海、翟庆华、段存广，2010；许青、张力楠，2010
上海交通大学	饮水思源爱国荣校	1. 实施人才强校主战略，发挥独特办学优势；2. 深化课程改革，构建人才培养特色体系；3. 完善校园硬件设施，打造校园文化新地标；4. 丰富校园文化活动，打造红色教育路线	上海交通大学官网——2021年报；知网：刘芳，2020
暨南大学	忠实笃敬	1. 弘扬爱国主义，传承历史优秀文化；2. 开展多样的校园活动，形成特色文化品牌；3. 重视课堂教学，构建素质教育课程体系；4. 建设特色标识系统，促进校园文化多渠道传播	知网：罗发龙，2019；夏泉、张桂国、罗发龙，2009；卢健民、夏泉，2004
中南大学	知行合一经世致用	1. 实施社团品牌文化发展战略，推进第二课堂建设；2. 开展红色教育活动，传承红色文化基因；3. 打造"问渠长廊"，推进学风建设；4. 因地制宜，建设本土化校园景观	知网：刘芳，2020；中南大学新闻网；任阳，2018

表2（续）

非财经类高校	校训理念	校园文化总结	资料来源
西南大学	含弘光大 继往开来	1. 探索学生工作路径，形成特色党支部工作矩阵；2. 贯彻可持续发展理念，形成"西大育人模式"；3. 完善课程设置，建构"三全育人"体系；4. 搭建交流平台，推动学术建设	知网：于涛、谢嘉珣，2022；吴靖、洪伟龙，2021；潘孝富、王蕾，2020
武汉大学	自强、弘毅、 求是、创新	1. 建设"珞珈"工程，展现校园风貌；2. 创新传播载体，搭建文化阵地；3. 优化校园环境，突出校园特色	知网：刘芳，2020；徐幸子等，2011；董世永等，2009；武汉大学教育发展基金会官网
四川大学	海纳百川 有容乃大	1. 创办文化专栏，建设智慧校园；2. 深入校企合作，提供"川大方案"；3. 传承红色基因，沉淀革命文化；4. 打造人文教育基地，建设特色校园景观	知网：党跃武，2022；卢乔森等，2021；肖茜、李玉敏，2021；四川大学新闻网
南开大学	允公允能 日新月异	1. 挖掘历史基因，创办特色文创品牌；2. 打造特色地标，丰富校园物质文化建设；3. 创新教学理念，开设"南开客栈"，打造"黄金课程"；4. 推进制度建设，构建全方位工作体系	知网：高俊芹，2019；申军波等，2020
北京师范大学	学为人师 行为世范	1. 丰富校园活动，焕发传统文化时代活力；2. 完善教师发展体制，多途径多渠道全方位推进教师思政工作和师德师风建设	知网：刘芳，2020；北京师范大学新闻网
浙江大学	求是创新	1. 树立窗口意识，提供创新创业的"浙大方案"；2. 形成特色育人观念，构建思政教育工作体系；3. 全方位构建文化表达体系，促进校园文化多渠道传播；4. 挖掘历史因素，完善课程设置	知网：卢飞霞、王鸿阳、李由，2022；任帅、游志纯，2022；尤云弟，2021；艾静，2019
湖南大学	实事求是 敢为人先	1. 传承历史文化，构建特色校园景观；2. 统筹教学工作，推进队伍专业化建设	知网：李鑫，2015；罗晰，2012；毕磊，2013
北京外国语大学	兼容并蓄 博学笃行	1. 完善校园硬件设施，建设现代化校园；2. 创办特色学生活动品牌，促进校园文化多渠道传播；3. 传承红色基因，培养实用型人才	知网：张海英，2018；于承杰，2013；秦惠民、祝军，2021

西财校园文化见表3。

表3　西财校园文化

发言主体	时间	校园文化（校训：严谨、勤俭、求实、开拓）	资料来源
卓志	2021级新生开学典礼	《国有耀兮 自强求之》。1. 肩负历史重任，弘扬西财精神；2. 立志明德，成为时代新人；3. 勇往直前，砥砺奋进	西财微信公众号
	2020级新生开学典礼	以《运筹方寸之间 决胜未来之远》。1. 胸有大局、心有大我；2. 格物致知、经世致用；3. 和而不同、美美与共；4. 躬行不辍、久久为功	西财微信公众号
	建校95周年大会	95年来，学校始终做到四个坚持：1. 服务国家，热血创造奋斗；2. "五育"并举，铸就金融人才库；3. 投身实践，发挥智库作用；4. 变革创新，增强核心竞争力	西财微信公众号
卓志	2021届毕业典礼暨授位仪式	《从历史中汲取走向未来的智慧与力量》。1. 以史铸魂，追随"真理之光"，高擎真理之炬；2. 以史铭志，心怀"国之大者"，书写大我人生；3. 以史明责，答好"时代之问"，弘扬西财精神；4. 以史砺行，写好"奋进之笔"，永葆赤子之心	西财微信公众号
	2020届毕业典礼暨授位仪式	《向阳而生 行且益坚》。1. 勇毅奋进，涵养家国情怀；2. 乘风破浪，书写实干篇章；3. 稳重自持，肩负时代重任	西财微信公众号
卓志	2019届毕业典礼暨授位仪式	《奔跑吧，西财追梦人》。1. 扎根时代、与世界同行；2. 切问现实、且诗意栖居；3. 日新似竹、又定力如磐	西财微信公众号
	2018届毕业典礼暨授位仪式	《与时俱进 重新出发》。1. 识时明势勇立潮头，辉映新时代；2. 执着一流久久为功，奋进新时代；3. 守正创新应时而变，逐梦新时代	西财微信公众号
赵德武	2017级新生开学典礼	《筑梦西财 卓越人生》。1. 在励学中厚植底气本领，在力行中成就至善大我；2. 树立经世济民之志向，胸怀厚生惠民之大爱；3. 成就卓越人生重在励学修业，以智慧之光照亮人生前行之路	西财微信公众号

表3（续）

发言主体	时间	校园文化（校训：严谨、勤俭、求实、开拓）	资料来源
张宗益	2016级新生开学典礼	《学会挑剔 懂得欣赏》。1. 学会挑剔，熔炼批判思维；2. 懂得欣赏、尚美崇善，自信，包容，欣赏差异、尊重多元；3. 时间终会向你证明，你读过的书、行过的路、看过的风景，会不断发掘你自身潜藏的光芒，让你的未来恒久地熠熠生辉	西财微信公众号
	建校90周年校庆——中外校长论坛共议人才培养	《坚守大学之道 弘扬西财精神 办人民满意大学》。1. 身兼复兴重任，不断探索实践；2. 倡导开放包容，坚守大学之道；3. 坚守崇高理想，造就风雅西财；4. 坚持立德树人，创新人才培养体系	西财微信公众号
	2014级新生开学典礼	《不忘初心 经世济民》。1. 读万卷书、行万里路，知行合一、学以致用；2. 永葆初心，拒绝浮躁，固守本真，用勤奋浇开财经之花，实现从"小我"到"大我"的蜕变；3. "做最好的自己"，不忘初心，信守诺言，成就彼此最美的等待与期望	西财微信公众号
张宗益	2013年毕业典礼	《包容的力量》。1. 人的一生，本质上就是逐渐学会与自己、与他人、与世界和谐相处的过程；2. 唯有包容，让你可以从容淡定地接纳自己，采众人之长追求卓越，集世界之力同向而行，散发出永久的人格魅力，这就是包容的力量	西财微信公众号
	2012级新生开学典礼	《为人为学 追求卓越》。1. 顽强拼搏，砥砺奋进，涵养爱国情怀；2. 立身以正、待人要和、勇于担当；3. 要有"海纳百川"的胸襟，要有"见贤思齐"的勇气，要有"为者常成"的意志	西财微信公众号

综上所述，当前研究在讨论"校园文化"时很少有将校园文化的定义、内涵外延、形成因素等各方面综合起来进行探讨，忽视了校园文化的基础性条件分析。本研究将这些因素都考虑在内，并以西财校园文化建设这一具体实例进行研究，对丰富校园文化的学术研究、促进西财校园文化建设有所裨益。较多学者在研究校园文化建设路径时，会结合时下背景，却没有对高校的性质进行分类。因此，本研究提供了一个新的视角——新财经建设的背景。在此大背景下，本研究以精神传承和精神创新为切入点，能够为我国高校校园文化建设提供更好的借鉴。此外，当前对高校校园文化的研究只是基于现实需要或是其他来选取某一高

校作为研究对象，而没有具体细化到某一性质的高校。本研究创新之处在于将高校所属性质进行具体说明，通过国内外高校比较，财经类和非财经类不同性质高校的比较，为财经类院校建设校园文化提供更好的借鉴。

三、新财经引领下的校园文化及西财精神传承创新研究过程

（一）研究内容与研究思路

针对目前国内外校园文化研究现状，本研究将从以下四个方面展开：

（1）西财校园文化是什么，体现在哪些方面，不同主体的认知是否一致；

（2）西财校园文化的精神传承路径；

（3）在新财经背景下，西财校园文化的精神创新路径；

（4）归纳总结西财校园文化的形成机制，通过国内外比较分析，考察对财经类院校校园文化建设的可参考性，为同类院校建设校园文化提供建议。

新财经引领下校园文化及西财精神传承创新研究设计见图1。

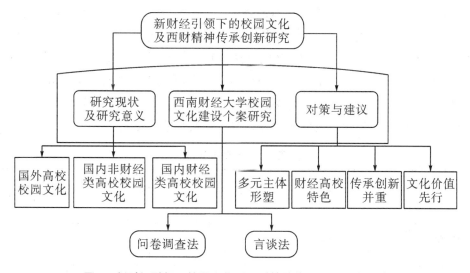

图1　新财经引领下校园文化及西财精神传承创新研究设计

本研究以西财的校园文化为核心主题、以问题为导向，基于已有研究中的对校园文化的思考，包括对校园文化的文化定位、内涵特征；起源流变、功能作用；国内外现状比较，财经类高校和非财经类高校的比较后对现状不足的认知和通过传承、创新重塑的梳理与思考，进一步总结归纳西财校园文化形塑的因果机

制、传承和创新路径，探索优化现有校园文化的对策建议。新财经引领下校园文化及西财精神传承创新研究思路见图2。

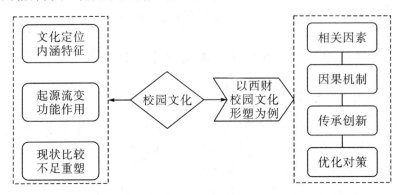

图2　新财经引领下校园文化及西财精神传承创新研究思路

（二）研究方法

本文所使用的研究方法主要包括档案研究法、比较研究法、个案研究法、访谈法以及问卷调查法。其中，问卷调查使用自编问卷，以"西财校园文化的内涵"为主题设计问卷，通过对一定样本量的同学发放问卷，从而获得对西财校园文化建设现状的认知以及不同群体的看法。基于问卷调查，选取校内的部分行政人员对他们进行线上或线下访谈。访谈内容主要围绕学校的校园文化建设历程、如何认识西财的校园文化、是否受到西财文化的影响等展开，以更全面、深入地了解我校校园文化的建设现状及问题。访谈对象安排见表4。

表4　访谈对象安排

编号	性别	年龄	在校时长	身份角色	关注校园文化意愿
A01-A06	女性3人、男性3人	20~60岁	1~40年	行政人员：组织人事部、教师发展中心、户籍科、财务处、学工部（辅导员）、教务处	强/中/弱关注
B01-B06	女性3人、男性3人	20~60岁	1~40年	教师：老体制/年薪制、院长、副院长、资深教师各2人、年轻教师2人	强/中/弱关注
C01-C011	女性6人、男性5人	15~60岁	1~10年	学生：本科4人、硕士研究生3人、博士研究生4人	强/中/弱关注

四、校园文化建设的对策建议

在当前校园文化建设中，主要存在物质文化建设、精神文化建设和体制建设三个方面的不足。具体表现为：一是对校园物质文化的基本内涵、物质文化建设的地位认知不足，建设力量投入不足；二是在精神文化建设上存在功利主义盛行、缺乏人文精神、新时代下的社会转型使一些教师对文化发展的根基认识不足、缺乏文化底蕴的问题；三是在体制建设上体现为管理体制存在行政化倾向、文化建设缺乏整体性、文化建设制度保障不够（唐雁，2022）。数字时代为青年人带来了机遇与挑战，青年人易于接受新鲜事物，不囿于固有观念，社会结构的转型，改革的攻坚破难，世界文化的多元化等一系列转变易于冲击青年人的思想观念。在新财经建设背景下，校园文化也逐渐由原先的"象牙塔"式封闭状态走向"社会化"建设背景之中，校园文化建设面临多元价值并存、文化配置虚泛、文化特色单调、文化治理滞后等多重挑战，如德国哲学家亚斯贝尔斯所言，"学校越开放，对外部的要求就越敏感，因此过于轻率地适应眼前需要而放弃长远责任的危险也就越大"。

文化是一种精神力量，在人们认识世界、改造世界的过程中可以转化为物质力量，深刻影响社会发展，而校园文化是高校软实力的体现，在一定程度上也可以转化为硬实力。校园文化作为文化的一个重要分支，应在传承与创新中寻求平衡，而不能脱离一方去讨论另一方。另外，应注重传承与创新路径建设的多样性和影响机制的因果性。例如，可以通过打造校园文化品牌凸显历史沉淀，或将传统文化通过创新传播载体的方式来传承等。

在新时代下，校园文化建设可从以下四个方面着手：一是以物质文化为落脚点，夯实校园文化建设的基础；二是以精神文化为载体，增强校园文化建设精神动力；三是以制度文化为根本，加强校园文化建设制度保障；四是以高校实际情况为着力点，打造特色校园文化品牌。加强校园文化建设，必须重视中华优秀传统文化与校园文化之间的积极融合，努力实现中华优秀传统文化进校园、进课堂、进教材。此外，发挥党建工作对高校校园文化的引领作用，是高校以提高质量为核心内涵式发展的本质要求，关系到高校文化的传承与创新，关系到高校人才培养质量。

校园文化虽属于业文化，但也应结合时代背景，在传承优秀历史文化的同时进行校园文化的创新，给传统文化注入时代活力，加快整个社会文化的建设进程。对西财校园建设自身来说，一是应注重全方位、多渠道的建设，将校园文化的传承与创新与新财经背景相结合，丰富西财精神的时代内涵。二是在校园文建设过程中，应强调建设主体的多元性。校园文化的建设不仅要关注政治制度环境以及历史与传统因素，还应考虑多元主体的加入，重视多元主体共同塑造的过程，可将学生、教师甚至为校园运行提供重要保障的后勤人员考虑在内，实现校园文化影响的广泛性。此外，在建设过程中，要明确自身定位，打造具有自身特色的校园文化品牌。相比于非财经类院校，财经类高校的校园文化更侧重实用性以及社会性，这有利于实用型和创新型人才的培养，但同时也会存在缺乏多角度、全方位进行人才培养等问题。

校园文化建设不仅要关注政治制度环境以及历史和传统因素，还应该考虑学生和教师主体的加入，重视多元主体共同塑造的过程。综上所述，在进行校园文化建设时应注意：一是注重建设主体的多元化；二是强调建设的全面性，考虑多方面因素的耦合；三是与时代接轨，紧跟时代步伐；四是高校文化不仅要体现当地高校专业特色，更重要的是文化价值观先行，要体现当地高校的文化特色。

参考文献

[1] 卓志. 新时代我国高等财经教育的方位与使命 [J]. 中国高等教育，2019 (24).

[2] 卓志. 加快推进中国特色"新财经"教育创新发展 [J]. 新文科教育研究，2021, 1 (1).

[3] 侯长林. 论高校校园文化起源与变迁 [J]. 学术探索，2012 (7).

[4] 张卓. 大学的起源与本质：探索中国大学的初心 [J]. 南京航天航空大学学报（社会科学版），2019, 21 (1).

[5] 杨东平. 大学精神 [M]. 沈阳：辽海出版社，2000：133.

[6] 王俊有，李巧灵，田艳辉，等. 初中校园文化对教师工作绩效的影响机制：组织认同的中介作用 [J]. 心理与行为研究，2014, 12 (1).

[7] 侯长林. 高校校园文化基本理论研究 [D]. 武汉：华中科技大学，2013.

[8] 李好. 美国高校校园文化建设的特点及启示 [J]. 湖北社会科学，2010 (3).

[9] 任缘娟. 新时代中华优秀传统文化融入高校校园文化建设的路径研究 [D]. 乌鲁木齐：新疆医科大学，2020.

[10] 杨小山，管卫卫. 新形势下高校校园文化建设现状与对策研究 [J]. 今古文创，2020 (23).

[11] 顾明远. 论学校文化建设 [J]. 西南师范大学学报（人文社会科学版），2006, 32 (5).

［12］宋伟. 社会主义核心价值观融入高校校园文化建设研究 ［D］. 郑州：郑州大学，2016.

［13］葛中国，石中英. 论校园文化的内涵、特征和功能 ［J］. 高等教育研究，1990（3）.

［14］史洁，冀伦文，朱先奇. 校园文化的内涵及其结构 ［J］. 中国高教研究，2005（5）.

［15］孟秀霞，李九丽. 应用型大学校园文化定位及建设研究 ［J］. 学校党建与思想教育，2013（11）.

［16］宋伟. 社会主义核心价值观融入高校校园文化建设研究 ［M］. 北京：人民日报出版社，2017.

［17］夏永全. 论校园文化建设的影响因素与学校精神培育 ［J］. 江西科技师范学院学报，2008（6）.

［18］杨宝元. 校园文化建设研究综述：兼议对校园文化建设关键问题的认识 ［J］. 宁夏师范学院学报，2020，41（5）.

［19］宋国秀，朱玉芹. 高职院校办学理念和校园文化定位分析 ［J］. 中国校外教育，2011（20）.

［20］高超. 校园文化建设探析 ［J］. 文化产业，2021（34）.

［21］张玉钰. 浅谈加强校园文化建设的意义与途径 ［J］. 当代教育实践与教学研究，2019（20）.

［22］唐诗. 浅谈高校校园文化建设的意义及现状 ［J］. 黄河之声，2017（4）.

［23］张文婷. 浅谈校园文化建设的意义和内涵 ［J］. 环渤海经济瞭望，2019（10）.

［24］周文静. 新时代高校校园文化内涵建设的路径探索 ［J］. 漳州职业技术学院学报，2021，23（3）.

［25］唐雁. 新时代高校校园文化建设策略研究 ［J］. 渤海大学学报（哲学社会科学版），2022，44（3）.

［26］杨阳. 当前高校校园文化建设应着力把握好的几个问题 ［J］. 思想理论教育导刊，2012（4）.

［27］梁海娜，李红亮. 媒体融合发展对大学校园文化的迭代影响及其应对 ［J］. 江苏高教，2020（12）.

［28］余守萍. 中华优秀传统文化融入校园文化的路径探析 ［J］. 教学与管理，2016（3）.

[29] 吴秀清. 高校党建引领校园文化建设的路径研究 [J]. 淮南职业技术学院学报, 2021, 21 (1).

[30] 刘明山, 刘向红. 大学校园文化与大众文化对中国优秀传统文化的传承 [J]. 中国商界 (下半月), 2008 (2).

[31] 胡显章. 构建当代中国大学的精神文化 [J]. 中国高等教育, 2014 (10).

[32] 刘万里, 张伶伶. 大学校园空间的文化传承研究 [J]. 华中建筑, 2009, 27 (7).

[33] 孙泊, 陈瑶. 大学文化的精神家园与传承创新 [J]. 文化学刊, 2012 (4).

[34] 朱继洲, 刘朔, 崔瑞峰. 西迁精神: 交通大学文化的传承与创新 [J]. 西安交通大学学报 (社会科学版), 2005 (1).

[35] 肖明朗, 邹建良. 以 "红船精神" 引领大学开展创新创业校园文化建设 [J]. 长春教育学院学报, 2016, 32 (4).

[36] 马艳波, 于丹. 传承雷锋时代精神 引领校园文化建设: 以辽宁石油化工大学为例 [J]. 大学教育, 2015 (5).

[37] 司颖华. 传承胡杨精神 构建特色校园文化 [J]. 新西部 (理论版), 2014 (21).

我国一流大学社会服务绩效评价指标体系的构建与应用

习勇生

　　摘　要：构建我国一流大学的社会服务绩效评价体系是"双一流"建设的必然要求。本文基于已有的研究成果，通过借鉴 IOO 模型，构建一流大学社会服务绩效评价的指标体系。选取 30 所进入"双一流"建设行列的一流大学，梳理其 2008—2016 年的相关数据，并运用主成分分析方法对指标体系进行检验。研究发现，指标体系虽然具有一定的科学性和合理性，但也存在一些局限和不足。

　　关键词：一流大学；社会服务；绩效评价；主成分分析方法

一、关于高校社会服务评价指标体系的研究现状

　　在高等教育大国向高等教育强国迈进的历史性跨越中，构建一流大学的绩效评价体系可以为政府有关部门评估"双一流"建设成效提供视角和方法上的借鉴。在现行的评价体系中，社会服务评价是略显薄弱的环节之一。已有研究表明，一流大学在从事教学、科研之外，还要生产公共服务和拓展外联产品，依托大学的优势开展多种形式的技术咨询、技术服务、专利转让等社会服务活动，但其价值往往难以准确衡量。综观相关研究，高校的社会服务绩效评价通常被视为整体绩效评价的有机组成部分，而关于人才培养、科学研究和社会服务的独立研究，又以科学研究绩效评价的研究成果居多，主要采用数据包络分析（DEA），Super—SBM 静态分析以及 Malmquist 指数动态分析等方法，之后数据包络分析方

　　【基金项目】西南财经大学"中央高校基本科研业务费专项资金" 2020 年度高等财经教育研究项目"我国一流大学社会服务绩效评价的实证研究"（项目编号：JKB20FG11）。

　　【作者简介】习勇生，西南财经大学人文学院，助理研究员。

法逐渐发展出三阶段 DEA 模型和改进 DEA 交叉模型等前沿方法。关于社会服务绩效评价的独立研究，大体来说还不够丰富，多以定性研究为主，定量研究主要集中在评价指标和实证方法两个方面。

关于高校社会服务指标体系的构建，通常是基于广义和狭义两个层面的定义。广义的社会服务囊括为社会所进行的人才培养、科学研究、社会服务和文化传承，强调教学、科研、文化传承皆服务于社会服务，即大学的所有职能都可归为"社会服务"。学者们从多角度和多维度对社会服务进行了划分，有学者将其分解为教学延伸服务、科研延伸服务、文化活动服务和资源服务四个方面；也有学者选取人才培养、科研技术服务、专家咨询服务、文化资源服务作为社会服务的指标。狭义的社会服务强调高校直接面向国家及区域重大战略需求，注重挖掘高校社会服务深层次的内在功能。在研究中，学者们因特定需要，或因数据局限，往往只选择与社会服务直接相关的某个或某几个指标，这些指标具有一定的说服力，但过于零散地分布在一些研究成果中，无法系统地反映社会服务的绩效情况。

在实证研究方法方面，高校社会服务绩效与科研绩效评价基本类似。概括起来包括结构方程模型方法、超效率 DEA 分析、三阶段 DEA 模型、Malmquist 指数模型以及随机前沿分析（SFA）等。

综上所述，相对于高校整体办学效率评价而言，科学研究绩效评价已经比较完善，而关于社会服务绩效评价的研究刚刚起步，研究空间较大。本文在前人研究的基础上，基于一定的理论基础，拟构建出一流大学社会服务绩效评价的指标体系，并运用定量分析方法对指标体系进行修正与完善。

二、一流大学社会服务绩效评价指标体系的构建

本文在探索构建一流大学社会服务绩效评价指标体系时，重点考虑两对关系：一是整体与部分的关系。高校的社会服务职能与人才培养和科学研究难以进行彻底绝对的区分，我们无法脱离教学、科研割裂孤立地研究社会服务问题，因此本文将高校社会服务界定为广义层面。当然，在具体构建指标体系时，本文也会重点考虑社会服务自身的独特性。二是静态与动态的关系。经过头脑风暴式讨论和运用德尔菲法等方法，不难构建起一套静态的、"看上去很美好"的社会服务绩效评价体系。然而，这种指标体系能否反映高校的发展轨迹，能否揭示高校从投入到产出的动态特征，能否刻画出不同类型高校在社会服务方面的不同表现，需要在实践中去验证。

本文在研究中发现，通过借鉴 George A Boyne 关于组织绩效的 IOO（input-output-outcome）模型，在一定程度上有助于分析高校在"投入—产出—结果"三个环节的内在机理，如此既能够探讨投入产出的效率，也能反映出投入与结果

的效益。投入（input）一般包括人力、物力、财力三个方面，这点在学术界已达成共识。产出（output）是指基于一定的资源投入，经过教育活动直接产出的物品、服务或人力资本；结果（outcome）则更加强调投入与产出对社会经济文化所带来的更深层次的影响。本文运用此模型，尝试将社会服务指标整合得更加深入全面，并力图反映出高校社会服务的动态特征。经过反复研究，本文构建的指标体系见表1。

表1 一流大学社会服务绩效评价指标体系

一级指标	二级指标	三级指标
整体投入	人力投入	校本部教职工总数
		校本部专任教师
		专任教师高级职称数
		研究与发展全时人员（自然科学）
		研究与发展全时人员（人文社科）
	物力投入	教学及辅助用房面积
		实验室（实习场所）面积
		校舍面积
	财力投入	科技经费拨入
		研究与发展拨入总经费（人文社科）
		科技经费政府资金
		科技经费企事业单位委托
综合产出	人才培养产出	在校研究生数
		在校普通本专科学生数
	科学研究产出	发表论文（人文社科）
		发表论文（自然科学）
		研究与发展课题数（人文社科）
		研究与发展课题数（自然科学）
		国际学术会议提交论文数（人文社科）
		国际学术会议交流论文（自然科学）
	社会服务产出	知识产权申请数（自然科学）
		专利出售合同数（自然科学）
		技术转让合同数（自然科学）
		研究与咨询报告（人文社科）

表1（续）

一级指标	二级指标	三级指标
产出效果	社会服务经济效益	专利出售数当年实际收入金额
		技术转让当年实际收入金额
	社会服务声誉价值	长江学者奖励计划（含特聘教授、讲座讲授、青年学者）
		当量科学研究与发展成果获奖（人文社科）
		当量科学研究与发展成果获奖（自然科学）
	社会服务成果质量	国家四类科技计划
		国际级项目验收数（自然科学）
		研究与咨询报告被采纳数（人文社科）

三、一流大学社会服务绩效评价指标体系的应用

为进一步验证指标体系的科学性和合理性，本研究采用《教育部直属高校基本情况统计资料》，梳理了进入"双一流"建设行列 30 所一流大学在 2008—2016 年的相关数据，并运用主成分分析方法对评价指标体系进行检验。具体来说，运用 SPSS 22.0 软件进行主成分分析，对高校社会服务"投入—产出—结果"的指标体系进行降维，并基于相关系数矩阵或协方差矩阵，分别计算"投入""产出"与"结果"的特征值和方差贡献率，以此形成不同的主成分。

（一）投入指标

表 2 给出了投入指标的 KMO 和 Bartllet（巴特利）球形检验结果。其中，KMO 值为 0.836，在 0.8 以上，表明适合做主成分分析。巴特利球形检验结果为 0.000，小于 0.000 1，也表明适合做主成分分析。

表 2　投入指标的 KMO 与 Bartlett 检验结果

Kaiser-Meyer-Olkin 测量取样适当性		0.836
Bartlett 球形检验	大约卡方	12 702.632
	df	66
	Sig.	0.000

由表 3 可知，前 3 个成分特征累计值占了总方差的 88.051%，后面的特征值的贡献度越来越小。一般情况下，可以根据特征值大于 1 的标准来判断主成分的个数。按照此标准，投入指标可降维为 3 个综合指标，也即 3 个主成分，其特征值分别为 7.270、1.995 和 1.301。

表3　投入指标的因子提取结果

因子序号	起始特征值			提取平方和载入		
	特征值	方差贡献率	累计方差贡献率	特征值	方差贡献率	累计方差贡献率
1	7.270	60.584	60.584	7.270	60.584	60.584
2	1.995	16.622	77.206	1.995	16.622	77.206
3	1.301	10.844	88.051	1.301	10.844	88.051
4	0.394	3.283	91.334			
5	0.307	2.561	93.895			
6	0.241	2.009	95.904			
7	0.206	1.715	97.619			
8	0.144	1.200	98.818			
9	0.060	0.502	99.320			
10	0.051	0.424	99.744			
11	0.023	0.192	99.936			
12	0.008	0.064	100.000			

　　进一步，本文采取具有 Kaiser 正规化的最大变异法对因子载荷矩阵进行旋转，得到旋转后因子载荷矩阵（见表4）。3 个主成分在原始变量中的载荷不同，表4 只显示其中最高的载荷。从表4 可以看出，第一个主成分反映了一流大学需要的整体投入，变量包括校本部教职工总数、校本部专任教师、专任教师高级职称数、校舍面积、教学及辅助用房面积、实验室（实习场所）面积；第二个主成分偏向于一流大学在自然科学方面的投入，包括研究与发展全时人员（自然科学）、科技经费拨入、科技经费政府资金、科技经费企事业单位委托；第三个主成分偏向于人文社会科学方面的投入，包括研究与发展全时人员（人文社科）和研究与发展拨入总经费（人文社科）。

表4　投入指标旋转后的因子载荷矩阵

指标	主成分		
	1	2	3
校本部教职工总数	0.877		
校本部专任教师	0.904		
专任教师高级职称数	0.866		
校舍面积	0.899		

表4（续）

指标	主成分		
	1	2	3
教学及辅助用房面积	0.899		
实验室（实习场所）面积	0.883		
研究与发展全时人员（自然科学）		0.826	
科技经费拨入		0.936	
科技经费政府资金		0.900	
科技经费企事业单位委托		0.858	
研究与发展全时人员（人文社科）			0.873
研究与发展拨入总经费（人文社科）			0.891

（二）产出指标

在产出指标方面，Bartllet 球形的检验结果小于 0.000 1，KMO 值为 0.815，表明适合做主成分分析。见表5。

表5　产出指标 KMO 与 Bartlett 球形的检验结果

Kaiser-Meyer-Olkin 测量取样适当性。		0.815
Bartlett 球形检验	大约 卡方	5 579.698
	df	66
	Sig.	0.000

由表6可知，前3个成分特征累计值占了总方差的73.44%。根据前文提到的主成分的抽取条件，可以得到三个主成分，其特征值分别为 4.713、2.657 和 1.444。

表6　产出指标因子提取的结果

组件	起始特征值			撷取平方和载入		
	总计	变异的/%	累加/%	总计	变异的/%	累加/%
1	4.713	39.272	39.272	4.713	39.272	39.272
2	2.657	22.141	61.413	2.657	22.141	61.413
3	1.444	12.031	73.444	1.444	12.031	73.444
4	0.871	7.256	80.700			
5	0.529	4.409	85.109			

表6(续)

组件	起始特征值			撷取平方和载入		
	总计	变异的/%	累加/%	总计	变异的/%	累加/%
6	0.388	3.235	88.344			
7	0.346	2.879	91.223			
8	0.316	2.634	93.857			
9	0.240	2.002	95.859			
10	0.209	1.740	97.599			
11	0.153	1.274	98.873			
12	0.135	1.127	100.000			

旋转后因子载荷矩阵（见表7）的结果表明：第一个主成分反映了一流大学在人才培养方面的产出，包括在校研究生数、在校普通本专科学生数；第二个主成分偏向于一流大学在自然科学方面的产出，包括研究与发展课题数（自然科学）、发表论文（自然科学）、知识产权申请数、专利出售合同数（自然科学）、技术转让合同数、国际学术会议交流论文（自然科学）；第三个主成分偏向于人文社会科学方面的产出，包括研究与发展课题数（人文社科）、发表论文（人文社科）、研究与咨询报告（人文社科）、国际学术会议提交论文数（人文社科）四个变量。

表7 产出指标旋转后的因子载荷矩阵

指标	成分		
	1	2	3
在校研究生数	0.809		
在校普通本专科学生数	0.831		
研究与发展课题数（自然科学）			0.635
发表论文（自然科学）			0.797
知识产权申请数			0.820
专利出售合同数（自然科学）			0.760
技术转让合同数			0.718
国际学术会议交流论文（自然科学）			0.756
研究与发展课题数（人文社科）		0.878	
发表论文（人文社科）		0.881	
研究与咨询报告（人文社科）		0.780	
国际学术会议提交论文数（人文社科）		0.804	

（三）结果指标

在结果指标方面，表 8 显示，Bartllet 球形的检验结果小于 0.000 1，KMO 值为 0.673，小于 0.8，根据学术界以往的研究经验，尚在可接收的范围之内。

表 8　结果指标 KMO 与 Bartlett 球形的检验结果

Kaiser-Meyer-Olkin 测量取样适当性		0.673
Bartlett 的球形检验	大约 卡方	1 860.375
	Df	28
	显著性	0.000

由旋转后的因子载荷矩阵（见表 9）可知，结果方面大致也可以归纳为三个主成分，第一个主成分反映了一流大学在自然科学领域的科技贡献与荣誉，包括国家四类科技计划①、国际级项目验收数（自然科学）、当量科学研究与发展成果获奖（自然科学）、长江学者奖励计划（含特聘教授、讲座讲授、青年学者）；第二个主成分偏向于一流大学人文社科贡献与获奖，包括研究与咨询报告被采纳数（人文社科）、当量科学研究与发展成果获奖（人文社科）；第三个主成分偏向于社会服务的经济效益，包括专利出售数当年实际收入金额、技术转让当年实际收入金额。

表 9　结果指标旋转后的因子载荷矩阵

指标	成分		
	1	2	3
国家四类科技计划	0.889		
国际级项目验收数（自然科学）	0.909		
当量科学研究与发展成果获奖（自然科学）	0.574		
长江学者奖励计划（含特聘教授、讲座讲授、青年学者）	0.630		
研究与咨询报告被采纳数（人文社科）		0.818	
当量科学研究与发展成果获奖（人文社科）		0.846	
专利出售数当年实际收入金额			0.826
技术转让当年实际收入金额			0.856

---

①　国家四类科技计划包括国家自然科学基金、国家科技重大专项、国家重点研发计划和技术创新引导专项（基金）。

四、小结

本文借鉴 IOO 模型，探索建立一流大学社会服务绩效评价的指标体系是一种积极有益的尝试。然而，此指标体系也存在一定的局限和不足：一是数据驱动的痕迹明显。许多现有的调查数据尚未对社会服务有明确的界定，社会服务的评价指标比较单一。本文运用的统计数据，各类指标相对完善，因此在构建社会服务评价指标体系时比较全面。尽管如此，也未能完全摆脱统计数据驱动的不足。二是理想与现实之间存在差距。本文在构建指标体系时，理想中的"产出"包括人才培养产出、科学研究产出、社会服务产出，理想中的"结果"是社会服务经济效益、社会服务声誉价值和社会服务成果质量，然而主成分分析的结果表明，产出和结果指标存在着显著的人文社科和自然科学之别。这种评价指标体系对于各学科均衡发展的综合性大学来说勉强适用，但对非综合性大学而言，完全套用该指标体系可能无法反映出社会服务的真实绩效。因此，本研究所构建的指标体系在实践中还有待修正与完善。

后续的研究将依照目前的思路，运用结构方程模型进一步探索一流大学在社会服务方面的投入、产出和效果之间的定量联系，探寻中间产出在投入与效益之间是否存在中介效应等。

参考文献

[1] 王燕，吴蒙，李想. 我国高校人才培养、科学研究与社会服务效率研究：基于超效率的三阶段 DEA 模型 [J]. 教育发展研究，2016，36（1）：39-47.

[2] 黄林芳. 高等教育投入产出主成分分析 [J]. 财经研究，2005（7）：112-122.

[3] 许长青. 我国高等教育投入产出主成分分析：1995—2006 [J]. 现代教育科学，2009（5）：25-32，42.

[4] 侯启娉. 基于 DEA 的研究型高校科研绩效评价应用研究 [J]. 研究与发展管理，2005（1）：118-124.

[5] 黄建国，袁伟灿. 世界一流大学建设高校科研效率评价 [J]. 黑龙江高教研究，2018（8）：11-15.

[6] 刘兴凯，左小娟. 我国高校科研效率的区域性特征及影响因素分析：基于三阶段 DEA 方法的实证研究 [J]. 国家教育行政学院学报，2015（5）：77-83.

[7] 王宁，王鲁玉. 基于改进 DEA 交叉模型的"一流大学"建设高校科研效率评价 [J]. 现代教育管理，2019（2）：75-80.

[8] 盛国军. 高校社会服务职能评价体系研究 [J]. 黑龙江高教研究，2012，30（2）：49-52.

[9] 刘涛，油永华. 高校社会服务能力评价体系的构建及应用研究：以山东省高校为例 [J]. 当代教育科学，2016（17）：33-36.

[10] 李凡. 高校社会服务职能评价指标体系的构建 [J]. 中国高等教育评估，2011，23（1）：38-41.

[11] 孙继红，翁秋怡. 2016 年高校绩效评价研究报告 [J]. 高教发展与评估，2017，33（3）：19-34，121-122.

[12] 翁秋怡. 我国高校科研、教学和社会服务效率趋势研究：以 72 所教育部直属高校为例 [J]. 当代教育科学，2017（10）：81-86.

[13] 侯强. 基于超效率 DEA 模型的区域高等教育投入产出效率研究 [J]. 经营与管理，2017（1）：145-147.

[14] 胡咏梅，梁文艳. 高校合并前后科研生产率动态变化的 Malmquist 指数分析 [J]. 清华大学教育研究，2007（1）：2.

[15] 彭莉君，余菌，白丽新，等. 中央部属高校的研究生教育投入产出效率研究：基于 2009—2014 年的面板数据 [J]. 现代教育管理，2018（3）：104-110.

[16] 张宝友，黄祖庆. 论高校社会服务评价指标体系 [J]. 黑龙江高教研究，2009（8）：41-43.

[17] 成刚，孙志军. 我国高校效率研究 [J]. 经济学（季刊），2008（3）：1079-1104.

[18] 王巍，王志浩，刘宇新. 高等教育投入产出的 DEA 规模效率研究 [J]. 中国管理科学，2013，21（S2）：726-730.

[19] 李元静，王成璋. 资源配置效率的比较分析：以我国区域高等教育资源为例 [J]. 软科学，2014，28（10）：22-26.

财经类高校智库服务乡村振兴战略的
机制与实践路径研究

王无为

摘　要： 本文以中国智库索引（CTTI）来源智库西南财经大学中国西部经济研究院下属的四川省乡村振兴发展研究院服务乡村振兴战略的具体实践为研究对象，梳理总结其服务乡村振兴战略的实施情况、存在不足和制约因素。在借鉴吸收国内外高端智库建设经验的基础上，概括总结出财经类高校智库更好服务乡村振兴战略的机制与实践路径，有利于财经类高校智库从优化定位、激发动力、创新机制等方面加强建设，提升服务乡村振兴等国家战略的能力，促进智库高质量发展。

关键词： 财经类高校智库；乡村振兴；实践路径

一、导言

服务乡村振兴战略，全面提升乡村经济、政治、社会、文化建设水平，增强乡村振兴的制度供给和对策研究，是时代赋予高校智库的重要使命。财经类高校智库在复杂问题分析和提供科学决策方面拥有人才、信息等强大优势，既有责任也有能力发挥人才、科技、文教等资源优势，自觉担负起服务乡村振兴战略的历史使命。财经类高校智库在服务乡村振兴战略中，应努力成为政策咨询研究的高端平台、高层次人才培养聚集的高地、体制机制改革的试验田。因此，积极探索和研究财经类高校智库服务乡村振兴战略的机制与实践路径，整合智库自身优势资源，更好地服务乡村振兴战略具有重要意义和时代价值。

本文以 CTTI 来源智库西南财经大学中国西部经济研究院下属的四川省乡村

【作者简介】王无为，西南财经大学中国西部经济研究院，副教授。

振兴发展研究院为研究对象，重点研究阐释财经类高校智库服务乡村振兴战略的具体实践，分析智库建设成效与制约因素，总结其成功经验，有利于丰富财经类高校智库服务乡村振兴战略的相关研究。在深度分析的基础上，提出了定位优化、动力优化、机制优化三个路径的六个具体对策，将财经类高校智库的核心优势、政府政策与乡村振兴实际需求深度融合，以期构建起全方位多领域深层次的服务机制与实践路径。

二、财经类高校智库服务乡村振兴战略的实践探索——以西南财经大学四川省乡村振兴发展研究院为例

四川省乡村振兴发展研究院作为服务和践行"乡村振兴战略"的高端智库平台，由西南财经大学、四川省委农办和农业农村厅共同建立。该研究院自2019年成立以来，将研究重点聚焦粮食安全、乡村振兴发展指数、西部开发开放等，通过提交决策咨询报告、发布出版研究成果、举办高端学术会议或论坛、媒体宣传、参与相关规划编制等途径，为各级政府及相关职能部门在乡村振兴领域实现科学民主决策、推动乡村振兴事业发展提供决策参考。

（一）提交决策咨询报告

四川省乡村振兴发展研究院积极向农业农村部等国家部委、四川省农业农村厅等各级决策部门报送决策咨询报告，为职能部门科学民主决策提供有价值的参考信息。目前，四川省乡村振兴发展研究院取得的代表性研究成果有《加强饲用玉米替代品进口管控，确保我国饲料粮长期稳定供给》入选全国社科规划办《成果要报》报送中办和国办；《当前我国村级债务问题呈现的新特点及对策建议》被《教育部简报》采纳。四川省乡村振兴发展研究院自成立以来，向国家有关部委、四川省委省政府等各级部门累计报送决策咨询报告90余份，获得批示或采纳的50余份，批示采纳率超过50%。

（二）发布出版研究成果

四川省乡村振兴发展研究院作为财经类高校智库，将粮食安全、乡村振兴、西部开发开放等作为智库的核心研究领域，发挥财经类高校的学科优势、人才优势，取得了一些研究成果。乡村振兴研究团队公开发布全国首个省级"乡村振兴发展指数"，出版发行了"中国乡村振兴发展蓝皮书丛书"，系"十三五"国家重点图书出版规划项目成果。该丛书立足四川、放眼全国，通过深刻领会中央乡村振兴战略部署的内涵实质，科学地厘清乡村振兴的目标，紧扣乡村振兴战略实施中的重点难点问题，从理论和实践两个层面为高质量助推乡村振兴发展提供了

有益参考。粮食安全研究团队依托中国粮食安全政策研究基地和全国粮食安全宣传教育基地的研究基础，发挥人才优势，经过长期实践调研、数据论证编辑出版了《中国粮食供给侧结构性改革研究》《中国粮食发展 40 年》等高质量著作。

（三）整合平台资源，增强智库发展合力

四川省乡村振兴发展研究院的日常运行管理挂靠在中国西部经济研究院，可以有效整合西南财经大学校内的相关智库平台资源，在项目获取、数据共享、渠道共建共享等方面增强发展合力。目前四川省乡村振兴发展研究院拥有"全国粮食安全宣传教育基地"、"中国粮食安全政策研究基地"、自贡经济发展研究院、中国消费经济学会、中国民生指数研发中心等科研与社会服务平台。有效整合这些研究平台，发挥各平台的比较优势，聚焦国家乡村振兴战略、粮食安全等重点领域，充分发挥智库的功能，助力国家战略和区域经济社会发展。

目前，四川省乡村振兴发展研究院研究团队及个人在服务乡村振兴领域取得了较为显著的研究成果。《农业社会化服务组织调查研究方案》被农业农村部固定观察点办公室采纳。《关于我省粮食高质量保供的政策建议》和《高起点打造巴蜀粮食走廊的政策建议》先后以四川省政协第 0134 号联名提案立项，并被四川省农业农村厅和四川省政策研究室采纳。

（四）发挥智库核心专家的影响力

财经类高校智库专家往往是相关领域的高层次人才，通过多种渠道提交的咨政建言报告能为政府决策提供参考和依据。四川省乡村振兴发展研究院负责人毛中根教授入选国家"万人计划"哲学社会科学领军人才、中央宣传部文化名家暨"四个一批"人才项目，四川省"天府万人计划"——"文化领军人才"等多个高层次人才项目，担任农工党四川省委会副主委、四川省政协委员等职务。毛中根教授提交的《2023 年经济形势分析及建议》等报告被农工党中央采用，领衔主撰调研报告《中国居民消费 70 年：演进、政策及挑战》于 2019 年 12 月被《中国社会科学内部文稿》刊登。四川省乡村振兴发展研究院执行院长贾晋研究员先后提交了一批有价值的研究咨询报告，其中多篇决策咨询报告获党和国家领导人、省部级领导批示。

（五）举办高端学术会议或论坛

四川省乡村振兴发展研究院自成立以来，连续举办四川村民委员会主任论坛，邀请省内外专家学者、政府相关负责人、村民委员会主任代表、涉农企业代表等，针对乡村振兴领域热点问题进行专题研讨，汇编并报送论坛成果供政府部

门决策参考。2021 年 10 月，与中国农工民主党中央委员会研究室共同承办"推进共同富裕专家研讨会"，围绕推进共同富裕、乡村振兴的建设目标、战略任务、实施路径、重点举措、研究方向等展开研讨。四川省乡村振兴发展研究院连续举办成渝地区双城经济圈粮食安全保障学术研讨会等高端学术会议，邀请到四川省发展和改革委员会、四川省农业农村厅、四川省粮食和物资储备局等政府职能部门负责人、专家代表等参加，积极为四川省乡村振兴发展建言献策。

三、财经类高校智库服务乡村振兴战略存在的不足与制约因素

（一）存在的不足

1. 理论研究居多，决策咨询的影响力不够

财经类高校智库的主要研究力量是依靠在校教师，他们的研究成果主要集中在理论研究，成果形式以期刊论文、学术专著、科研课题为主，直接服务乡村振兴领域的决策咨询类成果偏少。高校教师一方面承担着教学育人压力，难以将主要精力放在社会服务类成果研究；另一方面是他们开展实地调研、直接参与到政府决策过程的机会与经验相对不足，导致其成果理论研究居多，智库产品难以满足政府决策需求，智库成果的影响力也就不强。

2. 重大成果偏少，特色化智库产品不多

四川省乡村振兴发展研究院自成立以来，结合自身学科、人员、各种资源优势，陆续产出了一批服务乡村振兴战略的智库成果。但是，智库成果中重大成果偏少，特色化的智库产品比较缺乏，智库成果中直接转化为政府政策的成果比较欠缺。四川省乡村振兴发展研究院目前的智库成果在服务乡村振兴中的实际贡献还不突出，缺乏竞争性优势，影响力较弱，系列化持续性的重大成果产出不够。

3. 人才力量不强，智库人员流动性不够

四川省乡村振兴发展研究院现有智库人员中拥有国家级、省级人才称号的专家数量还不多，重大研究成果偏少。智库人员缺乏相关培训和工作经验，参与社会服务、产出高质量决策咨询报告的经验相对不足。专职管理人员的缺乏，也导致该研究院在社会服务管理、新闻宣传、信息报送等方面的工作力量不足。财经类高校智库与政府部门之间的人才流动并不顺畅，智库人员交流到政府职能部门任职的情况很少。除少数在高校担任职务或者具有民主党派身份、社会服务经验丰富的智库专家之外，普通学者难以获得相关渠道和信息，难以进入政府决策程序，导致其难以发挥服务政府决策的最大功效。

（二）制约因素

1. 决策咨询参与制度不够完善

国家和相关部门陆续出台了关于高校智库建设的相关政策文件，但是对高校智库参与服务乡村振兴战略等决策咨询的通道和途径、相关权利与义务等缺乏明确规范和说明。政府部门在决策咨询方面更多依靠政府相关智库机构，高校智库在竞争中存在明显的信息、渠道、数据资料等方面的劣势。信息获取困难和报送通道不畅导致部分高校智库专家存在着研究成果、政策建议上报无渠道、批示采纳率低等情况，降低了智库研究人员参与决策咨询工作的积极性。

2. 研究人员的观念转变有待加强

当前，大部分高校智库的研究人员以高校教师为主，相当部分的教师难以在研究人员与高校教师的双重身份中很好转换，更多的是将教书育人、科学研究视为本职工作，对参与社会服务工作存在认识偏差。大部分高校在教师职称评定、考核激励中已经纳入了社会服务类成果，鼓励教师更多产出服务乡村振兴等国家战略的决策咨询类成果。但是，部分智库研究人员的观念转变还不到位；部分教师更愿意以科研论文、纵向课题、学术专著的形式产出研究成果，对决策咨询、信息简报等社会服务类成果重视不足。

3. 条件保障不够充足

相当部分高校智库缺乏专职行政管理人员，在项目组织、资源协调、宣传推广、行政管理方面难以满足高质量发展的要求。高校智库发展的最大限制条件是经费来源单一，资金难以满足发展需求。我国高校智库建设经费主要源于附属高校科研经费、承接政府和企事业单位委托横纵向项目资金，社会捐赠、书籍出版或者培训收入等其他资金往往难以获取。政府财政拨款和科研经费额度有限且审批严格，管理要求高。横向课题主要集中在部分知名专家学者团队，课题资金也存在不稳定性，大部分研究人员难以获得较为充足的研究经费支持。

4. 成果传播报送渠道有限

财经类高校智库服务乡村振兴等国家战略的影响力主要源于高质量研究成果和决策咨询报告、有效的宣传媒介、畅通的报送渠道，三者缺一不可。高校智库对相关研究成果的宣传推广存在不足，智库网站建设不健全、信息更新不及时、新媒体利用率不高，难以将智库研究动态和政府部门、企事业单位需求有效衔接起来，不利于扩大智库的影响力。

在报送渠道上，除少数知名度高、经验丰富、影响力强的专家学者外，大部分智库研究人员缺少成果报送渠道或者报送信息，成果批示或者采纳率低，导致智库有成果却难以上报、难以获得批示、难以产生政策影响力。缺少上报渠道，也是大部分智库研究人员不愿意将社会服务作为其工作重点的一个重要原因。

四、财经类高校智库服务乡村振兴战略的机制与实践路径

（一）定位优化——高校智库服务乡村振兴的指南针

1. 优化咨政建言定位，服务国之大者

财经类高校智库建设要结合自身优势资源，聚焦具备比较竞争优势的研究领域精准发力，避免"万金油"式的定位，才能集中资源与力量搞好智库建设发展。智库建设要心怀"国之大者"，紧紧聚焦乡村振兴国家战略需求，坚持实践导向、问题导向，充分把握各级政府、相关部门在推动乡村振兴战略实践中的现实问题、工作需要，充分把握高校智库服务乡村振兴战略实践的自身优势、实际能力，注重理论与实践相结合，优化咨政建言定位。在开展研究选题、案例分析、政策建言时，注重优化研究定位，为乡村振兴领域的重大决策、核心技术、政策优化等做好智力支持和参谋服务。

2. 提高研究成果质量，构建中国理论

高质量的研究成果是智库发展的根本所在。财经类高校智库服务乡村振兴战略需要聚焦政府职能部门、涉农企业、农民等相关主体需求，产出一批高质量的研究成果，注重讲好中国故事、构建中国理论。财经类高校智库要结合自身在学科积淀、人才力量、区位优势等资源条件，注重在重点领域打造特色智库品牌，凸显自身差异性和研究特色。四川省乡村振兴发展研究院发挥地处四川盆地区位条件优势，聚焦粮食安全、"川酒、川茶"等特色农业产业领域展开持续性研究，产出了一批优质成果，为服务四川省乡村振兴事业做出积极贡献。

财经类高校智库研究人员要注重提高决策咨询、内参报告等的写作技巧，提高研究成果的批示采纳率。避免其将学术论文、专业著作的写作方式运用到内参等材料写作中，更好地呈现报告的核心要点，增强研究成果的说服力，有利于提高批示采纳率和智库的政策影响力。

（二）动力优化——高校智库服务乡村振兴的新引擎

1. 拓宽高校智库经费来源渠道

当前，高校智库的运转经费主要依靠附属高校财政拨款、承担相关横向和纵向课题经费，资金来源较为单一，迫切需要建立起多元化的资金来源。大力拓展社会资金捐赠。在提高智库研究成果质量的同时，需要加大智库研究成果的宣传推广力度，提高其知名度和智库研究成果的经济与社会效益，吸引相关企业、基

金会和个人对智库建设开展资金捐赠。积极开展校友捐赠，用好校友资源，在实现校友与智库合作共赢的基础上，动员校友力量进行捐赠，设立智库事业发展基金。通过提供智库产品（服务），拓宽智库经费资金来源渠道。利用好智库研究成果品牌效应，将具有较好市场前景和需求的研究报告、指数蓝皮书、典型案例汇编等产品进行销售以增加智库收入。以智库研究成果为基础，积极开展为涉农企事业单位、政府相关人员提供培训、咨询等收费讲座或者服务，将智库研究的智力成果转化为建设资金，丰富智库建设经费来源。

2. 建立有效的评价和激励机制

合理有效的成果评价和激励机制对智库建设发展至关重要，是引导智库研究人员开展相关工作的指挥棒和动力来源。高校智库的研究人员以高校教师为主，建立符合智库发展需要的评价的激励机制需要做到以下三个"拉通"：一是服务乡村振兴等产生的批示、内参等社会服务成果与论文、著作等基础科研成果拉通进行等级匹配和认定。在教师科研成果认定、职称申报、绩效考核中，将社会服务成果纳入其中，实现社会服务成果与基础研究成果的拉通认定，计广大研究人员有认同感、成就感。二是将横向课题与纵向课题按照一定的规则进行"拉通"认定成果级别。在服务乡村振兴等过程中，对于达到不同课题金额的项目进行级别认定，打通横向课题与纵向课题之间不同级别的认定。这也在一定程度上为智库建设开拓了资金来源。三是将智库研究人员参与社会服务活动与为学生授课、论文指导等育人工作拉通考核。智库研究人员参加政府部门决策咨询会、接受新闻媒体采访、发布主题微博等都有利于提高智库知名度，增强影响力。在对研究人员进行考核过程中，可以将新闻媒体的不同等级、微博关注转发评论人数等按照一定规则折算为课时等工作量，充分激发智库专家参与社会服务工作的积极性。

（三）机制优化——高校智库服务乡村振兴的活力源

1. 健全智库人才流通保障机制

健全智库人才流通保障机制需要建立起智库研究人员、政府官员、企业专家直接的交流、流通渠道，同时依靠人才培养不断为智库建设输送高质量研究人员。

一是探索建立研究人员与政府人员的交流保障机制，有效保障交流人员在绩效考核、聘用管理、晋级晋升等方面的合法权益，激发学者进入政府机构的热情，为政府职能部门输送专业型干部人才，鼓励政府官员参与服务乡村振兴相关研究，提升其智库决策咨询报告的针对性、适用性。二是以更加灵活的人才管理方式，建立起高校智库与高校院系之间内部人才流动机制，实现智库研究人员的优化配置。按照研究项目需求在校内合理整合研究力量，畅通学科间、院系间的人才流通通道，实现人才资源共享，有效充实智库研究力量。三是通过人才培养，为高校智库建设输送研究人员。在智库项目研究中注重人才培养，在数据调研、案例分析、指数编制、报告撰写等过程中提升学生的学术素养、专业能力和家国情怀，教育引导学生积极投身服务乡村振兴伟大事业之中。

2. 完善智库参与社会服务管理制度

健全高校智库在参与乡村振兴等社会服务工作的管理制度，转变政府部门决策咨询态度，建立与高校智库间的信息共享机制有利于更好发挥智库作为政府"外脑"的决策参谋作用。一是优化政府决策咨询来源矩阵，更好地发挥高校智库的专业优势，更好地利用和发挥财经类高校智库在经济社会热点、产业规划、乡村振兴等方面的专业优势，在制定相关重大决策时积极寻求其帮助和支持。构建和完善决策咨询市场，健全和完善政府购买决策咨询服务制度。二是建立健全政府部门与财经类高校智库的信息共享制度。健全政府部门与智库的信息共享制度，及时将乡村振兴领域涉及的产业信息、农业经济数据、农民相关数据信息传递到智库研究人员手中，有助于更好地开展基础研究，产出高质量研究成果为乡村振兴提供更好的智力支持。三是建立智库成果报送渠道，多渠道报送智库成果。针对政府部门发布的决策信息选题，组建工作专班，及时组织智库专家开展专题论证，通过直通渠道将智库研究成果报送相关领导决策，获得批示采纳的概率更高。针对经济社会、医药卫生、文化建设等不同选题，用好民主党派的相关报送渠道，可以大大提高报送效率和批示采纳率。

参考文献

[1] 张蕊. 后疫情时代地方高校智库服务乡村振兴的现状及路径优化 [J]. 云南行政学院学报, 2020, 22 (4): 141-146.

[2] 鲍新龙, 张舜, 蔡旷. 高校服务地方乡村振兴战略共赢路径探析 [J]. 南方论刊, 2020 (11): 38-40.

[3] 吴家胜, 刘兴泉, 周晓光, 等. 涉农高校"全校服务全域乡村振兴"模式的探索与实践: 以浙江农林大学为例 [J]. 高等农业教育, 2022 (5): 13-19.

[4] 李才, 张秋菊, 徐东北. 地方高校服务乡村振兴的现状分析与路径优化: 以吉林省高校为例 [J]. 通化师范学院学报, 2020, 41 (9): 1-5.

[5] 惠志丹. 乡村振兴战略背景下农业高校服务乡村人才振兴研究 [D]. 武汉: 华中农业大学, 2020.